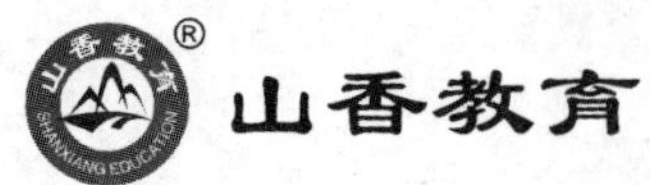

浙江省
中小学教师招聘考试
历年真题解析及预测试卷

参考答案及解析

数学

山香教师招聘考试命题研究中心　主编

目　录

真题试卷

预测试卷

真题试卷

2022 年 6 月浙江省杭州市教育系统公开教师招聘考试中小学数学真题试卷(一)

一、单项选择题

1. A 【解析】本题考查异分母分数的加法。通过计算可知,$\frac{1}{7}+\frac{1}{13}$最大。

2. B 【解析】本题考查正弦函数周期的计算。最小正周期 $T=\frac{2\pi}{2}=\pi$。

3. B 【解析】本题考查染色问题。根据正方体表面涂色的特点,分别得出切割后的小正方体涂色面的排列特点:(1)三面涂有红色的小正方体在大正方体每个顶点处;(2)两面涂色的在大正方体每条棱长上(除去顶点处的小正方体);(3)一面涂色的都在大正方体每一个面上(除去棱长上的小正方体);(4)没有涂色的都在大正方体内部。如图所示,观察由 27 个小正方体组成的大正方体,三面涂色的小正方体在大正方体每个顶点处,共有 8 个。

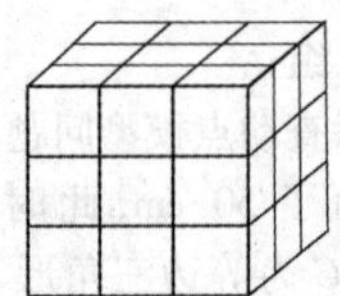

4. C 【解析】本题考查数据的统计特征。将一组数据中每个数据的值都减去同一个正数,这组数据的波动大小不变,故方差和标准差都不变,但平均数也要减去同一个正数,故选 C。

5. D 【解析】本题考查逻辑推理。由于开会时只需去一位校长或书记,但不能缺席。且三次会议每校只有一人参会。如果钱是校长,由第一次会议知,当钱出席时,赵、王、陈均未出席,那么书记应该是赵、王、陈其中之一;由第二次会议知,当钱未出席时,李、王也未出席,那么书记不可能是王;由第三次会议知,当钱未出席时,赵、孙也未出席,那么书记不可能是赵,所以这所学校的书记是陈。

6. B 【解析】本题考查等可能性事件概率的计算。根据题意,画出树状图如图所示,

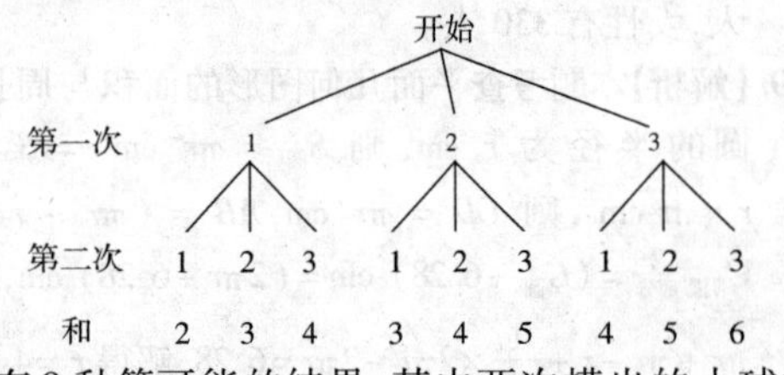

共有 9 种等可能的结果,其中两次摸出的小球标号的和为 5 的情况有 2 种,故两次摸出小球标号的和为 5 的概率为$\frac{2}{9}$。

7. B 【解析】本题考查时钟问题。由题意可知,标准时间与破表时间的比为 60 : 64,故将破表校准后,当其指向 16 时的时候,实际时间经过了$(16-12)\times\frac{60}{64}=4\times\frac{15}{16}=\frac{15}{4}$(时)= 3 时 45 分,则此时标准时间是 12 时 + 3 时 45 分 = 15 时 45 分。

8. A 【解析】本题考查二次函数的性质。$\because y=x^2+ax$(a 为常数),$\therefore$ 二次函数图象的开口向上,对称轴为直线 $x=-\frac{a}{2}$,且经过原点,$\because$ 点$(1,m)$,$(3,n)$在二次函数 $y=x^2+ax$(a 为常数)的图象上,且 $mn<0$,$\therefore m<0,n>0$,$\frac{1}{2}<-\frac{a}{2}<\frac{3}{2}$,$\because$ 点$(2,y_2)$到对称轴的距离最近,点$(4,y_3)$到对称轴的距离最远,$\therefore y_2<y_1<y_3$。

9. C 【解析】本题考查平面几何图形的综合问题。如图,过点 G 作 $GM\perp CD$ 于点 M,过点 G 作 $GN\perp AB$ 于点 N。因为 AE 为 $\angle DAB$ 的角平分线,BF 为 $\angle ABC$ 的角平分线,

所以 $\angle DAE=\angle BAE$,$\angle ABF=\angle CBF$,

因为四边形 $ABCD$ 为平行四边形,所以 $AB/\!/CD$,

所以 $\angle AED=\angle BAE=\angle DAE$,$\angle CFB=\angle ABF=\angle CBF$,所以 $AD=DE$,$BC=CF$。

设 $EF=2x$,则 $DF=3x$,

$AD=DE=DF+EF=5x=BC=CF$,

$DF=DE-EF$,$CE=CF-EF$,

所以 $DF=CE=3x$,所以 $CD=DE+CE=5x+3x=8x=AB$,

$CF=CE+EF=3x+2x=5x$,

因为四边形 $ABCD$ 为平行四边形,

所以 $\triangle ABG\backsim\triangle EFG$,所以$\frac{AB}{EF}=\frac{GN}{GM}=\frac{8x}{2x}=\frac{4}{1}$。可设 $GM=h$,则 $GN=4h$,因为点 G,M,N 三点在一条直线上,则 $MN=5h$,$S_{四边形BCEG}:S_{\triangle ABG}=$

$$\frac{S_{\triangle BFC}-S_{\triangle EFG}}{S_{\triangle ABG}}=\frac{\frac{1}{2}\cdot CF\cdot MN-\frac{1}{2}\cdot EF\cdot GM}{\frac{1}{2}\cdot AB\cdot GN}=$$

$$\frac{\frac{1}{2}\cdot 5x\cdot 5h-\frac{1}{2}\cdot 2x\cdot h}{\frac{1}{2}\cdot 8x\cdot 4h}=\frac{23}{32}$$。故选 C。

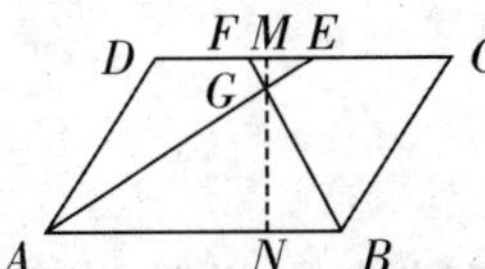

10. A 【解析】本题考查球的表面积计算。如图，圆 O_1 的面积为 4π，则圆 O_1 的半径为 $r=2$，因为 $AB=BC=AC$，所以 $\triangle ABC$ 是等边三角形，所以 $\angle ACB=60°$，由正弦定理得 $\frac{AB}{\sin 60°}=2r\Rightarrow AB=\sqrt{3}r=2\sqrt{3}\Rightarrow OO_1=2\sqrt{3}\Rightarrow OA=\sqrt{OO_1{}^2+r^2}=\sqrt{(2\sqrt{3})^2+2^2}=4$，则球的表面积 $S=4\pi R^2=4\pi(OA)^2=64\pi$。

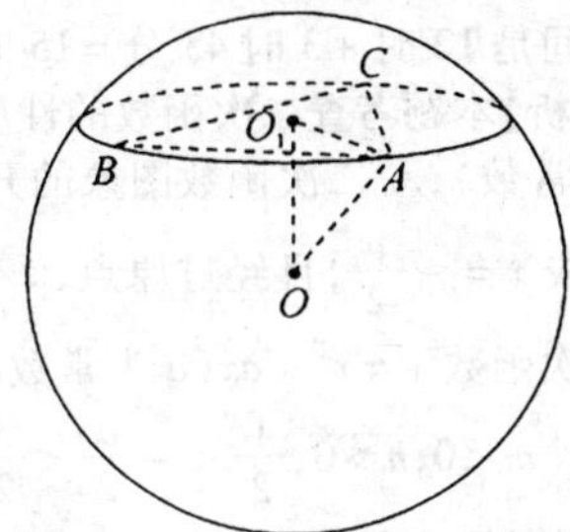

二、填空题

11. -1

【解析】本题考查分段函数的运算。当 $x=-2$ 时，代入 $f(x)=2x+3(x<1)$ 可得 $f(-2)=-1$。

12. 8π

【解析】本题考查图形的翻折与弧长的计算。如图，Ⅰ→Ⅱ时，弧 AB 到弧 DC，由 O 到 O' 所走路径为 AC 即弧 AB 的长，$R=\frac{16}{2}=8$ (cm)，则从Ⅰ号位翻滚到Ⅱ号位，点 O 走过的路程为 $16\pi\times\frac{1}{4}=4\pi$ (cm)；Ⅱ→Ⅲ时，路程为以 8cm 为半径的 $\frac{1}{4}$ 圆的圆弧长：$\frac{1}{4}\times 16\pi=4\pi$ (cm)。则点 O 走过的路程共 $4\pi+4\pi=8\pi$ (cm)。

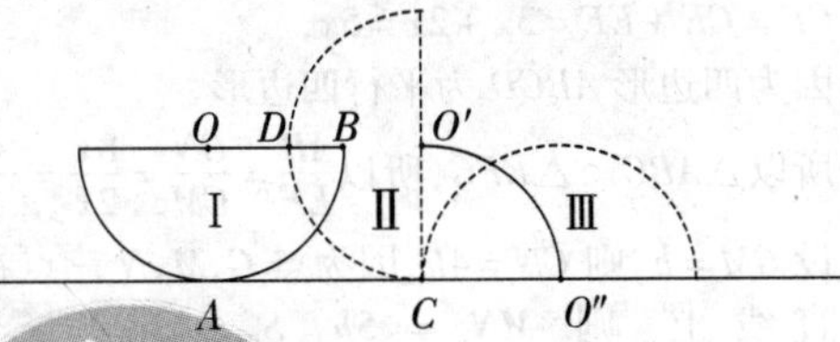

13. 47

【解析】本题考查韦达定理。由题意可得 $x_1+x_2=7$，$x_1x_2=1$，则 $x_1{}^2+x_2{}^2=(x_1+x_2)^2-2x_1x_2=49-2=47$。

14. 10

【解析】本题考查数的特征。$2^{10}=1024<2022$，$2^{11}=2048$，又因为 N 是 1，2，3，4，…，2019，2020，2021，2022 的最小公倍数，故最小公倍数分解质因数后，含有 10 个 2。故 $x=10$。

15. $\sqrt{13}$

【解析】本题考查图形的变换。由翻折的性质可知 $\angle DCB=\angle B=45°$，故 $\angle BDC=90°$，由勾股定理可得 $BC=\sqrt{4^2+4^2}=4\sqrt{2}$，$BE=\frac{1}{2}BC=2\sqrt{2}$，则在 $\triangle ABE$ 中，由余弦定理可得 $\cos\angle ABE=\cos 45°=\frac{AB^2+BE^2-AE^2}{2AB\cdot BE}=\frac{25+8-AE^2}{2\times 5\times 2\sqrt{2}}=\frac{\sqrt{2}}{2}$，解得 $AE=\sqrt{13}$。

16. $\sqrt{3}$ 【解析】本题考查解三角形。设 $\triangle ABC$ 的内角 A,B,C 所对的边分别为 a,b,c，则 $S_{\triangle ABC}=\frac{1}{2}bc\sin 60°=\frac{\sqrt{3}}{4}bc$，又由余弦定理可得 $\cos\angle BAC=\cos 60°=\frac{b^2+c^2-a^2}{2bc}\Rightarrow b^2+c^2=4+bc$，又因为 $b^2+c^2\geqslant 2bc\Rightarrow bc\leqslant 4$，当且仅当 $b=c$ 时等号成立，所以 $S_{\triangle ABC}\leqslant\frac{\sqrt{3}}{4}\times 4=\sqrt{3}$。

三、解答题

（小学必做）A 组：

17. 【解析】本题考查动点模型问题。当门关闭了一半时，点 B 运动了 50 cm，此时 $AB=BC=AC=50$ (cm)，$\triangle ABC$ 为等边三角形，$\angle CAB=60°$，故此时点 C 运动过的路程为 $\frac{90-60}{360}\cdot 2\pi\cdot 50=25$ (cm)。综上，点 B 与点 C 运动过的路程总和是 $50+25=75$ (cm)。

18. 【解析】本题考查列方程解应用题。设总人数为 x 人，则男性有 $(80\%x-160)$ 人，女性有 $\left[\frac{3}{5}(80\%x-160)+18\right]$ 人，则可得 $\frac{3}{5}(80\%x-160)+18+80\%x-160=x$，解得 $x=850$。

则 $80\%\times 850-160=520$（人），$850-520=330$（人）。

答：这次活动的总人数有 850 人，其中男性有 520 人，女性有 330 人。

19. 【解析】本题考查平面几何图形的面积与周长。设圆的半径为 r cm，则 $S_{圆}=\pi r^2\ \text{cm}^2=S_{长方形}=r\cdot\pi r\ \text{cm}^2$，则 $CD=\pi r$ cm，$AB=(\pi r-r)$ cm，$C_{阴影部分}=(C_{圆}+6.28)\ \text{cm}=(2\pi r+6.28)$ cm，则 $r+\pi r+\pi r-r+\frac{1}{4}\times 2\pi r-2\pi r=6.28$，解得 $r=4$ cm，则

$S_{阴影部分}=\pi r^2-\frac{1}{4}\pi r^2=\frac{3}{4}\pi r^2=37.68\ cm^2$,

$C_{阴影部分}=r+\pi r+\pi r-r+\frac{1}{4}\times 2\pi r=31.4$ cm。

20.【解析】本题考查自然数的性质。原有 $1\sim n$ 个连续自然数,设拿走的数是 k,n,k 均为自然数,则有$\frac{n(n+1)}{2}=\frac{155}{7}\times(n-1)+k$,上式左右两边都为正整数,所以 $n-1$ 必为7的倍数,因为$\frac{155}{7}\approx 22.14$,所以$\frac{n}{2}$或$\frac{n+1}{2}$接近于22.14,即 n 或 $n+1$ 接近于44.28,令 $n-1=7\times 6=42$,则 $n=43$,此时 $k=\frac{43\times 44}{2}-\frac{155}{7}\times 42=16$,满足题意。故拿走的数字是16。

21.【参考答案】本题考查教学目标、教学过程与教学方法的分析。根据材料内容,此环节的教学目标是:在具体生活情境中,学生动手操作,初步感知"1克"的质量,进而培养学生自主探究的意识。

"自主探究"环节设计意图:通过实践活动,学生体会到数学与生活的密切联系,学会独立探索并与他人合作交流,增强学习数学的兴趣。

"汇报交流"环节设计意图:小组活动后的交流讨论,培养学生表达能力的同时,引导学生总结个人经验,归纳数学方法。

教法方面:材料中教师创设了学生比较熟悉的生活情境,用"称一称""说一说""贴一贴"的方法来估计物体的轻重,容易激发学生学习数学的兴趣,调动学生的学习自主性和能动性。在教授"1克"质量的过程中,层层递进的提问,小组合作与动手操作等环节的设置,充分调动学生的多种感官参与学习活动,让其深刻感受1克质量的大小,有利于1克概念的形成。整个教学环节中,为学生提供了充分的活动时间和体验空间,丰富学生的真实体验和触觉感知,深化了对"克"的认识,加快概念的建立,最终达到良好的教学效果。

评分标准:本题共8分。写出教学环节中的"教学目标"且设置合理得2分;写出教学环节中的"设计意图"得4分。其中"设计意图"包含"自主探究"和"汇报交流"两个环节,少写一点扣2分。写出"教法特点",言之有理即可得2分。

22.【参考答案】本题考查教学设计。教学目标:①掌握异分母分数加、减法的一般计算方法和验算方法,会正确地进行计算和验算。

②经历异分母分数加、减法计算方法的探究过程,感悟运用知识间的转换是获取新知识的重要途径。

③学习"回收有用垃圾"的计算问题,提升环保意识。

教学重点:异分母分数加、减法的计算法则。

教学难点:运用通分的方法解决异分母分数不能直接相加减的问题。

教学过程:

一、复习导入

1. 教师提问:前几节我们学习了什么?(通分、同分母分数加减法)

通分方法是什么?(先求原来几个分母的最小公倍数,然后把各分数分别化成用这个最小公倍数作分母的分数)

同分母分数加减法的法则是什么?(同分母分数相加减,分母不变,只把分子相加减)

2. 出示一组数:$\frac{1}{2}$、$\frac{7}{24}$、$\frac{11}{24}$、$\frac{1}{3}$、$\frac{5}{6}$、$\frac{7}{9}$、$\frac{3}{4}$、$\frac{4}{25}$。

(1)自己任选两个数组成加法算式和减法算式。

(2)学生可能出现的算式:

$\frac{11}{24}-\frac{7}{24}$、$\frac{1}{2}+\frac{1}{3}$、$\frac{7}{24}+\frac{4}{25}$、$\frac{5}{6}-\frac{1}{2}$、$\frac{11}{24}-\frac{4}{25}$、$\frac{1}{3}+\frac{5}{6}$、$\frac{7}{9}+\frac{1}{3}$、$\frac{3}{4}-\frac{1}{3}$、$\frac{1}{3}+\frac{3}{4}$、…

(3)引导学生把上面算式分成两类,一类为同分母分数加减法,一类为分母不同的分数加减法。

教师引入:分母相同的分数加减法我们已会做,那分母不同的分数加减法又该怎样计算呢?这节课同学们自己解决这个问题,好不好?(板书:异分母分数加、减法)

二、探究新知

(一)异分母分数加法(学生任选一个分母不同的加法算式)

1. 教师提示:你们学过了同分母分数加减法,又学过了通分,请你们用学过的知识把分母不同的分数相加,能行吗?

2. 学生先独立计算后分组讨论。

3. 汇报结果:你们是怎么做出来的?把思路说出来。

引导学生明确:以$\frac{1}{2}+\frac{1}{3}$为例,$\frac{1}{2}$与$\frac{1}{3}$分母不同,不能直接相加,用通分的方法使它们分母相同,找分母2和3的最小公倍数,用最小公倍数6作分母,$\frac{1}{2}$就是$\frac{3}{6}$,$\frac{1}{3}$就是$\frac{2}{6}$,$\frac{1}{2}$加$\frac{1}{3}$就等于$\frac{3}{6}$加$\frac{2}{6}$,然后按照同分母分数加法的法则计算。

板书:$\frac{1}{2}+\frac{1}{3}=\frac{3}{6}+\frac{2}{6}=\frac{5}{6}$。

4. 你们认为最关键的地方是什么?

运用通分把不同分母的分数转化为同分母分数。

5. 反馈练习:$\frac{3}{4}+\frac{1}{5}$。

(二)异分母分数减法(学生任选一个分母不同的减法算式)

1. 教师提示:请你依照异分母分数加法的计算方法解决异分母分数减法的计算问题。

2. 汇报结果。

3. 填空,并说明理由。

$\frac{5}{6}-\frac{3}{4}=\frac{(10)}{12}-\frac{(9)}{12}=\frac{(1)}{(12)}$

4. 反馈练习:$\frac{5}{8}-\frac{1}{6}$。

(三)整理法则

1. 学生独立思考后小组讨论:根据上面的做题过程,怎样把异分母分数加法法则和异分母分数减法法则合并成一个法则?

2. 学生汇报讨论结果,教师板书。

异分母分数相加、减,先通分,然后按照同分母分数加、减法的法则进行计算。

3. 反馈练习:$\frac{2}{3}+\frac{5}{6},\frac{9}{10}-\frac{11}{15}$。

①学生独立完成。

②说说应用什么法则及计算过程。

③验算。

引导学生明确:分数加减的验算方法,与整数加减的验算方法相同,都是用交换加数的位置再算一遍的方法验算加法,用差加减数的方法来验算减法。

三、全课小结

通过今天的学习你有什么收获?异分母分数加减法与同分母分数加减法有什么联系?

四、课后作业,巩固知识

对不同层次的学生分层次布置作业。

评分标准:本题共12分。(1)从知识与技能、过程与方法、情感态度与价值观三个方面写出教学目标,陈述明确,且具有可操作性,得2分;(2)写出异分母分数加、减法的教学重点和教学难点,得1分;(3)①教学过程设计可以从复习引入,也可以从创设情境引入,均可得2分;②新知部分引导学生运用通分的方法将不同分母的分数转化为同分母分数进行运算,并尝试让学生整理相关运算法则,体现学生的主体地位和教师的主导作用可得5分,没有体现可酌情减1~1.5分;③有对知识的运用,得1分;④有全课小结、作业布置,得1分。

(中学必做)B组:

17.【解析】本题考查数列的通项公式与求和。(1)由$b_2=3,b_3=9\Rightarrow q=3$,则$b_n=b_2q^{n-2}=3\times3^{n-2}=3^{n-1}$。

(2)由题意$a_1=b_1=1,a_{14}=b_4=27\Rightarrow a_1+13d=27\Rightarrow1+13d=27\Rightarrow d=2\Rightarrow a_n=a_1+(n-1)d=2n-1$,故$S_n=a_1+a_2+\cdots+a_n=\frac{n(a_1+a_n)}{2}=\frac{n(1+2n-1)}{2}=n^2$。

18.【解析】本题考查平面几何图形的性质与相关计算。(1)由题意可得四边形$ABCD$为圆O的内接四边形,根据圆内接四边形的性质定理,可得$\angle FDC=\angle ABC$,又因为等弧所对的圆周角相等,故$\angle ACB=\angle ADB$,已知$\angle FDC=\angle ADB$,则可得$\angle ABC=\angle ACB$。$AB=AC$得证。

(2)$BE=DC+DE$。理由如下:

如图,在线段BE上截取$D'E=DE$,连结$D'C$,$\because BD\perp AC$,易证$\triangle D'EC\cong\triangle DEC$,$\therefore\angle DCA=\angle D'CA$,又$\angle DCA=\angle DBA$(同弧所对的圆周角相等),$\therefore\angle DBA=\angle D'CA$。又由(1)得$AB=AC$,即$\angle ABC=\angle ACB$,$\therefore\angle ABC-\angle DBA=\angle ACB-\angle D'CA$,即$\angle D'BC=\angle D'CB$,$\therefore D'B=D'C=DC$。故$BE=D'B+D'E=DC+DE$得证。

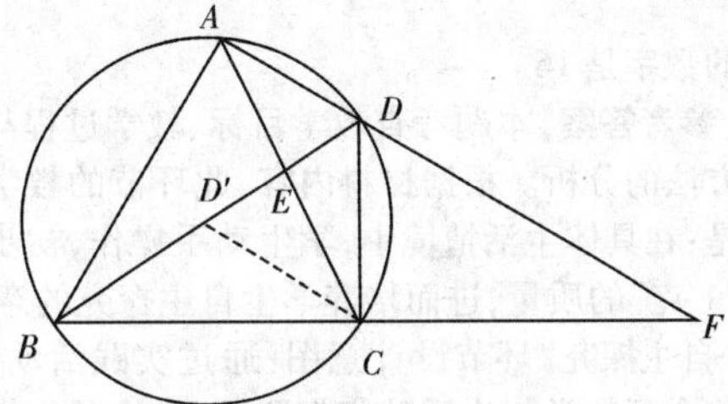

19.【解析】本题考查函数与导数的综合应用。(1)$\because f'(x)=2e^x+2a$,当$a<0$,$f'(x)=2e^x+2a>0$,即$x>\ln(-a)$时,函数$f(x)$单调递增;当$f'(x)=2e^x+2a<0$,即$x<\ln(-a)$时,函数$f(x)$单调递减。

综上,当$a<0$时,$f(x)$在$(-\infty,\ln(-a))$上单调递减,在$(\ln(-a),+\infty)$上单调递增。

(2)令$g(x)=f(x)-x^2+3=2e^x-(x-a)^2+3$,$x\geqslant0$,则$g'(x)=2(e^x-x+a)$,再令$h(x)=2(e^x-x+a)\Rightarrow h'(x)=2(e^x-1)\geqslant0$,所以$h(x)$在$(0,+\infty)$上单调递增,且$h(0)=2(a+1)$。

当$a\geqslant-1$时,$g'(x)\geqslant0$恒成立,即函数$g(x)$在$(0,+\infty)$上单调递增,从而需满足$g(0)=5-a^2\geqslant0\Rightarrow-\sqrt{5}\leqslant a\leqslant\sqrt{5}$,又$a\geqslant-1$,所以$-1\leqslant a\leqslant\sqrt{5}$。

当$a<-1$时,则存在$x_0>0$,使得$h(x_0)=0$,且当$x\in(0,x_0)$时,即$g'(x)<0$,则$g(x)$单调递减;当$x\in(x_0,+\infty)$时,$h(x)>0$,即$g'(x)>0$,则$g(x)$单调递增,所以$g(x)_{\min}=g(x_0)=2e^{x_0}-(x_0-a)^2+3\geqslant0$,又因为$h(x_0)=2(e^{x_0}-x_0+a)=0$,$\therefore e^{x_0}-x_0+a=0\Rightarrow a=x_0-e^{x_0}$,$\therefore g(x)_{\min}=2e^{x_0}-(x_0-x_0+e^{x_0})^2+3=-e^2x_0+2e^{x_0}+3\geqslant0(x_0>0)$,令$e^{x_0}=q(q>1)$,则有$-q^2+2q+3\geqslant0$,解得$1<q\leqslant3$,即$1<e^{x_0}\leqslant3$,所以$0<x_0\leqslant\ln3$。令$M(x)=x-e^x,0<x\leqslant\ln3$,则$M'(x)=1-e^x<0$,所以$M(x)$在$(0,\ln3]$上单调递减,则$M(x)\geqslant M(\ln3)=\ln3-3$,又因为$M(x)<$

$M(0)=-1$，∴ $\ln3-3\leqslant a<-1$。

综上所述，$\ln3-3\leqslant a\leqslant\sqrt{5}$。

20.【参考答案】本题考查课程基本理念的认识与教学实施。(1)高中数学课程以学生发展为本，落实立德树人根本任务，培养科学精神和创新意识，提升数学学科核心素养。高中数学课程面向全体学生，实现：人人都能获得良好的数学教育，不同的人在数学上得到不同发展。选择性课程对不同学生提供了不同平台，体现数学学科的层次性，最终实现不同的人得到不同的发展。

(2)①教师认真践行教师的职业道德规范，要善于抓住学生的心理特征，对学生的个性品质加以正确引导，时刻关注学生知识、技能、情感、态度、价值观等多方面的融合，要培养每一名学生获得成功生活、适应个人终生发展和社会发展都需要的、不可或缺的数学学科核心素养。②教师进行教学活动的设计时要围绕数学学科核心素养的培养展开，在教学实施时要整体把握教学内容，不断探索和改进教学方法。③基于数学学科核心素养的教学活动要把握数学的本质，创设合适的教学情境、提出合适的教学问题，引发学生思考与交流。④在数学的教学活动中融入数学文化，适当介绍相关知识的背景文化，让学生了解数学思想方法、知识技能的产生过程，促进学生自觉地、主动地学习数学，让学生更加全面地理解数学知识。

评分标准：本题共10分。(1)答出题干中"基本理念"内容的含义得5分。(2)答出"基本理念"的教学实施，言之有理即可得5分。

21.【参考答案】本题考查教学设计。

教学目标：

①熟练掌握一元二次不等式解法，理解三个"二次"之间的关系。

②借助二次函数图象，数形结合地理解三个"二次"之间的关系，学会借助已有经验，有意识地进行降维处理(将解一元二次不等式问题转化为一元一次不等式组问题)。

③通过一元二次函数、一元二次方程、不等式三者关系的探究过程，提升学生数学抽象、数学运算与直观想象的核心素养。

教学重点：一元二次函数与一元二次方程的关系，利用二次函数图象求一元二次方程的实数根和不等式的解集。

教学难点：一元二次方程根的情况和二次函数图象与 x 轴位置关系的联系，数形结合思想的应用。

教学过程：

一、导入

师：在初中，我们从一次函数的角度看一元一次方程、一元一次不等式，发现了三者之间的内在联系，可以利用函数观点把它们统一起来，而且利用这种联系可以很好地解决相关问题。对于二次函数、一元二次方程和一元二次不等式，是否也有这样的联系呢？

二、新知探究

(一)一元二次不等式的定义

问题1：园艺师打算在绿地上用栅栏围一个矩形区域种植花卉。若栅栏的长度是24 m，围成的矩形区域的面积要大于20 m^2，则这个矩形的边长为多少米？

答案：①设矩形的一边长为 x m，另一边长为 y m，可以得到 $x+y=12$，$xy>20$，消元可得 $(12-x)x>20$，其中 $0<x<12$。

师：(追问1)同学们看我们刚才计算得出的这个式子 $(12-x)x>20$，即 $x^2-12x+20<0$，与一元一次不等式相比，有什么相同点和不同点？你能再举出一些类似的不等式吗？

生：相同点是都只含有一个未知数，不同点是一元一次不等式中未知数的最高次数是1，而不等式 $x^2-12x+20<0$ 中未知数的最高次数是2。

师：(追问2)类比一元一次不等式的定义，你能给这类不等式起个名字吗？并试着给出它的定义及其一般形式。

师生共同总结：含有一个未知数，并且未知数的最高次数为2的不等式叫作一元二次不等式。

师：一元二次不等式的一般形式：$ax^2+bx+c>0$ 或者 $ax^2+bx+c<0$，其中 a,b,c 为常数，且 $a\neq0$。

(二)探究一元二次不等式的解法

问题2：在初中，我们学习了从一次函数的观点看一元一次方程、一元一次不等式的思想方法，那么这三者之间的关系是什么？(PPT出示一次函数、一元一次方程与一元一次不等式的关系图)

问题3：类似地，能否从二次函数的观点看一元二次不等式，进而得到一元二次不等式的求解方法呢？以函数 $y=x^2-12x+20$ 为例。

追问1：点 P 为函数 $y=x^2-12x+20$ 图象上的一点，当点 P 的纵坐标为0时，如何求点 P 的横坐标？

师生归纳：解方程 $x^2-12x+20=0$ 方程的实数根就是点 P 的横坐标。

追问2：一元二次方程 $x^2-12x+20=0$ 的实数根与二次函数 $y=x^2-12x+20$ 有什么关系？这个结论推广到一般的二次函数，该怎么叙述？(提示：自己先尝试叙述，然后阅读教科书第50页最后一段，进行修正)

师生归纳：一元二次方程 $x^2-12x+20=0$ 的实数

根就是二次函数 $y=x^2-12x+20$ 图象与 x 轴交点的横坐标。

师生共同总结得出：一般地，一元二次方程 $ax^2+bx+c=0(a\neq0)$ 的实数根就是二次函数 $y=ax^2+bx+c(a\neq0)$ 图象与 x 轴交点的横坐标。

对于二次函数 $y=ax^2+bx+c(a\neq0)$，我们把使 $ax^2+bx+c=0(a\neq0)$ 的实数 x 叫作二次函数 $y=ax^2+bx+c(a\neq0)$ 的零点，即二次函数 $y=x^2-12x+20$ 的两个零点为 $x_1=2,x_2=10$。

追问3：二次函数 $y=x^2-12x+20$ 的两个零点将 x 轴分成三段，每一段（零点除外）对应的函数图象有什么特点？函数值有什么特点？

学生回答后，教师归纳总结。

追问4：根据二次函数 $y=x^2-12x+20$ 的图象，不等式 $x^2-12x+20<0$ 与 $x^2-12x+20>0$ 的解集分别是什么？

追问5："问题1"中矩形的边长应该是多少米？

问题4：求解一元二次不等式 $x^2-12x+20<0$ 与 $x^2-12x+20>0$ 的方法，可以推广到求一般的一元二次不等式 $ax^2+bx+c>0(a>0)$ 和 $ax^2+bx+c<0(a>0)$ 的解集吗？

对于一般的一元二次方程 $ax^2+bx+c=0(a>0)$、一元二次不等式 $ax^2+bx+c>0(a>0)$ 与相应的函数 $y=ax^2+bx+c(a>0)$ 之间是否也具有类似的关系？请完成表格。（PPT 出示表格内容）

（三）应用举例

例 1. 求下列不等式的解集。

(1) $x^2-5x+6>0$；(2) $9x^2-6x+1>0$；(3) $-x^2+2x-3>0$。

追问1：求解不等式 $ax^2+bx+c>0(a>0)$ 或 $ax^2+bx+c<0(a>0)$ 的依据是什么？步骤是什么？第(3)题与(1)(2)题有何不同？如何转化为(1)(2)题。

例 2. 已知一元二次不等式 $ax^2+bx+c<0$ 的解集 $\{x|x<-3$ 或 $x>5\}$，则 $ax^2+bx+c>0$ 的解集为______。

追问2：如何利用"三个二次"的关系求解？你能画出不等式对应的函数简图吗？

三、归纳小结

问题5：这节课我们学习了一元二次不等式，回答下列问题，总结本节课的学习。

(1)我们是如何研究解一元二次不等式的？在这个过程中体现了哪些数学思想方法？

(2)解一元二次不等式 $ax^2+bx+c>0(a\neq0)$ 的步骤是什么？

四、课后作业，巩固知识

对不同层次的学生分层次布置作业。

评分标准：本题共 10 分。(1)从知识与技能，数学的思考与解决问题、情感与态度的方面答出教学目标，陈述明确，且具有可操作性，得 1 分；(2)答出"一元二次函数与与一元二次方程的关系"的教学重点得 1 分；答出"一元二次方程的根和二次函数图象与 x 轴位置关系的联系"的教学难点得 1 分；(3)①简要过程设计可以从复习回顾旧知引入，可得 1 分；②新知探究部分引导学生从理解一元二次不等式的定义到掌握一元二次不等式的解法，注重数形结合思想的渗透，可得 3 分，没有体现可酌情减 0.5～1 分；③知识应用部分让学生运用新知探究部分得出的方法结论求解一元二次不等式，达到应用新知的目的可得 2 分；④有归纳小结与作业可得 1 分。

2021 年 5 月浙江省杭州市教师招聘考试小学数学真题试卷（二）

一、填空题

1. ○

【解析】本题考查规律探索问题。图形○△□☆○△□☆…每四个小图形为一周期，2021÷4＝505……1，因此第 2021 个图形是○。

2. 77.5

【解析】本题考查小学数学路线问题。16＋6＋16＋5＋15＋4＋14＋1.5＝77.5（米）。

3. 33

【解析】本题考查最大公因数和最小公倍数。$a=2^2\times3\times m$，$b=3\times7\times m$，则 a 和 b 的最小公倍数是 $2^2\times3\times7\times m$，最大公因数是 $3m$，已知最小公倍数是 924，代入方程可得 $924=2^2\times3\times7\times m$，解得 $m=11$，则最大公因数是 $3m=33$。

4. 30

【解析】本题考查工程问题的变法应用。将纪念卡片的总量看作单位"1"，则女生人数是 $1\div20=\frac{1}{20}$，全班人数是 $1\div12=\frac{1}{12}$，如果将这些纪念卡片只分给男生，则每人可分得 $1\div\left(\frac{1}{12}-\frac{1}{20}\right)=30$（张）。

5. 20；19

【解析】本题考查探索规律。大环长 5 厘米，小环长 2 厘米，连接处长 5 毫米，则一个大环加一个小环的组合长度为 5＋2－0.5－0.5＝6（厘米），119÷6＝19……5，故该铁链最后一个环是大环，则有 20 个大环，19 个小环。

6. 84

【解析】本题考查价格与利润应用题。将甲商店的件数看作 8 份,则乙商店的件数为 7 份,甲商店获得的利润是 $8 \times 75\% = 6$ 份,乙商店获得的利润是 $7 \times 80\% = 5.6$ 份,则甲商店比乙商店多获得的利润为 $6 - 5.6 = 0.4$ 份,这 0.4 份利润够甲店再进购 4 件这种商品,则 1 份有 $4 \div 0.4 = 10$(件),所以甲商店两次共购进 $10 \times 8 + 4 = 84$(件)。

7. 48

【解析】本题考查三角形面积的计算。设正方形 $HEFG$ 的边长为 a,由题意知,$AB = \sqrt{a^2 + a^2} + \frac{\sqrt{2}}{2}a = \frac{3\sqrt{2}}{2}a$,$S_{\triangle ABC} = \frac{1}{2} \times \left(\frac{3\sqrt{2}}{2}a\right)^2 = \frac{9}{4}a^2 = 54$,解得 $a^2 = 24$,$\because DH = HG$,$\therefore DE = 2a$,$S_{\triangle DEC} = \frac{1}{2} \times 4a^2 = 48$。

8. $\frac{a}{3}$

【解析】本题考查立体几何的相关计算。以点 H 为坐标原点,HE 为 x 轴,HG 为 y 轴,HD 为 z 轴建立空间直角坐标系。因为正方体中距离最远的两个顶点之间的距离为 a,则正方形的边长为 $\frac{\sqrt{3}}{3}a$。

$AM = 2MF$,$GN = 2BN$,则 $M\left(\frac{\sqrt{3}}{3}a, \frac{2\sqrt{3}}{9}a, \frac{\sqrt{3}}{9}a\right)$,$N\left(\frac{2\sqrt{3}}{9}a, \frac{\sqrt{3}}{3}a, \frac{2\sqrt{3}}{9}a\right)$,则 $MN = |\overrightarrow{MN}| =$

$$\sqrt{\left(\frac{\sqrt{3}}{3}a - \frac{2\sqrt{3}}{9}a\right)^2 + \left(\frac{2\sqrt{3}}{9}a - \frac{\sqrt{3}}{3}a\right)^2 + \left(\frac{\sqrt{3}}{9}a - \frac{2\sqrt{3}}{9}a\right)^2}$$

$= \sqrt{\frac{a^2}{9}} = \frac{a}{3}$。

9. 4

【解析】本题考查流水问题。逆流而上的速度 = 人的速度 - 水流速度,顺流而下的速度 = 人的速度 + 水流速度。该人逆流而上,水壶顺流而下,水壶和人的速度和相当于人在静水中的速度。该人游了 18 分钟发现丢失水壶,则人与水壶的路程就是该人在静水中的游 18 分钟的路程。该人顺流而下追回水壶,水壶也顺流而下,则人与水壶的速度差为人在静水中的速度。故当人追到水壶时所用时间仍为 18 分钟。故水流速度是 $2.4 \div \frac{18 + 18}{60} = 4$(千米/小时)。

10. 2.4

【解析】本题考查列方程解应用题。设甲、乙分别切下来的合金重量是 x 千克,6 千克的甲和 4 千克的乙的含铜率分别是 a 和 $b(a \neq b)$,则由题意得 $\frac{a(6 - x) + bx}{6} = \frac{b(4 - x) + ax}{4}$,整理得 $10(b - a)x = 24(b - a)$,解得 $x = 2.4$。

二、单项选择题

11. B 【解析】本题考查抽屉原理。一年 12 个月,则 25 个小朋友至少有 3 个小朋友是同一个月出生。

12. C 【解析】本题考查数的范围。最便宜的是 22 元,则 4 件商品的价格最低是 $22 \times 3 + 26 = 92$(元),价格最高是 $26 \times 3 + 22 = 100$(元),因此这 4 件奖品总价格在 90 ~ 100 元之间。

13. C 【解析】本题考查概率问题。甲、乙两人在三个餐厅用餐共有 $3 \times 3 = 9$ 种可能,而甲、乙在同一个餐厅用餐有 3 种可能,则甲、乙在同一个餐厅用餐的概率是 $\frac{3}{9} = \frac{1}{3}$。

14. C 【解析】本题考查圆锥的体积。设该圆锥的底面半径为 a,则圆锥中水的体积为 $V_{半} = \frac{1}{3} \times \frac{1}{2}h \times \pi \times \left(\frac{a}{2}\right)^2 = \frac{1}{24}h\pi a^2 = 5$(升),解得 $h\pi a^2 = 120$。容器的体积 $V_{容} = \frac{1}{3} \times h \times \pi \times a^2 = \frac{1}{3}h\pi a^2 = 40$(升),则该容器还能装 $40 - 5 = 35$ 升水。

15. C 【解析】本题考查分数的通分。该不等式可转化为 $\frac{245}{630} < \frac{126n}{630} < \frac{1800}{630}$,则 $245 < 126n < 1800$(n 为自然数),解得 $2 \leqslant n \leqslant 14$,则 n 有13 个。

16. A 【解析】本题考查平均数。设身高高于 1.5 米的人有 a 个,低于 1.5 米的人有 b 个,则 $1.7a + 1.2b = 1.5(a + b)$,解得 $2a = 3b$,因为 a 和 b 都为整数,则 a 最大为 9,b 最大为 6,则最少有 $18 - 9 - 6 = 3$ 个同学的身高恰好是 1.5 米。

17. A 【解析】本题考查间隔问题。从甲站发车的司机最多能看到 $4 + 4 + 1 = 9$ 辆车。(例如:11 点从甲站出发的汽车司机最多能看到 7,8,9,10,11,12,13,14,15 点从乙站发出的长途汽车)

18. B 【解析】本题考查距离问题。派出的三辆摩托车甲乙丙共同出发,走出 60 千米路程时,乙车将自己的油倒出三分之一给甲车,此时乙车返回,甲车和丙车继续行驶,甲车此时满油,丙车一起再走 20 千米时,丙车的油消耗 $\frac{4}{9}$,甲车的油消耗 $\frac{1}{9}$,丙车将 $\frac{1}{9}$ 的油倒入甲车中并返回,此时甲车满油,还能再行 180 千米,故最远是 $60 + 20 + 180 = 260$(千米)。

三、解答题

19.【解析】本题考查面积的计算。$10 \times 10 \times 20 -$

$10\times10\div4\times19=1525$(平方厘米)。

答:地板被20张纸片所覆盖的面积是1525平方厘米。

20.【解析】本题考查利润问题。设涨价 x 元,利润为 y 元,由题意得,$y=(500-10x)\times(50+x-40)=10\times(50-x)\times(x+10)=-10(x-20)^2+9000$,故当 $x=20$ 时,利润最大,最大为9000元,此时的售价 $50+20=70$(元)。

答:利润最大时,售价为70元。

21.【解析】本题考查三角函数。设 $\angle BAD=\alpha$, $\angle DAC=\beta$,则 $\alpha+\beta=45°$,设 $AD=x$,则 $\tan\alpha=\frac{3}{x}$, $\tan\beta=\frac{2}{x}$, $\tan(\alpha+\beta)=\frac{\tan\alpha+\tan\beta}{1-\tan\alpha\tan\beta}=\frac{\frac{3}{x}+\frac{2}{x}}{1-\frac{2}{x}\cdot\frac{3}{x}}=1$,解得 $x=6$(负值舍去),则 $S_{\triangle ABC}=\frac{1}{2}\times6\times5=15(\text{cm}^2)$。故剩余空白部分的面积为 $15-6.3=8.7(\text{cm}^2)$。

22.【解析】本题考查行程问题。设客车先载乙班走了 x 小时,乙班继续步行,然后客车返回遇到甲班用了 y 小时,接到甲班后到达B地用了 z 小时,此时乙班也到达B地,结合图示,可得

$$\begin{cases}4x+4y+50y=40x,\\50y+4(y+z)=40z,\end{cases}$$ 整理得 $$\begin{cases}y=\frac{2}{3}x,\\z=\frac{3}{2}y,\end{cases}$$ 所以 $z=x$,

甲班步行的路程为 $4x+4y=\frac{20}{3}x$(千米),全程为 $4x+4y+40z=\frac{140}{3}x$(千米),故甲班步行的路程为全程的 $\frac{4x+4y}{4x+4y+40z}=\frac{1}{7}$。

答:甲班需步行全程的 $\frac{1}{7}$。

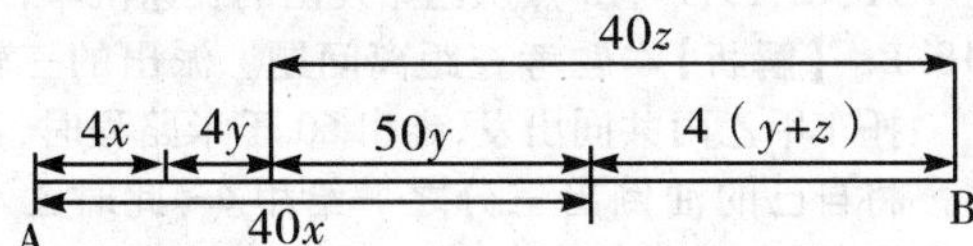

23.【参考答案】本题考查数学模型思想相关知识。

建立和求解模型,有以下步骤:从现实生活或具体情境中抽象出数学问题;用数学符号建立方程、不等式、函数等表示数学问题中的数量关系和变化规律;求出结果并讨论结果的意义。

教学设计流程:(1)根据实际生活中的物体——长方形,求解该长方形的面积。(2)采用每个面积都为1的小正方形进行堆积,并让学生进行自由操作,学会初步采用模型(即小正方形)进行拼接。(3)在模型探究的过程中,让学生发现正方形长与宽之间的关系,接着对该种关系进行进一步的探究。(4)采用数学符号来对该种关系进行一个规律性总结。(5)对该规律总结通过应用进行更进一步的验证探究。

评分标准:本题共8分。答出建立和求解模型的3个步骤可得3分,少答一个步骤不得分;结合例题答出教学设计流程可得5分,其中答出关注模型的建立与求解可得3分,有模型的总结验证可得2分。

24.【参考答案】本题考查教学设计。

教学目标:

知识与技能目标:了解小数的产生,理解小数的意义,掌握小数的计数单位及单位间的进率。

过程与方法目标:培养动手操作能力及抽象概括能力。

情感、态度与价值观目标:体验自主探索、合作交流的过程,感受成功的愉悦,树立学习数学的自信心,发展对数学的积极情感。

教学重点:掌握小数的计数单位及单位间的进率。

教学难点:理解小数的意义。

教学过程:

一、课前导入

师:生活中你在哪些地方见到过小数?你能说一说吗?

(出示课件)学生回答。

师:生活中这么多的地方用到小数,说明小数的应用十分广泛、无处不在。请同学们把各自测量的周围物体的长、宽(或高)的数据说一说。

(教师将各个数据分别按“整米数”和“非整米数”两类板书)

师:这些不够整米数的部分,如果仍然要用“米”作单位写出来,除了用分数表示外,还可以用怎样的数表示出来呢?

(师生共同归纳)在进行测量和计算时,往往不能正好得到整数的结果,这时常用小数来表示。但是,小数的意义又是什么呢?这节课我们将深入学习小数的知识。

二、探索发现

1. 认识一位小数

(1)课件出示教材第32页例1米尺图。

把1米平均分成10份,每份长多少分米?1分米是1米的几分之几?

教师介绍出示“十分之一”米还可以写成0.1米。

那2分米、3分米呢？学生试着完成填空。

（学生在小组内交流后再全班交流，交流时说说每个分数表示的意义）

（教师根据学生的回答板书）

（2）（出示课件）观察上面的等式你能发现分数和小数之间的联系吗？

（小组讨论后，师生交流并小结）分母是10的分数，可以写成一位小数。一位小数表示十分之几。

2. 认识两位、三位小数

我们知道了一位小数表示的是十分之几的数。那么两位、三位小数应该表示什么呢？下面请同学们以这些两位小数为材料继续研究。

（学生思考，小组交流后进行反馈）

把1米平均分成100份，这样的一份或者几份表示百分之几米，可以用0.04，0.01这种两位小数来表示。

1米有1000毫米，就是把1米平均分成1000份。1毫米用小数表示就是0.001米。

小结：分母是100的分数，可以写成两位小数。两位小数表示百分之几。

3. 小数的意义

分母是10，100，1000的分数可以用小数表示，这些小数的计数单位分别是多少？每相邻两个计数单位之间的进率是多少？

（学生交流，说说对小数的理解）

师生共同归纳得出结论。一位小数表示十分之几，十分之几的计数单位是十分之一，那么一位小数的计数单位就是0.1。同理，两位小数、三位小数的计数单位就是0.01，0.001。每相邻两个计数单位间的进率是10。

4. 阅读“你知道吗？”

师生交流并让学生说说小数的发展史。

三、巩固发散

指导学生完成教材第33页“做一做”。

让学生独立填写，集体订正时，让学生说说是如何用分数和小数来表示的。

四、评价反馈

通过今天这节课的学习，你有哪些收获？

（略）

五、作业布置

对不同层次的学生分层次布置作业。

评分标准：本题共14分。答出教学目标可得2分。答出教学重难点可得2分。教学过程设计可采用情境导入等方式，合理即可得3分；新知探索部分关注小数的意义与读写法，尝试让学生进行小数与分数的转化可得5分；有巩固应用、板书设计和作用的布置可得2分。

2021年4月浙江省金华市、绍兴市诸暨市教师招聘考试小学数学真题试卷（三）（精编）

一、单项选择题

1. B 【解析】本题考查集合间的运算。$A=\{x|x^2-3x-4<0\}=\{x|-1<x<4\}$，$B=\{x|y=\sqrt{2-x}\}=\{x|x\leqslant 2\}$，则$A\cap B=\{x|-1<x\leqslant 2\}$。故选B。

2. B 【解析】本题考查复数的运算。$(m-\mathrm{i})(1-2\mathrm{i})=m-2m\mathrm{i}-\mathrm{i}+2\mathrm{i}^2=(m-2)-(2m+1)\mathrm{i}=-3+n\mathrm{i}$，所以$\begin{cases}m-2=-3,\\-(2m+1)=n,\end{cases}$解得$\begin{cases}m=-1,\\n=1,\end{cases}$则$|m+n\mathrm{i}|=\sqrt{m^2+n^2}=\sqrt{2}$。

3. C 【解析】本题考查变上限积分的性质与求导。$F'(x)=\left[\int_0^x f(-t)\mathrm{d}t\right]'=\left[\int_0^{-x}f(u)d(-u)\right]'=-\left[\int_0^{-x}f(u)du\right]'=-[f(-x)\cdot(-x)'-f(0)\cdot(0)']=-[-f(-x)]=f(-x)$。

4. D 【解析】本题考查函数的奇偶性。设$f(x)=y=\dfrac{(x-2)(x^2+1)}{x(x-2)}=x+\dfrac{1}{x}(x\neq 0$或$2)$，定义域不关于原点对称，所以该函数既不是奇函数，又不是偶函数。

5. D 【解析】本题考查平面向量的运算。如图，由于C,P,D三点共线，所以存在x,y使得$\overrightarrow{AP}=x\overrightarrow{AC}+y\overrightarrow{AD}$，且$x+y=1$，因为$\overrightarrow{AD}=2\overrightarrow{DB}$，所以$\overrightarrow{AP}=x\overrightarrow{AC}+\dfrac{2}{3}y\overrightarrow{AB}$，由$\begin{cases}\dfrac{2}{3}y=\dfrac{1}{3},\\x=m,\\x+y=1\end{cases}$得$\begin{cases}x=\dfrac{1}{2},\\y=\dfrac{1}{2},\end{cases}$故$m=x=\dfrac{1}{2}$。

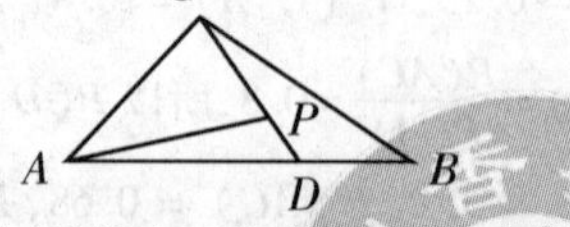

6. A 【解析】本题考查函数的求导。由题意可知直线方程$y=kx+2$过点$(0,2)$，$y=f(x)=x(x^2-1)=x^3-x$，$f'(x)=3x^2-1$。设二者的切点为(x_0,y_0)，故切线方程为$y-y_0=(3x_0^2-1)(x-x_0)$，将$(0,2)$代入切线方程，解得$x_0=-1,y_0=0$，代入$y=kx+2$，解得$k=2$。

7. C 【解析】本题考查三角形的外接圆与内切圆。分别作出 $Rt\triangle ABC$ 的外接圆$\odot O$ 和内切圆$\odot O'$，设内切圆半径为 r，因为在 $Rt\triangle ABC$ 中，$AB=6$，$BC=8$，所以 $AC=\sqrt{6^2+8^2}=10$，因为 $\angle ABC=90°$，所以 AC 为$\odot O$ 的直径（圆周角等于 90°的角所对的弦为圆的直径），所以$\odot O$ 的半径为 5。因为 $S_{\triangle ABC}=6\times 8\times\frac{1}{2}=24$，所以 $r\times(6+8+10)\times\frac{1}{2}=24$（三角形面积是其内切圆半径与三角形周长乘积的一半），所以 $r=2$。$R-r=3$，所以$\triangle ABC$ 的外接圆半径与内切圆半径的差为 3。

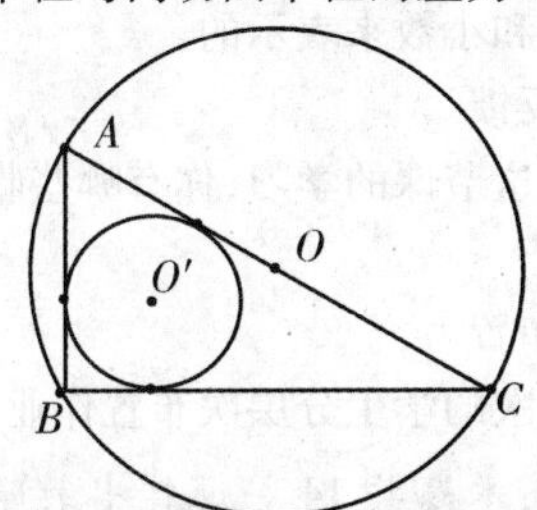

8. D 【解析】本题考查全等三角形的性质。过点 N 作 $NH\perp AD$ 于点 H，所以在正方形 $ABCD$ 中，$NH=DC=AD$。因为 $MN\perp DE$，所以 $\angle A=\angle DFM=\angle NHM=90°$，因为 $\angle ADE+\angle DFM+\angle DMN=\angle ADE+\angle A+\angle AED=180°$，所以 $\angle DMN=\angle AED$，而 $\angle A=\angle DFM=\angle NHM=90°$，$NH=AD$，所以$\triangle ADE\cong\triangle HNM$(AAS)，所以 $MN=DE=5$。

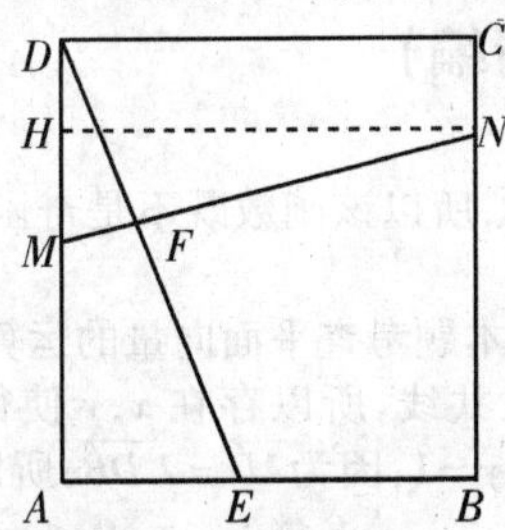

9. A 【解析】本题考查条件概率的计算。设小红早上选择吃吐司的事件为 A，吃面包的事件为 B，吃果酱的事件为 C，不吃果酱的事件为 D，$P(A)=0.85$，$P(B)=0.15$，$P(C|A)=0.8$，$P(C|B)=p$，$P(C|A)=\frac{P(AC)}{P(A)}=0.8$，所以 $P(D|A)=\frac{P(AD)}{P(A)}=1-0.8=0.2$，$P(AC)=0.68$，$P(AD)=0.17$，$P(C|B)=\frac{P(BC)}{P(B)}=p$，$P(BC)=0.15p$，而 $P(A|D)=\frac{P(AD)}{P(D)}=\frac{10}{13}$，$P(D)=0.221$，所以 $P(C)=1-P(D)=0.779$，$P(D|B)=\frac{P(BD)}{P(B)}=1-p$，$P(BD)=0.15(1-p)$，$P(B|D)=\frac{P(BD)}{P(D)}=1-\frac{10}{13}=\frac{3}{13}$，所以 $P(BD)=\frac{3}{13}P(D)=0.15(1-p)$，所以 $p=0.66$。

10. A 【解析】本题考查三角函数图象的性质。由题意得 $h(x)=\sin\left(\frac{x}{w}-\frac{\pi}{6}\right)$，当 $x\in[0,\pi]$时，$\frac{x}{w}-\frac{\pi}{6}\in\left[-\frac{\pi}{6},\frac{\pi}{w}-\frac{\pi}{6}\right]$，$h(x)$ 在$[0,\pi]$上有且仅有 2 个零点，则 $\pi\leqslant\frac{\pi}{w}-\frac{\pi}{6}<2\pi$，解得 $\frac{6}{13}<w\leqslant\frac{6}{7}$，故 A 项正确。当 $w=\frac{3}{4}$时，$h(x)=\sin\left(\frac{4x}{3}-\frac{\pi}{6}\right)$，$\frac{4x}{3}-\frac{\pi}{6}=k\pi+\frac{\pi}{2}$，$k\in\mathbf{Z}$，解得$x=\frac{3}{4}k\pi+\frac{\pi}{2}$，当 $x=\frac{8\pi}{9}$时，k 不为整数，此时若函数图象关于某点对称，则$\frac{4x}{3}-\frac{\pi}{6}=k\pi$，$k\in\mathbf{Z}$。解得$x=\frac{3}{4}k\pi+\frac{\pi}{8}$，当 $x=\frac{2}{9}\pi$ 时，k 不为整数，故 B、C 项不正确。$h(x)$ 在$[0,\pi]$上有且仅有 2 个零点，可得 $h(x)$ 在$[0,\pi]$上有且仅有 1 个极大值点。

二、填空题

11. e^x

【解析】本题考查导数的性质。由题意得函数求导后与原函数相等，且 $f(0)=f'(0)=1$，所以 $f(x)=e^x$。

12. $\frac{4\sqrt{2}}{9}$

【解析】本题考查三角函数诱导公式。$\alpha\in\left(-\frac{\pi}{2},0\right)$，$\sin\left(\alpha+\frac{\pi}{4}\right)=\frac{1}{3}$，所以 $\cos\left(\alpha+\frac{\pi}{4}\right)=\frac{2\sqrt{2}}{3}$，$\cos2\alpha=\sin\left(2\alpha+\frac{\pi}{2}\right)=\sin\left(\alpha+\frac{\pi}{4}+\alpha+\frac{\pi}{4}\right)=\sin2\left(\alpha+\frac{\pi}{4}\right)=2\sin\left(\alpha+\frac{\pi}{4}\right)\cos\left(\alpha+\frac{\pi}{4}\right)=\frac{4\sqrt{2}}{9}$。

13. 1 或 -1

【解析】本题考查二项式的展开式，$(2+ax)^6$ 中 x^2 的系数是 $C_6^2\cdot 2^4a^2=240a^2$，x^4 的系数是 $C_6^4\cdot 2^2a^4=60a^4$，所以 $\left(1+\frac{1}{x^2}\right)(2+ax)^6$ 展开式中 x^2 的系数为 $300=240a^2+60a^4$，解得 $a=1$ 或 -1。

14. $\sqrt{13}$

【解析】本题考查菱形的性质和线段的最小值。作点 M 关于 AC 的对称点 M'，连结 PM'，由菱形的性

质可得，M'在 AB 上且是 AB 的中点，$PM=PM'$，所以 $PM+PN$ 的最小值等于 $PM'+PN$ 的最小值，当点 N,P,M'三点在同一条直线上时，$PM'+PN$ 取得最小值，因为点 N 是 CD 的中点，所以四边形 $ADNM'$ 是平行四边形，所以 $NM'=AD$，因为四边形 $ABCD$ 是菱形，所以 $AD=\sqrt{\left(\frac{1}{2}AC\right)^2+\left(\frac{1}{2}BD\right)^2}=\sqrt{13}$，则 $PM+PN$ 的最小值为 $NM'=AD=\sqrt{13}$。

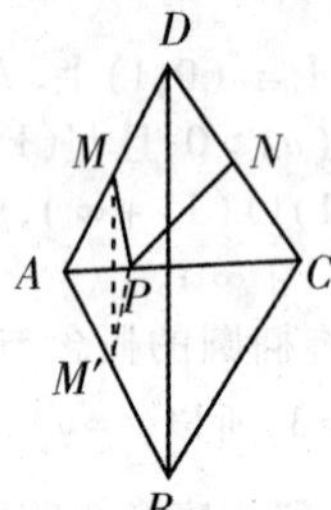

15. 1 或$\frac{1}{4}$

【解析】本题考查等比数列的性质。由题意得 $\begin{cases}a_1=1,\\ S_3=3a_3=a_1+a_1q+a_1q^2=3a_1q^2,\end{cases}$ 解得 $q=1$ 或 $-\frac{1}{2}$。所以 $a_3=1$ 或$\frac{1}{4}$。

三、论述题

16. 论述在教学中应该如何引导学生探索，培养学生的创新思维能力？

【参考答案】本题考查如何在教学中培养学生的创新思维能力。

(1)创设问题情境，是培养学生创造性思维的前提。为学生创设一个愉悦、轻松和相互交流的教学情境，让学生大胆地想象，有助于学生产生探究新知的兴趣，激发学生学习知识的主动性和积极性，更好地培养学生的创造性思维。因此，教师在组织教学时，应通过设置问题情境，创设具有启发性的外界刺激，引导学生积极思维，激起学生对知识和技能的学习欲望。

(2)发展学生观察力，是培养学生创造性思维的基础。苏霍姆林斯基指出，观察对于儿童之必不可少，正如阳光、空气、水分对于植物之必不可少。因此，引导学生深刻观察问题，去伪存真，能够为最终解决问题奠定基础。

(3)激发学生猜想力，是提高学生创造思维的关键。猜想是由已知原理、事实，对未知现象及其规律所作出的一种假设性的命题。在数学教学中鼓励学生进行猜想，是激发学生学习兴趣，发展学生直觉思维，掌握探求知识方法的必要手段。在日常教学中要点燃学生主动探索之火，给予学生充足的思考时间与空间，让学生把各种各样的想法都讲出来，使学生真正成为学习的主人。

(4)练就质疑能力，是培养学生创造性思维的重点。质疑思维就是让学生时刻产生对问题的好奇心和想象力，不轻信直观，敢于对存在的疑问提出自己的看法，使学生多思独思，同时也能让学生不轻易钻牛角尖。在教学过程中不断地提高学生的质疑能力，可以通过三种方式来进行：一是通过错题错解，让学生从中辨别命题的错误与推断的错误；二是给出组合的选择题，让学生进行是非判断；三是巧妙提出命题，指出若正确请证明，若不正确请举反例。

(5)辩证思维能力，是培养学生创造性思维能力的保证。辩证思维能力是学生创造性思维能力培养与形成的最高层次。在数学教学中，要密切联系时间、空间等多种可能的条件，教育学生思考问题时不能顾此失彼，拾一漏万，做到“兼权熟计”。特别是在数学解题教学中，要教育学生不能单纯地依靠定义、定理，而是吸收一些习题的启示，拓宽思维的广度。

在小学数学教学过程中，不仅仅要传授知识，让学生理解、掌握知识，更重要的是注重培养学生的创造性思维，从而培养适应时代需要、善于思考的人才。

评分标准：本题共10分。答出“创设问题情境”“发展学生观察力”“激发学生猜想力”“练就质疑能力”“辩证思维能力”五点并展开叙述（言之有理）可得10分，少答一点扣2分。

四、解答题

17.【解析】本题考查求异面直线所成角的余弦值。因为在三棱柱 $ABC-A_1B_1C_1$ 中，$AB\perp BC$，四边形 BCC_1B_1 为正方形，可以以 B_1 为原点，B_1A_1，B_1C_1，B_1B 所在直线分别为 x 轴，y 轴，z 轴建立如图所示的空间直角坐标系，得到点$A(2,0,4)$，$D_1(0,2,0)$，$A_1(2,0,0)$，$C_1(0,4,0)$，则$\overrightarrow{AD_1}=(-2,2,-4)$，$\overrightarrow{A_1C_1}=(-2,4,0)$，设异面直线 AD_1 与 A_1C_1 所成角为 θ，则 $\cos\theta=\frac{|\overrightarrow{AD_1}\cdot\overrightarrow{A_1C_1}|}{|\overrightarrow{AD_1}||\overrightarrow{A_1C_1}|}=\frac{12}{2\sqrt{6}\cdot 2\sqrt{5}}=\frac{\sqrt{30}}{10}$。

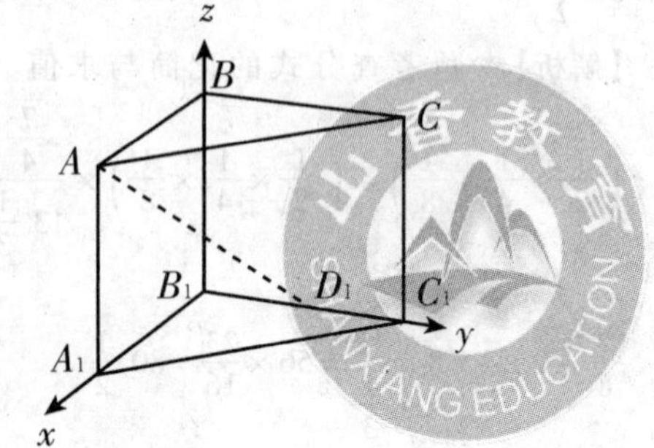

18.【解析】本题考查解三角形。(1)因为 $b\cos C+2a\cos A+c\cos B=0$,由正弦定理可得 $\sin B\cos C+2\sin A\cos A+\sin C\cos B=0$,$(\sin B\cos C+\sin C\cos B)+2\sin A\cos A=\sin(B+C)+2\sin A\cos A=\sin(\pi-A)+2\sin A\cos A=\sin A+2\sin A\cos A=0$,因为 $\sin A\neq0$,所以 $\cos A=-\frac{1}{2}$,$\angle A=\frac{2\pi}{3}$。

(2)由(1)得 $\angle BAD=\angle CAD=\frac{\pi}{3}$,由正弦定理可得 $\frac{BD}{\sin\angle BAD}=\frac{AD}{\sin B}$,所以 $AD=2$,在 $\triangle ACD$ 中,$\frac{CD}{\sin\angle CAD}=\frac{AD}{\sin C}$,所以 $CD=\frac{AD\sin\angle CAD}{\sin C}=\frac{2\cdot\frac{\sqrt{3}}{2}}{\sin\left(\pi-\frac{\pi}{4}-\frac{2\pi}{3}\right)}=3\sqrt{2}+\sqrt{6}$。

19.【解析】本题考查导数的应用。(1)$f'(x)=\frac{1}{x}-2ax=\frac{1-2ax^2}{x}(x>0,a\in\mathbf{R}$ 且 $a\neq0)$。若 $a<0$,则 $f'(x)>0$,函数 $f(x)$ 在定义域上单调递增;若 $a>0$,当 $1-2ax^2>0$,即 $0<x<\sqrt{\frac{1}{2a}}=\frac{\sqrt{2a}}{2a}$ 时,$f'(x)>0$,函数 $f(x)$ 单调递增,当 $x>\frac{\sqrt{2a}}{2a}$ 时,函数 $f(x)$ 单调递减。

(2)$g(x)=f'(x)+\ln x-\frac{1}{x}+a=\frac{1}{x}-2ax+\ln x-\frac{1}{x}+a=\ln x-2ax+a$。$g'(x)=\frac{1}{x}-2a$,当 $a<0$ 时,$g'(x)=\frac{1}{x}-2a>0$ 恒成立,函数 $g(x)$ 不可能有2个零点,不符合题意;当 $a>0$,$\frac{1}{x}-2a>0$,即 $0<x<\frac{1}{2a}$ 时,$g'(x)>0$,当 $x>\frac{1}{2a}$,$g'(x)<0$,当 $g'(x)=0$,$x=\frac{1}{2a}$,当 $x\to0$ 时,$g(x)\to-\infty$,$(\ln x\to-\infty,-2ax\to0)$,故需 $g\left(\frac{1}{2a}\right)>0$,则 $g(x)$ 在 $\left(0,\frac{1}{2a}\right)$ 上和 $\left(\frac{1}{2a},+\infty\right)$ 上分别有1个零点,此时满足题意。$g\left(\frac{1}{2a}\right)=-1-\ln2a+a>0$,令 $h(a)=a-1-\ln2a$,$h'(a)=1-\frac{1}{a}$,当 $h'(a)=0$ 时,$a=1$,且 $a\in(0,1)$ 上,$h'(a)<0$,$a\in(1,+\infty)$ 上,$h'(a)>0$,且 $h'(1)=0$,故 $h(a)>0$ 的解集为 $(0,1)\cup(1,+\infty)$,所以 a 的取值范围为 $(0,1)\cup(1,+\infty)$。

20.【解析】本题考查椭圆的概念与性质。(1)双曲线的 $c^2=2+1=3$,所以 $c=\sqrt{3}$,所以椭圆中的 c 也等于 $\sqrt{3}$,焦点到相应准线的距离为 $d=\frac{a^2}{c}-c=\frac{\sqrt{3}}{3}$,所以 $a^2=4$,$b^2=a^2-c^2=1$,即椭圆的方程为 $\frac{x^2}{4}+y^2=1$。

(2)设直线 l: $y=k(x-4)$,$\begin{cases}y=k(x-4),\\ \frac{x^2}{4}+y^2=1,\end{cases}\Rightarrow$ $(4k^2+1)x^2-32k^2x+64k^2-4=0$,设 $A(x_1,y_1)$,$B(x_2,y_2)$,$x_1+x_2=\frac{32k^2}{4k^2+1}$,$x_1x_2=\frac{64k^2-4}{4k^2+1}$,因为点 B,E 关于 x 轴对称,所以 $E(x_2,-y_2)$,l_{AE} 方程为 $y-y_1=\frac{y_1+y_2}{x_1-x_2}(x-x_1)$,令 $y=0$,得 $x=\frac{x_1y_2+x_2y_1}{y_1+y_2}$,又 $y_1=k(x_1-4)$,$y_2=k(x_2-4)$,所以 $x=\frac{2x_1x_2-4(x_1+x_2)}{x_1+x_2-8}=1$,则直线 AE 恒过定点 $(1,0)$。

2021年1月浙江省杭州市教师招聘考试小学数学真题试卷(四)

一、填空题

1. $80\frac{1}{2}$

【解析】本题考查分式的化简与求值。原式 $=\left(\frac{1}{2}+\frac{1}{4}+\frac{1}{8}\right)\div\left(\frac{1}{2}\times\frac{1}{4}\times\frac{1}{8}\right)\times\frac{\frac{7}{4}+\frac{1}{6}}{13\frac{1}{3}-12}=\frac{7}{8}\times2\times4\times8\times\frac{\frac{23}{12}}{\frac{4}{3}}=56\times\frac{23}{16}=80\frac{1}{2}$。

2. 44

【解析】本题考查规律探索问题。

第一次取出棋子:1

前二次取出棋子共:$1+3=4=2^2$

前三次取出棋子共:$1+3+5=9=3^2$

前四次取出棋子共:$1+3+5+7=16=4^2$

……

前 n 次取出棋子共:$n^2(n\in\mathbf{N}_+)$

$\sqrt{2020}\approx44.94$,故 n 的最大值为44。

3. 48

【解析】本题考查二元一次方程组的应用。设原来

的两位数的十位数为 x，个位数为 y，则有 $\begin{cases}x+y=12,\\10y+x-(10x+y)=36,\end{cases}$ 解得 $\begin{cases}x=4,\\y=8,\end{cases}$ 故原来的两位数为48。

4. 90

【解析】本题考查一元一次方程的实际应用。设师父加工零件个数为 x 个，由题意得 $\frac{1}{3}x-\frac{1}{4}(170-x)=10$，解得 $x=90$，故师父加工了90个零件。

5. 24

【解析】本题考查图形的规律探索问题。

$S_1=\frac{1}{2}\times4\times2=4=2^2$；

$S_2=\frac{1}{2}\times6\times3=9=3^2$；

$S_3=\frac{1}{2}\times8\times4=16=4^2$；

……

$S_x=\frac{1}{2}\times2(x+1)\times(x+1)=(x+1)^2$。

由题意得 $(x+1)^2=625$，解得 $x=24$。

6. 8

【解析】本题考查正方形的面积。将钉子板正着放，设此时每个钉子之间的横竖间距都为1，若正着放，共有1,4,9,16四种不同面积的正方形。若斜着放，分别以对角线为边长，共有2,5,8,10四种不同面积的正方形。综上所述，一共有8种。

7. 12

【解析】本题考查分配问题。一共有 $5+3=8$ 个面包，四个人平分，则每个人分到2个面包。小明分出去的面包为 $5-2=3$(个)，小林分出去的面包为 $3-2=1$(个)。则小明应该分到的钱为 $(8+8)\times\frac{3}{3+1}=12$(元)。

8. 32

【解析】本题考查分配问题。因为每个人的工作效率相同，假设半组少先队员半天浇的水为1份，则全组少先队员上午在第二条公路上的浇水量为2份，所以第二条公路的浇水量为 $1+2=3$(份)，第一条公路的浇水量为1.5份。在这1.5份的浇水量中，有半组少先队员半天浇水1份，剩下的0.5份就是4个人第二天要完成的浇水量。由此可得，4个人一天的浇水量为0.5份，全组的人一天的浇水量为4份，由此可得，这组少先队员有 $4\div0.5\times4=32$(人)。

9. 405

【解析】本题考查简单几何体的三视图。如图所示，最少有15个小正方体构成这个立体图形，则体积为 $3\times3\times3\times15=405$(立方厘米)。

1	1	1	2
2			
1	2	4	1

方法技巧：俯视图打地基，正视图疯狂盖，左视图拆违章。即俯视图在最下面，所有的小正方体都要算，主视图可能产生遮挡，要通过左视图进行清理。即通过主视图、俯视图确定组合图形的列数；通过俯视图、左视图确定组合图形的行数；通过主视图、左视图确定行与列中的最高层数。

10. 1536

【解析】本题考查方程思想。往的总时间+返的总时间+顺水960米的时间=20分钟。设两个码头之间的距离为 x 米，舰模往返 y 次，则可以得到方程 $\frac{x}{200+40}\times y+\frac{x}{200-40}\times y+\frac{960}{200+40}=20$，因为 $x>960$，y 为自然数，可以求得 $y=1$，$x=1536$，故A码头和B码头之间的距离为1536米。

二、单项选择题

11. D 【解析】本题考查浓度问题。设甲瓶盐水的质量为 x，乙瓶盐水的质量为 y。由题意得 $\frac{8\%x+5\%y}{x+y}=6.2\%$，化简得 $x=\frac{2}{3}y$。第二次混合后浓度为 $\frac{\frac{1}{4}x\times8\%+\frac{1}{6}y\times5\%}{\frac{1}{4}x+\frac{1}{6}y}$，将 $x=\frac{2}{3}y$ 代入得，原式 $=\frac{\frac{1}{50}\times\frac{2}{3}y+\frac{1}{120}y}{\frac{1}{3}y}=6.5\%$。

12. B 【解析】本题考查探索规律问题。假设 n 的十位数为 x，个位数为 y，分别乘一个数后百位进 p，十位进 q，其中 $p,q\in[0,8]$。当乘3时，可以得到百位为 p，十位为 $3x-10p+q$，个位为 $3y-10q$，所以可以得到 $p+3x-10p+q+3y-10q=a=x+y$，化简得 $2x+2y=9p_1+9q_1$。同理分别乘5,7,9，可以得到 $4x+4y=9p_2+9q_2$，$6x+6y=9p_3+9q_3$，$8x+8y=9p_4+9q_4$，所以可以得到 $\frac{9}{2}(p_1+q_1)=\frac{9}{4}(p_2+q_2)=\frac{9}{6}(p_3+q_3)=\frac{9}{8}(p_4+q_4)$。取 $\frac{9}{2}(p_1+q_1)=\frac{9}{8}(p_4+q_4)$，所以 $p_1+q_1\in$

$[0,4]$，又因为 $2x+2y=9p_1+9q_1$，x 为正整数，y 为非负整数，所以 p_1+q_1 应该为偶数，所以 $p_1+q_1=0$ 或 2 或 4，若 $p_1+q_1=0$，则 $x+y=0$ 不成立；若 $p_1+q_1=2$，则 $x+y=9$，所以这两位数可以是 18，27，36，45，54，63，72，81，90，将其与 5，7，9 相乘，检验 18，36，45，90 符合题意。若 $p_1+q_1=4$，则 $x+y=18$。所以 $x=9$，$y=9$，即 99 符合题意。综上所述，18，36，45，90，99 满足题意，这样的两位数共有 5 个。

13. A 【解析】本题考查方程思想。设蓝色眼睛白皮肤、蓝色眼睛浅黑皮肤、褐色眼睛白皮肤、褐色眼睛浅黑皮肤的女孩个数分别为 a,b,c,d。由题意得 $a+b+c+d=50$，$b+d=31$，$c+d=18$，$a=14$，化简得 $(b+c+d)+d=49$，解得 $d=13$。

14. C 【解析】本题考查平行四边形的性质。$\because PQ/\!/BD$，P 为 BC 的中点，$\therefore Q$ 为 CD 的中点，$BP=PC$。$\because$ 四边形 $ABCD$ 是平行四边形，$\therefore AD/\!/BC$，$AB/\!/CD$，$\therefore$ 点 A 与点 D 到 BC 的距离相等。$\therefore S_{\triangle DBP}=S_{\triangle ABP}=S_{\triangle DPC}=\frac{1}{4}S_{\square ABCD}$。又 $\because Q$ 为 CD 的中点，$\therefore CQ=DQ$，$\therefore S_{\triangle ADQ}=S_{\triangle BCQ}=S_{\triangle DBQ}=\frac{1}{4}S_{\square ABCD}$。综上所述，与 $\triangle ABP$ 面积相等的三角形有 $\triangle DBP$，$\triangle DPC$，$\triangle ADQ$，$\triangle BCQ$，$\triangle DBQ$，一共有 5 个。

15. B 【解析】本题考查概率的计算。由题意得圆、平行四边形为中心对称图形，则抽到的卡片是中心对称图形的概率为 $\frac{2}{4}=\frac{1}{2}$。

16. B 【解析】本题考查多边形的内角和。连结 $\angle 3$ 和 $\angle 12$ 的顶点，$\angle 7$ 和 $\angle 10$ 的顶点，如图，根据三角形的性质定理，得 $\angle 1+\angle 2=\angle 11+\angle 12$；根据五边形的内角和是 $540°$，得 $\angle 3+\angle 11+\angle 4+\angle 5+\angle 6+\angle 12+\angle 13=\angle 1+\angle 2+\angle 3+\angle 4+\angle 5+\angle 6+\angle 13=540°$；根据四边形的内角和是 $360°$，得 $\angle 7+\angle 8+\angle 9+\angle 10=360°-\angle 15-\angle 16$。所以 $\angle 1+\angle 2+\angle 3+\angle 4+\angle 5+\angle 6+\angle 7+\angle 8+\angle 9+\angle 10=540°-\angle 13+360°-\angle 15-\angle 16=540°+360°-(\angle 13+\angle 15+\angle 16)=900°-(\angle 13+\angle 15+\angle 16)$，因为 $\angle 13=\angle 14$，所以 $\angle 13+\angle 15+\angle 16=\angle 14+\angle 15+\angle 16=180°$，由此代入即可求出这 10 个角的度数之和为 $720°$。

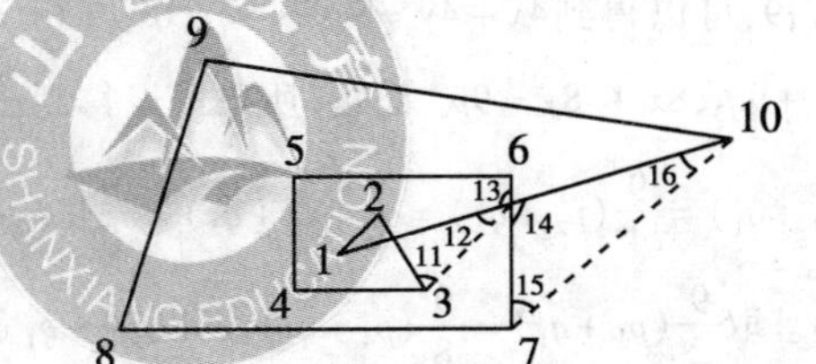

17. B 【解析】本题考查分式的运算。$\frac{大米}{玉米}=\frac{60}{100}=\frac{3}{5}$，连同容器 100 千克的玉米应该兑换的大米为 $(100-4)\times\frac{3}{5}=57.6$ 千克。$57.6-(60-4)=1.6$（千克）。故这种方法不合理，大米少称了 1.6 千克。

18. D 【解析】本题考查分式方程的实际应用。设甲、乙、丙的工作效率分别为 $\frac{1}{a}$，$\frac{1}{b}$，$\frac{1}{c}$，三项工程的工作量分别为 1，2，3，设若干天为 k。k 天后，甲完成的工作量为 $\frac{k}{a}$，未完成的工作量为 $1-\frac{k}{a}$；乙完成的工作量为 $\frac{k}{b}$，未完成的工作量为 $2-\frac{k}{b}$；丙完成的工作量为 $\frac{k}{c}$，未完成的工作量为 $3-\frac{k}{c}$。由题意得 $\frac{k}{a}=\frac{1}{2}\left(2-\frac{k}{b}\right)$，$\frac{k}{b}=\frac{1}{3}\left(3-\frac{k}{c}\right)$，$\frac{k}{c}=1-\frac{k}{a}$，化简得 $\frac{1}{a}+\frac{1}{2b}=\frac{1}{b}+\frac{1}{3c}=\frac{1}{c}+\frac{1}{a}$，即 $\frac{1}{a}:\frac{1}{b}:\frac{1}{c}=4:6:3$。

三、解答题

19. 【解析】本题考查圆的面积公式。设圆的半径为 r cm，由题意得长方形的宽也等于 r cm，因为圆的面积等于长方形的面积，所以 $\pi r^2=OA\cdot AB=r\cdot AB$，则 $AB=\pi r$ cm，阴影部分的周长 $=AB+BC+CD+$ 圆的周长的 $\frac{1}{4}=\pi r+r+\pi r-r+(18.84\div 4)=2\pi r+4.71\approx 18.84+4.71=23.55$（cm）。所以阴影部分的周长为 23.55 厘米。

20. 【解析】本题考查分配问题。由题意得原本 145 人准备的钱为 $30\times 14\times(1-10\%)+5\times 5=403$（元）。如果有 147 人入园，可多购买一张团体票，则需花费 $30\times 15\times(1-10\%)=405$（元），$(405-403)\div 2=1$（元），如果购买个人票，则需要 $5\times 2=10$（元），此时 m 的值为 5。$5>1$，所以 m 的最小值为 1。

21. 【解析】本题考查正方体和三棱锥的体积公式。由题意得截去的几何体为 8 个全等的三棱锥。$(9-9\times\frac{1}{3}\times 2)\times 12+8\times 3\times\sqrt{3^2+3^2}=(36+72\sqrt{2})$（dm），所以几何体的棱长总和为 $(36+72\sqrt{2})$（dm）。$V_{正方体}-8V_{三棱锥}=9^3-8\times 3\times 3\times\frac{1}{2}\times 3\times\frac{1}{3}=693$（$dm^3$），所以几何体的体积为 693 dm^3。

22. 【解析】本题考查一元一次方程的实际应用。正

规的足球都是由32块六边形和五边形的图案组成的,设六边形有x块,则五边形有$(32-x)$块,六边形的边数为$6x$,五边形的边数为$5(32-x)$,由题意得$6x=3x+5(32-x)$,解得$x=20$,$32-20=12$,所以六边形有20块,五边形有12块,则五边形与六边形的最简整数比是$12:20=3:5$。

23.【参考答案】本题考查数据分析观念的内容与教学目标的制定。《义务教育数学课程标准》(2011年版)中指出,数据分析观念包括:了解在现实生活中有许多问题应当先做调查研究,收集数据,通过分析作出判断,体会数据中蕴含着信息;了解对于同样的数据可以有多种分析的方法,需要根据问题的背景选择合适的方法;通过数据分析体验随机性,一方面对于同样的事情每次收集到的数据可能不同,另一方面只要有足够的数据就可能从中发现规律。数据分析是统计的核心。

故制定如下教学目标:

知识与技能目标:进一步体会不确定现象的特点及事件发生的可能性的大小。

过程与方法目标:经历事件发生的可能性大小的探索过程,能根据试验的统计结果进行判断和推测,知道事件发生的可能性的大小与物体的数量有关,进一步体会随机现象的统计规律性。能根据数据推测事件发生的可能性的大小,并初步感受事件发生的等可能性。

情感、态度与价值观目标:感受数学与生活的密切联系,进一步培养学生的求实态度和科学精神。

评分标准:本题共6分。准确答出课标中"数据分析观念"的相关内容可得3分;答出三个方面的教学目标可得3分,少答一点扣1分。

24.【参考答案】本题考查教学设计。例1的教学内容:通过观察、比较、操作,沟通"几个几"和"倍"的联系,建立倍的概念,初步学会用倍描述两个数量之间的关系,理解倍的含义。

例2的教学内容:教会学生理解"一个数是另一个数的几倍"的含义,用倍数的知识解决简单的实际问题,掌握"已知两项求倍数"的解题过程和方法。

例3教案:

教学目标:

知识与技能:经历"倍"的概念的初步形成过程,体验"倍"的含义。

过程与方法:在充分感知的基础上建立"一个数的几倍是多少"的计算思路。

情感、态度与价值观:进一步体会数学与现实生活的联系,培养探索精神、动手操作能力和合作交流意识,发展数学思维。

教学重点:经历"倍"的概念的形成过程,建立"倍"的概念。

教学难点:将"一个数是另一个数的几倍"的数量关系转化为"一个数里面有几个另一个数"的除法含义。

教学过程:

一、创设情境,引入新课

1. 看图填空。

○○○

●●●●●●●●●●●●

○有(　　)个,●有(　　)个,●的个数是○的(　　)倍。

2. 出示教材P50"做一做"第2题。

摆一摆,第一行摆5根小棒,第二行摆的是第一行的4倍,该摆多少根呢?你是怎么摆的?

小组内交流讨论,学生动手摆一摆,说一说。

指名汇报摆小棒的方法,师归纳:第二行要摆第一行的4倍,也就是要摆4个5根,一共是20根。

师:同学们真聪明,不但会求一个数是另一个数的几倍,还能用小棒摆出一个数的几倍是多少。如果没有小棒怎么办呢?你想知道求一个数的几倍是多少的方法吗?

二、学习新课

出示例题3主题图。

1. 从图中你知道了什么信息?要求什么问题?

2. 小组合作探究,说说你用什么方法解决这个问题。

3. 小组代表汇报,师选择画线段图的方法重点讲解:象棋的价钱是军棋的4倍,可以知道军棋的钱少一些,我们就把军棋的价钱用一条线段来表示,那么象棋的价钱就要画4个这样的线段表示。(教师边讲解,边画出线段图)

引导学生观察线段图:你发现了什么?(要求象棋的价钱,就是求4个8是多少)

多点名几位学生说一说。

4. 4个8是多少,用什么方法计算?怎样列式?

$8\times4=32$(元)。

5. 验证:32元是8元的4倍吗?

师归纳:解答有关倍数的问题时,一定要弄清楚

数量之间的关系。如果是求一个数是另一个数的多少倍,用除法计算。如果是求一个数的几倍是多少,就用乘法计算。在解题时可以通过画线段图来帮助分析理解题意。

三、实践运用,巩固新知

1. 练习十一第5题。

看图说一说,从图中你知道什么信息?要求什么问题?也就是求什么?怎样解答?指名说一说,学生独立填算式。

2. 练习十一第6题。

你会填吗?说说你是怎么知道的?

学生独立完成后,指名反馈,集体订正。

3. 练习十一第7题。

提醒学生注意:第1,2两小题的问题能用同样的方法解答吗?为什么?

学生独立完成,指名反馈,集体订正。

四、课堂小结

这节课你又学会了什么?

评分标准:本题共16分。答出例1与例2的教学内容(合理即可)可得2分。教案设计中答出教学目标可得2分,答出教学重难点可得2分;教学过程设计可采用情境导入的方式,合理即可得3分;新知探索部分关注“倍”的产生与意义,尝试让学生通过画线段图解题可得5分;有作业练习(巩固应用)和课堂小结可得2分。

2021年浙江省宁波市教师招聘考试中小学数学真题试卷(精编)(五)

一、判断题

1. √ 【解析】本题考查代数式的运算。$(a+b)(1-m)=a-am+b-bm=a+b-am-bm$。

2. × 【解析】本题考查充分必要条件。$\because$ 集合 $P\supseteq Q$,$\therefore x\in Q$ 可以推出 $x\in P$,但 $x\in P$ 不能推出 $x\in Q$,故 $x\in P$ 是 $x\in Q$ 的必要不充分条件。

3. √ 【解析】本题考查对数函数的性质。$f(x)=\ln(\sqrt{1+x^2}-x)+1$,$f(-x)=\ln(\sqrt{1+x^2}+x)+1$,则 $f(x)+f(-x)=\ln(\sqrt{1+x^2}-x)+1+\ln(\sqrt{1+x^2}+x)+1=\ln[(\sqrt{1+x^2}-x)(\sqrt{1+x^2}+x)]+2=\ln1+2=2$,即 $f(\lg5)+f\left(\lg\frac{1}{5}\right)=f(\lg5)+f(\lg5^{-1})=f(\lg5)+f(-\lg5)=2$。

4. × 【解析】本题考查函数的性质。函数 $y=\sqrt[3]{x^4-x^3}$ 的定义域为 $\mathbf{R}$,函数 $y=x\cdot\sqrt[3]{x-1}$ 的定义域也为 $\mathbf{R}$,$y=\sqrt[3]{x^4-x^3}=x\cdot\sqrt[3]{x-1}$,故可表示一个函数。

5. × 【解析】本题考查平面向量的基底。$\boldsymbol{a},\boldsymbol{b}$ 为不共线的向量,$2(2\boldsymbol{a}-3\boldsymbol{b})=4\boldsymbol{a}-6\boldsymbol{b}$,故 $2\boldsymbol{a}-3\boldsymbol{b}$ 和 $4\boldsymbol{a}-6\boldsymbol{b}$ 共线,因此不能作为平面向量的一组基底。

6. √ 【解析】本题考查随机变量的方差。相互独立的随机变量 X,Y 满足 $E(XY)=E(X)E(Y)$,所以它们的协方差 $\mathrm{Cov}(X,Y)=E(XY)-E(X)E(Y)=0$,所以 $D(X+Y)=D(X)+D(Y)+2\mathrm{Cov}(X,Y)=D(X)+D(Y)$。

7. × 【解析】本题考查球面方程。由题意知,空间直角坐标系中的曲面方程为 $x^2+y^2+z^2=a$,则球心为点$(0,0,0)$,球的半径为$\sqrt{a}$。

8. √ 【解析】本题考查正弦定理。由题意知,$\frac{a}{\cos A}=\frac{b}{\cos B}$,则 $\sin A\cos B-\sin B\cos A=0$,则$\sin(A-B)=0$,$\because \angle A,\angle B\in(0,\pi)$,$\therefore \angle A=\angle B$,同理可得$\angle B=\angle C$,$\angle A=\angle C$,故$\triangle ABC$是等边三角形。

9. × 【解析】本题考查直线与圆的位置关系。首先无法判定圆心到直线的距离,只知道直线上一点 P 到圆心 O 的距离为5,同时也不知道圆的半径为多少,所以直线与圆的位置关系无法判定。

10. √ 【解析】本题考查象限点以及四边形周长的计算。由题意知,四边形 $PAOB$ 为长方形,$\because$ 点 $P(-m,m+4)$ 在第一象限上,则 $-m>0$,$m+4>0$,$\because PA\perp x$ 轴,$\therefore PA=m+4$,又$\because PB\perp y$ 轴,则 $PB=-m$,故四边形 $PAOB$ 的周长为 $2\times(-m+m+4)=8$。

二、单项选择题

11. B 【解析】本题考查代数式的运算。$\because a+b=\sqrt{5}$,$\therefore a^2+b^2+1+2ab=(a+b)^2+1=5+1=6$。

12. D 【解析】本题考查分式方程的性质。将分式方程$\frac{k}{x+4}+\frac{1}{x-4}=\frac{k+3}{x^2-16}$去分母,可化简为 $(k+1)x=5k-1$。当 $k+1=0$,即 $k=-1$ 时,分式方程无解;当 $x=4$ 时,$4(k+1)=5k-1$,解得 $k=5$;当$x=-4$时,$-4(k+1)=5k-1$,解得 $k=-\frac{1}{3}$,则 k 的值为 -1 或 5 或 $-\frac{1}{3}$。

13. D 【解析】本题考查分段函数的性质。由题意知,当 $t\leqslant0$ 时,$f(t)=3^{t+1}\leqslant3$,不符合题意;当 $t>0$ 时,$f(t)=\log_2 t$,要使 $f(t)>3$,则 $t>8$,故 t 的取值范围是$(8,+\infty)$。

14. A 【解析】本题考查棱锥体积的计算。由题意知,$\triangle ABC$ 的边长为1,则高为$\frac{\sqrt{3}}{2}$,故棱锥$E-BB'C'C$的

高为$\frac{\sqrt{3}}{2}$,底面 $BB'C'C$ 是面积为 2 的矩形,故棱锥 $E-BB'C'C$的体积 $V=\frac{1}{3}\times\frac{\sqrt{3}}{2}\times2=\frac{\sqrt{3}}{3}$。

15. C 【解析】本题考查平行四边形的判定与性质。如图,过点 C 作 $CH\perp AD$ 于点 H。在平行四边形 $ABCD$ 中,$\angle B=\angle ADC$,$AB=CD=5$,$AD//BC$,且 $AD=BC=8$,$\because E$ 是 AD 的中点,$\therefore DE=\frac{1}{2}AD$,又 $\because CF:BC=1:2$,$\therefore DE=CF$,且 $DE//CF$,$\therefore$ 四边形 $CFDE$ 是平行四边形,$\therefore CE=DF$,又$\because \sin B=\frac{4}{5}$,$\therefore \sin\angle CDH=\frac{CH}{CD}=\frac{CH}{5}=\frac{4}{5}$,$\therefore CH=4$,在 $Rt\triangle CDH$ 中,$DH=\sqrt{CD^2-CH^2}=3$,则 $EH=4-3=1$,$\therefore$ 在 $Rt\triangle CEH$ 中,$EC=\sqrt{EH^2+CH^2}=\sqrt{1^2+4^2}=\sqrt{17}=DF$。

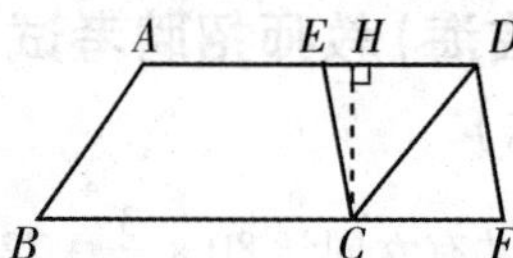

16. B 【解析】本题考查双曲线的性质。由题意知,点 Q 是双曲线$\frac{x^2}{9}-\frac{y^2}{16}=1$ 上的点,F_1,F_2 是双曲线的焦点,则 $F_1(-5,0)$,$F_2(5,0)$,顶点坐标为 $(-3,0)$,$(3,0)$,$\because |QF_1|=3$,$\therefore$ 可判断点 Q 在双曲线左支上,$\therefore |QF_2|-|QF_1|=6$,则 $|QF_2|=9$。

三、填空题

17. $\{0,2\}$

【解析】本题考查集合间的运算。由题意知,集合 $P=\{0,1,2\}$,$Q=\{0,2\}$,则 $P\cap Q=\{0,2\}$。

18. 1

【解析】本题考查代数式的运算。$\because |2m+1-n|+\sqrt{m+n+5}=0$,$\therefore |2m+1-n|=0$,$\sqrt{m+n+5}=0$,解得 $m=-2$,$n=-3$,则 $m-n=1$,故 $(m-n)^{2015}=1$。

19. 5

【解析】本题考查函数的最值问题。$\because y=\sqrt{x^2+1}+\sqrt{(x+4)^2+4}=\sqrt{(x-0)^2+(0-1)^2}+\sqrt{[x-(-4)]^2+(0-2)^2}$,故可将此式看成 x 轴上一点到点$(0,1)$和点$(-4,2)$的距离之和,即该式的最小值是距离之和的最小值,作点$(-4,2)$关于 x 轴的对称点$(-4,-2)$,由两点之间线段最短和对称的性质可知,$y=\sqrt{x^2+1}+\sqrt{(x+4)^2+4}$的最小值为点$(0,1)$到点$(-4,-2)$的距离,即为 $\sqrt{(-4-0)^2+(-2-1)^2}=5$。

20. $\frac{5}{2}$

【解析】本题考查对数函数的性质。$\because f(x)=|\log_2x|$,正实数 a,b 满足$f(a)=f(b)$,且 $a<b$,$\therefore 0<a<1<b$,$ab=1$,又函数$f(x)$在区间$[a^2,b]$上存在最大值2,由于$f(a)=f(b)$,$f(a^2)=2f(a)$,故可得$f(a^2)=2$,即$|\log_2a^2|=2$,即$\log_2a^2=-2$,即 $a^2=\frac{1}{4}$,则 $a=\frac{1}{2}$,$b=2$,故 $a+b=\frac{5}{2}$。

21. ±2

【解析】本题考查直线与圆的性质。设圆 $x^2+y^2-6x-6y+14=0$ 为圆 C,则圆心 $C(3,3)$,半径 $r=2$,因为直线 $y=x+k$ 的斜率为 1,且与圆 C 交于 A,B 两点,易知 $AB//OC$,故 $S_{\triangle ABO}=S_{\triangle ABC}$(同底等高),故 $S_{\triangle ABO}=S_{\triangle ABC}=\frac{1}{2}|AC||BC|\sin\angle ACB=\frac{1}{2}r^2\sin\angle ACB$,故当 $\sin\angle ACB$ 取最大值时,$\triangle ABC$ 的面积最大,$\because \angle ACB$ 为圆心角,则当$\angle ACB=90°$时,$\sin\angle ACB$ 取得最大值 1,此时 $AC\perp BC$,且$AC=BC=2$,$S_{\triangle ABO}=S_{\triangle ABC}$ 取得最大值,则圆心 C 到直线 $y=x+k$ 的距离 $d=\sqrt{2}$,即$\frac{|3-3-k|}{\sqrt{1^2+1^2}}=\frac{|k|}{\sqrt{2}}=\sqrt{2}$,故 $k=\pm2$。

四、解答题

22.【解析】本题考查函数的最值问题。$f(x)=-2x+1-\frac{3}{x}=-\left(2x+\frac{3}{x}\right)+1$,当 $x>0$ 时,$2x+\frac{3}{x}\geqslant2\sqrt{2x\cdot\frac{3}{x}}=2\sqrt{6}$,当且仅当 $2x=\frac{3}{x}$,即 $x=\frac{\sqrt{6}}{2}$时,取等号,所以 $f(x)\leqslant1-2\sqrt{6}$,当 $x=\frac{\sqrt{6}}{2}$时,$f(x)$取到最值。

23.【解析】本题考查等差数列的通项公式。$a_{n+1}=S_{n+1}-S_n$,则 $S_{n+1}-S_n=2\sqrt{S_n}+1$,整理得 $S_{n+1}=(\sqrt{S_n}+1)^2$,即 $(\sqrt{S_{n+1}})^2=(\sqrt{S_n}+1)^2$,$\because \sqrt{S_{n+1}}>0$,$\sqrt{S_n}>0$,$\therefore \sqrt{S_{n+1}}-\sqrt{S_n}=1$,故数列$\{\sqrt{S_n}\}$是以 1 为首项,公差为 1 的等差数列,即$\sqrt{S_n}=n$,故 $S_n=n^2$,当 $n\geqslant2$ 时,$S_n-S_{n-1}=a_n=n^2-(n-1)^2=2n-1$。

24.【解析】本题考查二次函数的图象与性质的综合应用。(1)$\because BC//x$ 轴,且 BA 是$\angle CAO$ 的角平分线,$\therefore \angle CAB=\angle BAO=\angle CBA$,即 $CA=CB$,易知该抛物线的对称轴为 $x=\frac{5}{2}$,则 $BC=5$,则 $B(5,4)$,又 $AC=BC=5$,$OC=4$,在 $Rt\triangle AOC$ 中,由勾股定理,得 $AO=3$,$\therefore A(-3,0)$,将点 A 的坐标代入该方程中,可得

$a=-\frac{1}{6}$。

(2)由(1)知,该抛物线的方程为 $y=-\frac{1}{6}x^2+\frac{5}{6}x+4$,设直线 AB 的方程为 $y=kx+b$,将点 $A(-3,0)$,点 $B(5,4)$ 代入,解得 $k=\frac{1}{2}$,$b=\frac{3}{2}$,即直线 AB 的方程为 $y=\frac{1}{2}x+\frac{3}{2}$,$\because$ 点 E 的横坐标为 m,$\therefore E(m,\frac{m+3}{2})(-3<m<5)$,$\because EF/\!/x$ 轴交抛物线于点 F,点 F 的横坐标为 n,F 在抛物线上,所以 F 点的纵坐标为 $-\frac{1}{6}n^2+\frac{5}{6}n+4$,且与 E 点纵坐标相等,所以 $\frac{m+3}{2}=-\frac{1}{6}n^2+\frac{5}{6}n+4$,即 $3(m+3)=-n^2+5n+24$,整理得 $m=\frac{-n^2+5n}{3}+5$。

(3)由(2)知,$m=\frac{-n^2+5n}{3}+5$,若矩形 $EFGH$ 为正方形,当点 F 在点 E 右侧时,则 $n-m=\frac{m+3}{2}$,即 $2n=3m+3$,即 $2n=-n^2+5n+18$,解得 $n=6$ 或 -3(舍去),则此时 $m=3$,满足条件。当点 F 在点 E 左侧时,则 $m-n=\frac{m+3}{2}$,即 $m-2n=3$,即 $n^2+n-6=0$,解得 $n=2$ 或 -3(舍去),当 $n=2$ 时,$m=7$,不符合题意,舍去。故当矩形 $EFGH$ 为正方形时,n 的值为6。

2021 年浙江省台州市(天台、仙居、三门、临海)教师招聘考试数学真题试卷(精编)(六)

一、单项选择题

1. A 【解析】本题考查比的定义。设甲数为 x,乙数为 y,由题意可得 $\frac{5}{6}x=\frac{5}{12}y$,解得 $\frac{x}{y}=\frac{1}{2}$,故本题选 A。

2. C 【解析】本题考查方程的应用。设该制衣车间一共需要加工 x 件童装,则可列方程 $\left(\frac{1}{4}+\frac{2}{5}\right)x=325$,解得 $x=500$(件)。

3. D 【解析】本题考查方程的应用。由题意得,设六年级总人数为 x,则女生人数为 $\frac{3}{4}x$,男生人数为 $\frac{1}{4}x$,可列方程 $\frac{3}{4}x-\frac{3}{5}x=90$,解得 $x=600$。

4. C 【解析】本题考查方程的应用。由题意得,设妈妈今年的年龄为 x,则小田今年的年龄为 $\frac{2}{9}x$,可列方程 $\frac{2}{9}x-5=\frac{1}{8}(x-5)$,解得 $x=45$。故妈妈今年45岁。

5. A 【解析】本题考查抽屉原理。由题意,甲、乙、丙、丁四位同学每人被奖励的笔记本数量不少于2本,此时有 $2\times4=8$(本),又任意三位同学被奖励的笔记本总数量不少于8本,则这四位同学中至少有三位同学需被奖励3本笔记本,则黄老师至少需要购买 $8+3=11$ 本笔记本。

6. D 【解析】本题考查二元一次方程组的应用。设五年级总人数为 x,六年级总人数为 y,由题意可列方程 $\begin{cases}x+y=152,\\ \frac{2}{5}x-\frac{5}{12}y=2,\end{cases}$ 解得 $\begin{cases}x=80,\\ y=72,\end{cases}$ 故该学校五、六年级共有女同学 $80\times\frac{3}{5}+72\times\frac{7}{12}=48+42=90$(人)。

7. B 【解析】本题考查相互独立事件概率的计算。在测试中只有一人全部做对的概率为 $\frac{4}{5}\times(1-\frac{3}{4})+(1-\frac{4}{5})\times\frac{3}{4}=\frac{7}{20}$。故本题选 B。

8. C 【解析】本题考查集合的运算。设学生总人数为集合 C,喜欢数学的人数为集合 A,喜欢语文的人数为集合 B,则既喜欢数学又喜欢语文的至少有 $A\cap B=25+40-52=13$(人)。

9. B 【解析】本题考查追击问题。设大巴车的速度为 x 千米/时,初始时大巴车距离 A 地为定值 S 千米,丙车追上大巴车所用时间为 t 小时,可列方程为 $(24-x)\times6=(20-x)\times10$,解得 $x=14$。则 $S=(24-14)\times6=60$(千米),故 $(19-14)t=60$,解得 $t=12$。故丙车追上大巴车需要12小时。

10. A 【解析】本题考查集合间的运算。$A=\{x|\log_4x<1\}=\{x|0<x<4\}$,$B=\left\{x\left|\frac{x-2}{x+3}<0\right.\right\}=\{x|-3<x<2\}$,则 $A\cap B=\{x|0<x<2\}$。

11. B 【解析】本题考查指数函数的大小比较。$a=4^{\frac{1}{3}}=\sqrt[3]{4}<c=\sqrt[3]{16}$,又 $a=4^{\frac{1}{3}}=2^{\frac{2}{3}}>b=2^{\frac{2}{5}}$,故 $b<a<c$。

12. D 【解析】本题考查三角函数图象的平移变换。将函数 $y=\sin2x$ 的图象向左平移 $\frac{\pi}{6}$ 个单位长度

即可得到 $y=\sin2\left(x+\frac{\pi}{6}\right)=\sin\left(2x+\frac{\pi}{3}\right)$ 的图象。

13. B 【解析】本题考查函数值域的求解。由 $f(x)$ 是偶函数可得 $f(-x)=f(x)$，即 $\log_2(x^2-ax+2)=\log_2(x^2+ax+2)$ 恒成立，由对数函数单调性可得 $x^2-ax+2=x^2+ax+2$，解得 $a=0$，此时 $f(x)=\log_2(x^2+2)\geqslant1$，$f(x)$ 的值域为 $[1,+\infty)$。故本题选 B。

14. A 【解析】本题考查椭圆的定值问题。由题意得，椭圆过点 $A\left(-1,\frac{3}{2}\right)$，所以可得 $\frac{1}{a^2}+\frac{9}{4b^2}=1$，又因为 $c=1$，$a^2=b^2+c^2$，所以化简可得 $\frac{1}{b^2+1}+\frac{9}{4b^2}=1$，解得 $b^2=3$，所以椭圆方程为 $\frac{x^2}{4}+\frac{y^2}{3}=1$。由题意可设直线 l 的方程为 $y=k(x-1)$，M，N 的坐标分别为 (x_1,y_1)，(x_2,y_2)，线段 MN 中点坐标为 $G(\frac{x_1+x_2}{2},\frac{y_1+y_2}{2})$，与椭圆方程联立 $\begin{cases}\frac{x^2}{4}+\frac{y^2}{3}=1,\\ y=k(x-1),\end{cases}$ 化简可得 $(3+4k^2)x^2-8k^2x+4k^2-12=0$，由韦达定理可得 $x_1+x_2=\frac{8k^2}{3+4k^2}$，$x_1x_2=\frac{4k^2-12}{3+4k^2}$，则 G 点坐标为 $(\frac{4k^2}{3+4k^2},-\frac{3k}{3+4k^2})$，$|MN|=\sqrt{1+k^2}\,|x_1-x_2|=\sqrt{1+k^2}\cdot\sqrt{(x_1+x_2)^2-4x_1x_2}$，可得 $|MN|=\sqrt{1+k^2}\cdot\sqrt{\left(\frac{8k^2}{3+4k^2}\right)^2-4\times\frac{4k^2-12}{3+4k^2}}=\sqrt{1+k^2}\times\frac{12\sqrt{k^2+1}}{3+4k^2}=12\times\frac{k^2+1}{3+4k^2}$，$MN$ 的中垂线方程为 $y+\frac{3k}{3+4k^2}=-\frac{1}{k}(x-\frac{4k^2}{3+4k^2})$，令 $y=0$，可得 B 点坐标为 $(\frac{k^2}{3+4k^2},0)$，$|BF|=\left|\frac{k^2}{3+4k^2}-1\right|$，$\frac{|BF|}{|MN|}=\frac{\left|\frac{k^2}{3+4k^2}-1\right|}{\left|12\times\frac{k^2+1}{3+4k^2}\right|}=\frac{1}{4}$。

15. C 【解析】本题考查定积分的计算。$\int_0^1(e^x+2x)dx=(e^x+x^2)\Big|_0^1=e+1-1=e$。

二、填空题

16. 1

【解析】本题考查实数的计算。原式 $=\frac{362+548\times(362-1)}{362\times548-186}=\frac{362+548\times362-548}{362\times548-186}=\frac{362\times548-186}{362\times548-186}=1$。

17. 420

【解析】本题考查折扣问题。这台电风扇的原价为 $315\div0.75=420$（元）。

18. 9

【解析】本题考查百分数应用题。设该餐厅 4 月份的营业额为 x 万元，则 $(1+5\%)x=9.45$，解得 $x=9$。

19. 3.6

【解析】本题考查工程效率问题。原计划每小时完成的工作量为 $3600\div5=720$（件），实际每小时完成的工作量为 $720+280=1000$（件），实际需要 $3600\div1000=3.6$（小时）完成任务。

20. 7.14

【解析】本题考查浓度问题。由题意可得甲、乙两瓶糖水的质量比为 $(7.6\%-6\%):(10\%-7.6\%)=2:3$，设甲瓶糖水的质量为 2，则乙瓶糖水质量为 3，则 $\frac{1}{5}$ 甲瓶糖水和 $\frac{1}{3}$ 乙瓶糖水混合后浓度为 $\frac{2\times\frac{1}{5}\times10\%+3\times\frac{1}{3}\times6\%}{2\times\frac{1}{5}+3\times\frac{1}{3}}\times100\%\approx7.14\%$。

21. -8

【解析】本题考查平面向量的运算。由题意知，$2\boldsymbol{a}=(4,8)$，$2\boldsymbol{a}+\boldsymbol{b}=(4+m,2)$，又 $(2\boldsymbol{a}+\boldsymbol{b})\perp\boldsymbol{a}$，则可得 $8+2m+8=0$，解得 $m=-8$。

22. $\frac{15}{4}$

【解析】本题考查二项式定理。$\left(\sqrt{x}-\frac{1}{2x}\right)^6$ 的通项为 $T_{r+1}=C_6^r x^{\frac{6-r}{2}}(-2^{-1}x^{-1})^r=C_6^r(-2^{-1})^r x^{\frac{6-3r}{2}}$，令 $6-3r=0$，解得 $r=2$，则 $T_3=C_6^2\times\frac{1}{4}=\frac{15}{4}$。

23. 2022

【解析】本题考查函数的定义。由 $f(1)=2$，$f(x+1)=f(x)+1$ 可得，$f(2)=2+1=3$，$f(3)=3+1=4$，$f(4)=4+1=5$，……，故 $f(2021)=2021+1=2022$。

24. 3

【解析】本题考查三角函数的图象与函数零点。由 $f(x)=0$ 得 $\sin x=\frac{1}{3}$，作出 $y=\sin x$ 在区间

$\left(-2\pi,\frac{5\pi}{6}\right)$上的图象，因为 $\sin\frac{5\pi}{6}=\frac{1}{2}>\frac{1}{3}$，所以由图可知直线 $y=\frac{1}{3}$ 与 $y=\sin x$ 的图象有 3 个交点，从而函数 $f(x)=1-3\sin x$ 在区间 $\left(-2\pi,\frac{5\pi}{6}\right)$上有 3 个零点。

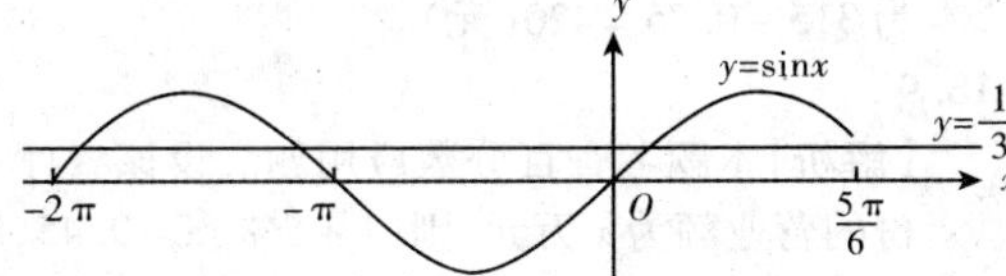

25. 1

【解析】本题考查导数的应用。$f'(x)=e^x-\ln(x+a)-1+1=e^x-\ln(x+a)$，直线 $x-y+1=0$ 的斜率为1，设切点坐标为(x_0,y_0)，令 $f'(x)=1$，此时 $x=x_0$，可得 $e^{x_0}-\ln(x_0+a)=1$①，又因为 $e^{x_0}-(x_0+a)\ln(x_0+a)+x_0=x_0+1$②，联立①②可得 $a=1$。

三、解答题

26.【解析】本题考查数列的通项公式与求和。

(1)$\because 4S_n=a_n{}^2+2a_n-3$，①

$\therefore 4S_{n-1}=a_{n-1}{}^2+2a_{n-1}-3(n\geqslant2)$，②

① - ②得 $4a_n=a_n{}^2-a_{n-1}{}^2+2a_n-2a_{n-1}$，

整理得$(a_n+a_{n-1})(a_n-a_{n-1}-2)=0$，

由数列$\{a_n\}$是正项数列可知 $a_n+a_{n-1}>0$，$\therefore a_n-a_{n-1}-2=0$，

$\therefore a_n-a_{n-1}=2$，故数列$\{a_n\}$是以 2 为公差的等差数列，

当 $n=1$ 时，$4S_1=4a_1=a_1{}^2+2a_1-3$，解得 $a_1=3$ 或 $a_1=-1$(舍去)，

$\therefore a_n=3+(n-1)\times2=2n+1$。

(2)$b_n=(-1)^na_n=(-1)^n(2n+1)$，

$\therefore T_n=-3+5-7+\cdots+(-1)^n(2n+1)$③，

③×(-1)，得 $-T_n=3-5+7+\cdots+(-1)^n(2n-1)+(-1)^{n+1}(2n+1)$④，③ - ④得$2T_n=-3+2-2+\cdots+(-1)^n\times2-(-1)^{n+1}(2n+1)=-3+2\times\frac{1-(-1)^{n-1}}{1-(-1)}+(-1)^n(2n+1)=-2+(-1)^n(2n+2)$，$\therefore T_n=(-1)^n(n+1)-1$。

27.【解析】本题考查三角函数的应用。

(1)在△ABC 中，$\angle A+\angle C=\pi-\angle B$，$\angle B+\angle C=\pi-\angle A$，由 $\frac{(a+b+c)(b-a-c)}{2ac}=\frac{\cos(A+C)+\sin2(B+C)}{\sin2A}$化简可得，$\frac{b^2-(a+c)^2}{2ac}=\frac{\cos(\pi-B)+\sin2(\pi-A)}{\sin2A}$，所以 $\frac{b^2-a^2-c^2}{2ac}=\frac{-\cos B}{\sin2A}$，由余弦定理 $\cos B=\frac{a^2+c^2-b^2}{2ac}$可得，$-\cos B=\frac{-\cos B}{\sin2A}$，所以 $\sin2A=1$ 或 $\cos B=0$，又因为$\angle B\neq\frac{\pi}{2}$，所以 $\cos B\neq0$，所以 $\sin2A=1$，因为 $0<\angle A<\pi$，所以 $0<2\angle A<2\pi$，$2\angle A=\frac{\pi}{2}$，解得 $\angle A=\frac{\pi}{4}$。

(2)由正弦定理$\frac{a}{\sin A}=\frac{b}{\sin B}$可得，$\frac{2\sqrt5}{\sin\frac{\pi}{4}}=\frac{b}{\sin\frac{\pi}{6}}$，所以 $b=\frac{1}{2}\times\frac{2\sqrt5}{\frac{\sqrt2}{2}}=\sqrt{10}$，因为$\angle C=\pi-\angle A-\angle B=\pi-\frac{\pi}{4}-\frac{\pi}{6}=\frac{7\pi}{12}$，所以 $S_{\triangle ABC}=\frac{1}{2}ab\sin C=\frac{1}{2}\times2\sqrt5\times\sqrt{10}\sin\frac{7}{12}\pi=5\sqrt2\times\left(\frac{\sqrt3}{2}\times\frac{\sqrt2}{2}+\frac{1}{2}\times\frac{\sqrt2}{2}\right)=\frac{5\sqrt3+5}{2}$。

四、论述题

28. 新课程标准强调作为一名教师在教学中应关注学生数学的应用意识和应用能力的培养，让学生感到数学有趣、数学合理、数学有用。在小学数学课堂中应如何培养学生的应用意识和应用能力？

【参考答案】本题考查新课程标准的应用意识和应用能力的培养。

数学教学必须将应用意识与应用能力的培养放在重要地位上，为学生提供大量的应用机会，使学生在解决实际问题的过程中逐步形成数学应用意识与初步应用能力，真正做到在学中用，在用中学。

(1)创设生活情境，体会数学作用，培养学生的应用意识与应用能力。

教师在课堂教学中采用故事、活动、游戏等方式把枯燥数字、符号与抽象概念、公式变成具有实用性、能带给学生愉悦感的具体情境，从而带动学生的兴趣与疑问，激发他们学习数学的热情，让学生全身心地投入到教学活动中去。

(2)重视学生创新意识，搜集应用实例，加深对数学应用的理解，培养学生的应用意识与能力。

在新知识的学习中，将实际事例与数学问题有机地结合起来，引导学生从感性实践到抽象概括，这样能加深学生对新知识的理解与掌握。把数

学知识与实际生活联系起来，不仅贴近学生生活，符合学生的心理需要，而且也给学生带来遐想与期盼，使他们将数学知识与实际生活联系得更紧密，调动学生学习数学的积极性，培养他们的自主创新能力。

(3)亲自动手实践，寻找数学在生活中的应用，培养学生的应用意识与应用能力。

数学现象源于生活实际，在教学中教师要注意联系生活实际，为学生提供可剖析的问题情境。问题情境越贴近学生生活实际，能见度就越高，问题激活思维过程也就越好。

(4)从学生解答小学数学应用题入手，培养学生的应用意识与能力。

在小学数学教材中，应用题占了不小比例，它是教学中的难点，也是重点。学生能够迅速、有效地解答，无疑是教学重要目标。

①强调学生“说”。当一人读完题目之后，可让同桌或小组内同学之间互相说一说、议一议，这是学生数学综合素质显现与展示的重要平台。

②重视学生“听”。可以让一名学生读题，其他学生闭上眼睛认真去听题，然后组织大家讨论：你听完别人读题，都记住了哪些内容？题中给了什么已知条件？同时又提了哪些问题？要求学生尽可能说得准确，说得具体，说得有层次。

③培养学生“思”。当学生结合自己的理解正确解答问题之后，教师应要求每名学生都认真回顾、反思一下自己的解题经过，自己什么地方思考正确，什么环节做得有些失误，从本题中究竟学到了哪些隐藏在题目内容之下的隐性知识，又学到了哪些对解题有益的启示，从而让学生在反思中切实提高数学解题技巧与能力。

总之，培养学生的数学应用意识与应用能力决不是一件简单事，不能一蹴而就，它需要长期贯穿于教师的教学与学生的学习、生活当中。小学生能够运用所学数学知识去解决一些实际问题，这是他们学习数学、喜爱数学的真正动力。因此，每一个教师都应在教学中努力为学生提供条件与机会，使学生逐步形成数学应用意识与应用能力。

评分标准：本题共7分。答出“创设生活情境”“重视创新意识”“亲自动手实践”三点并展开叙述(言之有理)可得6分，答出“结合小学生课堂内容”进行应用意识与应用能力的培养可得1分。

五、案例分析题

29.【参考答案】本题考查教学过程评析与教学实施。

(1)在课堂上，教师面对的是一群有着不同生活经历，有自己的想法，在很多方面存在差异的学生，也正是因为有这些差异，课堂才是充满变化、丰富多彩的，教师如果不能适应这种变化，不能及时正确处理课堂上的意外，那么其课堂效果将很难保证是高效的。在题目的教学片段中，刘老师对学生直接说出长方形的面积求解方式采取了不满的态度，因为这样一来打乱了教师原本已经设计好的精彩探索活动计划，碰上这样的意外，教师采取了生硬的处理方式，让其他学生继续探索，但此时刘老师的不满情绪和处理这件事情的方式使得全班同学失去了探索的兴趣和发言的勇气。教师如果换一种方式，先表扬小李同学：“你真是个爱学习的学生，我相信你还是个爱思考的学生！”然后让他和大家一起动手操作、探索、验证长方形的面积为什么会等于长乘宽，课堂教学效果会截然不同。

评分标准：本题共4分。答出“教学意外生成”的产生可得1分；结合案例答出教师的处理方式有不妥之处可得2分；结合案例答出“教学意外生成”的正确处理方式可得1分。

(2)课堂上的意外从性质角度来说，有积极的一面，也有消极的一面，从效果角度来说，有有效的一面，也有无效的一面。教师在课堂上要充分发挥自己组织者的作用，不断地捕捉、判断、重组课堂教学中从学生那里涌现出来的各种各样的信息，并能迅速断定哪些意外对教学是有效的，哪些意外偏离了教学目标。一名优秀的数学教师应该能够正确应对课堂上出现的各种各样的意外，使之为数学教学服务，提高课堂教学的效果。

评分标准：本题共4分。答出“教学意外生成”的性质可得1分；答出教师针对“教学意外生成”采取的正确处理方式可得3分。

六、教学设计题

30.【解析】本题考查教学设计。

【教学目标】

知识与技能：认识扇形统计图的特点和作用，能理解并能简单地分析扇形统计图所反映的情况。

过程与方法：养成良好的生活、学习习惯，感受统计的意义和作用。

情感态度与价值观：培养逻辑推理和抽象概括的能力。

【教学重、难点】

1. 重点是看懂并能简单地分析扇形统计图所反映的情况。

2. 难点是结合统计图正确地进行数据分析。

【教学过程】

一、创设情境，引入课题

1. 观察教材情境图，说说同学们正在干什么。

2. 在这些体育项目中，你喜欢什么活动？出示统

计表，进行统计。可在课前进行调查统计。

项目	乒乓球	足球	跳绳	踢毽子	其他
人数	12	8	5	6	9
百分比					

【设计意图】联系生活实际，统计喜欢的体育项目，为引出有关统计数据提供了真实性。同时，采用真实的数据进行教学，可以引发学生的学习兴趣，也可以让他们通过经历数据收集、整理的全过程，进一步体会统计的意义和价值。

二、整理数据，引入新课

1. 通过这张统计表，可以得到什么信息？

预设：数量的多少对比，如喜欢乒乓球的学生人数最多，喜欢足球的比喜欢踢毽子的多 2 人等；数量求和，如喜欢乒乓球的和喜欢足球的一共有 20 人等。

2. 如果要比较喜欢每种体育项目的人数占全班人数的多少，可以怎样比较？

3. 如何计算喜欢各种体育项目的人数占全班人数的百分之几呢？

4. 学生进行口算或笔算，完成统计表，并进行验算。

【设计意图】先让学生根据统计表得到数量之间的关系，再让学生计算出百分比并补充表格，可以让学生体会到百分比不仅可以表示出喜欢各种体育项目的人数的多少，还可以体现出喜欢各种体育项目的人数与全班总人数之间的关系，加深学生对百分比与总人数之间的联系和区别的理解。

三、合作交流，探究新知

1. 认识扇形统计图

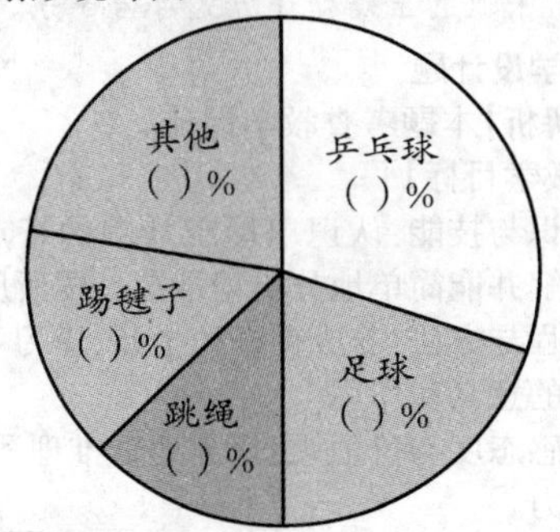

教师提出以下问题：

(1) 如果用这样一张图来统计学生最喜欢的体育项目，其中一个扇形表示喜欢乒乓球的学生占比 30%，你觉得这整个圆表示的是什么？

(2) 乒乓球的 30% 又表示什么？

预设学生回答：把全班人数看作单位“1”，喜欢乒乓球的人数占全班人数的 30%，即把一个圆平均分成 100 份，喜欢乒乓球的占其中的 30 份。

学生回答后教师接着提问：你们能根据我们刚才计算的，把这张图补充完整吗？（教师可以逐项出示，并可以让学生根据扇形的大小判断一下每块扇形可能表示的是哪个体育项目）学生回答并完成扇形统计图。

师生得出结论：像这样的统计图，我们把它叫作扇形统计图。（板书课题）

引导学生思考各个扇形的大小与什么有关系。

小结：扇形的大小和体育项目所占总人数的百分比有关。我们可以根据扇形的大小来判断数量的多少。

2. 理解扇形统计图的特征

教师提问：从这幅统计图中还可以知道哪些信息？扇形统计图有什么优势？

预设：如喜欢乒乓球和足球的人数占了总人数的一半，喜欢踢毽子和跳绳以及其他项目的人数占了总人数的另一半。

预设：可以根据扇形的大小清楚直观地看到各个量的相对大小以及各部分和整体之间的关系。

小结：在这样的统计图中，不仅可以直观地比较各个扇形的相对大小，还能清楚地看出各部分与整体之间的关系。

【设计意图】通过计算、选择、补充，让学生经历扇形统计图的制作过程，使学生对扇形统计图有一个较为全面的认识，同时通过对信息的整理和对扇形统计图的优势分析，明确扇形统计图的特点。

3. 小结练习

练习教材中“做一做”的内容。

提问：能看懂这张扇形统计图吗？统计的是什么？（可以根据“做一做”旁边的图例知道各个扇形代表的项目）从图上得到了哪些信息？如果每天喝一袋 250 克的牛奶，能补充每种营养成分各多少克？

引导学生用百分数的意义理解各个百分数和 250 g的关系，进而算出各种营养成分分别为多少克。

【设计意图】通过让学生看图获取信息并计算练习，检查学生的学习状况，学生能够进一步认识扇形统计图的特点，并体会到数学来源于生活，又可以更好地为生活服务。

四、课堂练习，巩固应用

1. 练习二十一第 1 题。

2. 练习二十一第 3 题。

3. 练习二十一第 2 题。（在教材的基础上进行拓展改编，适当增加难度）

【设计意图】通过练习，进一步巩固学生对扇形统计图的认识，提高学生的读图能力和数据分析能力。

五、回顾总结，布置作业

1. 扇形统计图有什么特点和作用？

2. 选择自己感兴趣的内容进行统计，并进行数据分析，提出合理化的建议。

【设计意图】让学生对自己感兴趣的内容进行统计，并进行数据分析，一方面让学生在生活中进一步感受统计的现实意义，另一方面也为下节课选择合适的统计图进行素材的准备。

【课后反思】

本节课教师主要运用"以问题为中心"，采用讨论发现法进行教学。教师提出问题，通过学生与学生（或教师）之间相互讨论、学习，让学生从例题中看到：在表示全班人数的圆中，用扇形统计图可以清楚地表示出最喜欢的各种运动项目的人数占全班总人数的百分比，从而使学生真切地体会到扇形统计图的特点。

评分标准： 本题共15分。答出教学目标可得2分。答出教学重难点可得2分。答出教学过程可得11分，其中教学过程设计可以从创设情境等其他方式入手，合理即可得2分；讲授新课部分关注学生对扇形统计图的特征与意义的理解和应用可得6分；有对知识的实际运用，可得2分；有作业的布置、知识的回顾可得1分。

2021年浙江省绍兴市教师招聘考试数学真题试卷（精编）（七）

一、填空题

1. 1 401 680 000；14

【解析】本题考查数的写法和数的省略。14亿零168万写作：1 401 680 000。根据"四舍五入"法，把亿之后的数省略掉，写作14亿。

2. 70；5.03

【解析】本题考查常见的量的单位变换。平方毫米与平方厘米之间的进率是100，$0.7\times100=70$（平方毫米）；千克与吨之间的进率是1000，$5030\div1000=5.03$（吨）。

3. $5a$；$100-5a$

【解析】本题考查小学数学应用题。已知苹果价格a元每千克，买了5千克苹果，问一共需要多少元，就是求5个a是多少，则一共需要付$5a$元；妈妈给了100元，求可以找回多少元，用减法计算，则能找回$(100-5a)$元。

4. $\frac{1}{3}$；3.4%

【解析】本题考查实数的大小比较。$3.4\%=0.034$，$\frac{1}{3}=0.\dot{3}$，$\frac{3}{10}=0.3$，$\frac{1}{3}>0.33>\frac{3}{10}>3.4\%$，所以最大的数是$\frac{1}{3}$，最小的数是3.4%。

5. 98%；2%

【解析】本题考查百分数。达标率 $=\frac{达标人数}{总人数}\times100\%=\frac{294}{300}\times100\%=98\%$，不达标率 $=\frac{不达标人数}{总人数}\times100\%=\frac{300-294}{300}\times100\%=2\%$。

6. 72

【解析】本题考查直线所围成的面积。将$|xy|+18=2|y|+9|x|$化简，得$(|x|-2)(|y|-9)=0$，解得$x=\pm2$，$y=\pm9$，围成的区域是一个长为18，宽为4的长方形，面积为$4\times18=72$。

7. $\frac{5}{4}$

【解析】本题考查数列的相关计算。$a_1=\frac{1}{(1+1)^2}=\frac{1}{4}$，$a_2=\frac{1}{(2+1)^2}=\frac{1}{9}$，$a_3=\frac{1}{(3+1)^2}=\frac{1}{16}$，$C_3=2(1-a_1)(1-a_2)(1-a_3)=2\times(1-\frac{1}{4})\times(1-\frac{1}{9})\times(1-\frac{1}{16})=\frac{5}{4}$。

8. $\sqrt{14}$

【解析】本题考查直线与圆相交的弦的性质。圆心到直线的距离 $d=\frac{|-1|}{\sqrt{1^2+1^2}}=\frac{\sqrt{2}}{2}$，所以弦长为$2\sqrt{2^2-d^2}=\sqrt{14}$。

9. $\frac{2}{\sin2x}$

【解析】本题考查函数的求导。$y'=\frac{1}{\tan x}\cdot(\tan x)'=\frac{1}{\tan x}\cdot\frac{1}{\cos^2x}=\frac{1}{\sin x\cos x}=\frac{2}{\sin2x}$。

10. 1

【解析】本题考查极限的计算。$\lim\limits_{x\to+\infty}\frac{\frac{\pi}{2}-\arctan x}{\frac{1}{x}}=\lim\limits_{x\to+\infty}\frac{-\frac{1}{1+x^2}}{-\frac{1}{x^2}}=\lim\limits_{x\to+\infty}\frac{x^2}{1+x^2}=1$。

二、单项选择题

11. C 【解析】本题考查生活中常见的量。大拇指指甲盖的面积约为2平方厘米。

12. B 【解析】本题考查公因数。3和6的公因数为

1 和 3,共 2 个。

13. A 【解析】本题考查除法算式的性质。A 选项与原式相比被除数乘 100,除数乘 10,因此商会乘 10,与原式的答案不相等。

14. D 【解析】本题考查数的认识。1 到 9 中质数的个数是 4 个,合数的个数也是 4 个,偶数的个数也是 4 个,奇数的个数是 5 个,所以同时抽到奇数的概率最大。

15. B 【解析】本题考查对分数的认识。第一段绳子占全长的 $\frac{1}{4}$,第二段绳子占全长的 $1-\frac{1}{4}=\frac{3}{4}$,所以第二段绳子更长。

16. C 【解析】本题考查函数的性质。令 $t=2^x$,则 $t\in\left[\frac{1}{2},2\right]$,$y=t^2-2t+b=(t-1)^2+b-1$,当 $t=2$ 时,最大值 $M=(2-1)^2+b-1=3$,解得 $b=3$。

17. B 【解析】本题考查百分数应用题。上半月销售额为 $20\times60\%=12$(万元),本月实际应完成的销售额是 $20\times(1+25\%)=25$(万元),则下半月应完成的销售额是 $25-12=13$(万元)。

18. B 【解析】本题考查排列组合。先从 6 个数字中任选 3 个,并按从大到小的顺序排列,视为千位、百位、十位上的数字,有 $C_6^3=20$ 种,再从剩下的 3 个数中任取一个放在个位上,有 3 种放法。共 $20\times3=60$ 个这样的数。

19. C 【解析】本题考查概率的计算。点要落在直线 $y=\frac{1}{2}x$ 的上方,即 $y>\frac{1}{2}x$,当 $x=1$ 时,y 可取 1 ~ 6;当 $x=2$ 时,y 可取 2 ~ 6;当 $x=3$ 时,y 可取 2 ~ 6;当 $x=4$ 时,y 可取 3 ~ 6;当 $x=5$ 时,y 可取 3 ~ 6;当 $x=6$ 时,y 可取 4 ~ 6。一共有 $6+5+5+4+4+3=27$ 种,因此概率 $P=\frac{27}{6\times6}=\frac{3}{4}$。

20. A 【解析】本题考查线性规划。不等式表示的区域如图阴影部分所示,由 $z=x+y$ 得 $y=-x+z$,直线 $y=-x+z$ 过点 $A(1,\frac{1}{2})$ 时在 y 轴上的截距最大,此时 z 值最大,为 $1+\frac{1}{2}=\frac{3}{2}$。

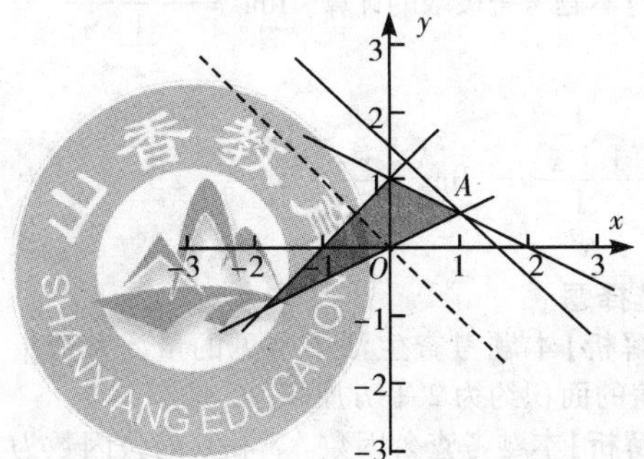

三、解答题

21.【解析】本题考查比例。比例的外项之积等于内项之积,$\frac{1}{4}\cdot1=4x$,解得 $x=\frac{1}{16}$。

22.【解析】本题考查小学数学应用题中的行程问题。顺水航行的速度是 $208\div8=26$(千米/时),逆水航行的速度是 $208\div13=16$(千米/时),所以船在静水中的速度是 $(26+16)\div2=21$(千米/时),水流的速度为 $26-21=5$(千米/时)。

23.【解析】本题考查平面解析几何。(1)$\because|AB|=4$,$\therefore$ 点 A 的坐标为 $(\frac{p}{2},2)$,代入抛物线方程得 $4=2p\cdot\frac{p}{2}$,解得 $p=2$(负值舍去),$\therefore$ 抛物线方程为 $y^2=4x$。(2)点 F 的坐标为 $(1,0)$,设点 P 坐标为 (x_P,y_P),点 Q 的坐标为 (x_Q,y_Q)。

当直线 l 的斜率不存在时,$S_{\triangle OPQ}=2\neq4$,舍去;

若直线 l 的斜率存在,设直线 l 的解析式为 $y=k(x-1)$,联立方程得 $\begin{cases}y=k(x-1),\\y^2=4x,\end{cases}$ 化简得 $y^2-\frac{4y}{k}-4=0$,由韦达定理得 $\begin{cases}y_P+y_Q=\frac{4}{k},\\y_Py_Q=-4,\end{cases}$ 则 $|y_P-y_Q|=\sqrt{(y_P+y_Q)^2-4y_Py_Q}=4\sqrt{1+\frac{1}{k^2}}$,

$\therefore S_{\triangle OPQ}=\frac{1}{2}\times1\times4\sqrt{1+\frac{1}{k^2}}=4$。解得 $k=\pm\frac{\sqrt{3}}{3}$。

24.【解析】本题考查不定积分。$\int xe^x\mathrm{d}x=xe^x-\int e^x\mathrm{d}x=xe^x-e^x+C$。

25. 在计算 $200+20\div10$ 时,一位同学算成了 $200+20\div10=22$,分析他错误的原因。

【参考答案】本题考查错因分析。学生出现上述错误的原因是:①没有掌握两级运算的运算顺序,即含有两级运算的运算顺序(不含小括号)为先算乘除,后算加减。②受到只含有同一级运算计算内容学习的思维定式的影响,即只含一级运算的计算按照从左往右的顺序进行。

评分标准:本题共 5 分。答出"运算顺序""思维定式"两点并展开阐述可得 5 分,少答一点扣 2 分。

26. 数感通常表现为对数与数量、数量关系、运算结果的估计等的感悟。在小学数学的教学工作中,教师应采取什么策略培养学生的数感?

【参考答案】本题考查如何培养数感。数感主要是指关于数与数量、数量关系、运算结果估计等方面的感悟。建立数感有助于学生理解现实生

活中数的意义,理解或表述具体情境中的数量关系。

培养学生数感的策略:

第一,重视低学段学生对数的感觉的建立,并在数感培养过程中处理好阶段性和发展性的关系。

第二,紧密结合现实生活情境和实例,培养学生的数感。

第三,让学生多经历有关数的活动过程,逐步积累数感经验。

评分标准:本题共5分。准确答出"数感"的概念可得2分。答出培养学生数感的教学策略——"数感的建立""结合生活情境""积累数感经验"三点可得3分,少答一点扣1分。

27. 在《平行与相交》的教学中,教材结合生活情境教学两直线之间的位置关系,试论述这样安排的好处。

【参考答案】本题考查《义务教育数学课程标准》(2011年版)中课程内容的选择。《义务教育数学课程标准》(2011年版)指出:课程内容的选择要贴近学生的实际,有利于学生体验与理解、思考与探索。教材要结合学生的生活情境来教学两条直线之间的位置关系,这样安排有利于激活学生原有的生活经验,让学生感受到数学来源于生活,进而激发学生参与学习的兴趣,同时也有利于学生体验与理解,思考与探索。

评分标准:本题共5分。答出课标中课程内容的选择的相关内容可得1分。结合课程内容答出"有利于联系生活""有利于发展学生思维"的两点编排意图可得4分,少答一点扣2分。

2020年浙江省绍兴市(三区)教师招聘考试小学数学真题试卷(八)

一、单项选择题

1. C 【解析】本题考查科学计数法。$1\ 400\ 000=1.4\times10^6$,故选C。

2. B 【解析】本题考查双曲线的基本概念。由双曲线的概念可知$c^2=16+9=25$,故焦点坐标为$(5,0)$,$(-5,0)$。

3. C 【解析】本题考查比例尺。比例尺=图上距离∶实际距离$=0.04:80\ 000=1:2\ 000\ 000$。

4. B 【解析】本题考查对数函数的值域和二次函数性质的综合应用。若函数$y=\log_2(ax^2+3x+1)$的值域为$\mathbf{R}$,只需$y=ax^2+3x+1(x\in\mathbf{R})$的值域包含$(0,+\infty)$,当$a=0$时,$ax^2+3x+1=3x+1$符合条件;当$a\neq0$时,则$\begin{cases}a>0,\\ \Delta=9-4a\geqslant0\end{cases}\Rightarrow0<a\leqslant\frac{9}{4}$。综上所述,实数$a$的取值范围为$[0,\frac{9}{4}]$。

5. B 【解析】本题考查函数极限的计算。$\lim\limits_{x\to0}\frac{e^x\sin x-x(1+x)}{x^2\arctan x}=\lim\limits_{x\to0}\frac{e^x\sin x+e^x\cos x-1-2x}{3x^2}=\lim\limits_{x\to0}\frac{2e^x\cos x-2}{6x}=\lim\limits_{x\to0}\frac{e^x\cos x-1}{3x}=\lim\limits_{x\to0}\frac{e^x(\cos x-\sin x)}{3}=\frac{1}{3}$。

6. C 【解析】本题考查二项式定理的应用。$T_{r+1}=C_6^r\left(\frac{\sqrt{x}}{2}\right)^{6-r}\left(-\frac{2}{\sqrt{x}}\right)^r=C_6^r\left(\frac{1}{2}\right)^{6-r}\cdot(-2)^r\cdot x^{3-r}$,令$3-r=2$,则$r=1$,则$x^2$的系数为$C_6^1\cdot\left(\frac{1}{2}\right)^5(-2)=-\frac{3}{8}$。

7. A 【解析】本题考查函数间断点的类型。因为$f(x)=\frac{x^2-1}{x^2-3x+2}=\frac{(x+1)(x-1)}{(x-1)(x-2)}$,$\lim\limits_{x\to1^+}\frac{(x+1)(x-1)}{(x-1)(x-2)}=\lim\limits_{x\to1^-}\frac{(x+1)(x-1)}{(x-1)(x-2)}=-2$,即$\lim\limits_{x\to1^+}f(x)=\lim\limits_{x\to1^-}f(x)=-2$,且当$x=1$时,函数$f(x)$无定义,所以$x=1$是函数$f(x)$的第一类可去间断点。

8. B 【解析】本题考查不等式的求解。令$\begin{cases}2x-y=m,\\ x+2y=n\end{cases}\Rightarrow\begin{cases}x=\frac{2m+n}{5},\\ y=\frac{2n-m}{5},\end{cases}$ $m>0,n>0$,且$\frac{1}{m}+\frac{1}{n}=1$,$\therefore x+y=\frac{2m+n+2n-m}{5}\times\left(\frac{1}{m}+\frac{1}{n}\right)=\frac{1}{5}\times\left(1+3+\frac{3n}{m}+\frac{m}{n}\right)\geqslant\frac{1}{5}\times(4+2\sqrt{3})=\frac{4+2\sqrt{3}}{5}$,当且仅当$\frac{3n}{m}=\frac{m}{n}$,即$m=\sqrt{3}n$,即$2x-y=\sqrt{3}(x+2y)$时等号成立。

9. A 【解析】本题考查函数的图象与性质。$\because a>0,a\neq1,\therefore g(x)=\lg\frac{a}{x}$在$(0,+\infty)$上单调递减,故排除B、D项。在选项A、C中,由$f(x)=\frac{1}{a^x}$的图象可知$0<a<1$,则对于$g(x)=\lg\frac{a}{x}$,$g(1)=\lg a<0$,故A项正确。

10. D 【解析】本题考查概念间的关系。三角形和梯形是属概念多边形下的两个种概念,这两个概念的外延集合的交集为空集,且外延集合的并集是属概念多边形外延集合的真子集,所以这两个概念从外延上看是不相容关系中的反对关系。

二、填空题

11. 一百三十万三千零八十

【解析】略。

12. 89

【解析】本题考查剩余定理。因为这个数除以 9 余 8，除以 6 余 5，除数和余数的差都是 1，根据剩余定理中的“差同减差”可知，这个数等于 9 和 6 的公倍数减 1，又因为这个数加上 1 就能被 5 整除，所以符合条件的最小自然数是 9，6，5 的最小公倍数减 1，9，6，5 的最小公倍数为 90，则该数为 $90-1=89$。

13. 祖冲之

【解析】本题考查数学史。祖冲之在刘徽开创的探索圆周率的精确方法的基础上，首次将“圆周率”精算到小数点后第七位。

14. 24

【解析】本题考查弧长的计算。$l=\frac{n\pi r}{180}=\frac{150\pi r}{180}=20\pi$，解得 $r=24$ cm。

15. $\{-2,-1,2\}$

【解析】本题考查集合间的运算。$A\cap B=\{0,1\}$，$\complement_U(A\cap B)=\{-2,-1,2\}$。

16. 15

【解析】本题考查分类加法计数原理。首先分给甲 1 个球，乙 2 个球，丙 3 个球，则还剩 4 个球。则将剩下 4 个球分给一个人，有 3 种分法；分给 2 个人，有 9 种分法；分给 3 个人，有 3 种分法。综上，共有 $3+9+3=15$ 种分法。

17. $\frac{\pi^2}{2}$

【解析】本题考查定积分求旋转体的体积。$V=\int_0^{\pi}(\pi\cdot\sin^2x)\,dx=\frac{\pi}{2}\int_0^{\pi}(1-\cos2x)\,dx=\frac{\pi}{2}\left(x-\frac{1}{2}\sin2x\right)\Big|_0^{\pi}=\frac{\pi^2}{2}$。

18. $y=5x-\frac{11}{3}$

【解析】本题考查导数的应用。$\because f'(x)=x^2+4x$，$\therefore$ 切线斜率 $f'(1)=k=5$，代入可得切线方程为 $y-\frac{4}{3}=5(x-1)$，$y=5x-\frac{11}{3}$。

19. $2-i$；$\sqrt{5}$

【解析】本题考查复数的运算。$z=(1+i)(1-2i)-1=2-i$，$|z|=\sqrt{2^2+(-1)^2}=\sqrt{5}$。

20. -1

【解析】本题考查线性规划问题。由 $\begin{cases}3x+y+1\geqslant0,\\2x+3y-4\leqslant0,\\x-2y-2\leqslant0,\end{cases}$ 作出可行域如图阴影部分所示，设目标函数 $z=2x+y$，即 $y=-2x+z$，若 z 要取得最小值，只需函数 $y=-2x+z$ 在 y 轴上的截距最小，由图易知，$y=-2x+z$ 经过点 $(0,-1)$ 时纵截距最小，最小值是 -1。

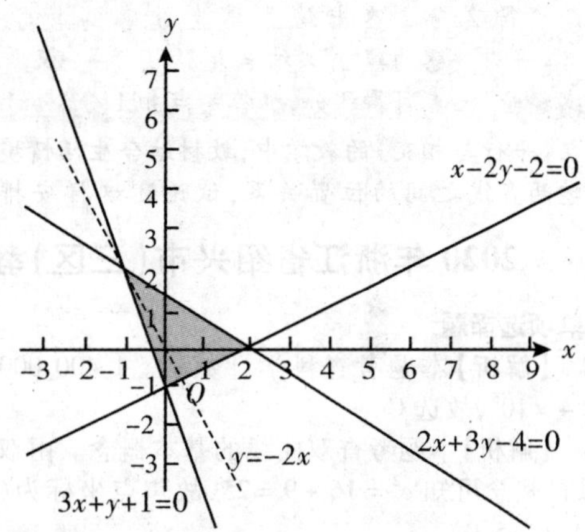

三、解答题

21. 【解析】本题考查乘法分配律。方法一：利用乘法的意义证明乘法分配律。因为 $(a+b)c$ 表示 c 个 $(a+b)$ 的连加，即 $(a+b)c=\underbrace{(a+b)+(a+b)+\cdots+(a+b)}_{c\text{个}(a+b)}=\underbrace{a+a+\cdots+a}_{c\text{个}a}+\underbrace{b+b+\cdots+b}_{c\text{个}b}=ac+bc$，当 $c=1$ 或 $c=0$ 时仍成立，所以 $(a+b)c=ac+bc$。方法二：数形结合。如图所示，由两个小长方形构成一个大长方形，两个小长方形的长和宽分别为 a，c 和 c，b。大长方形的长为 $(a+b)$，宽为 c，大长方形的面积为两个小长方形面积之和，于是 $(a+b)c=ac+bc$。

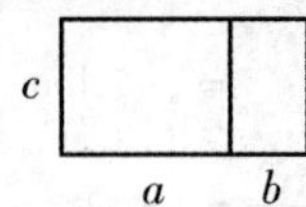

22. 【解析】本题考查羊吃草应用题。设一只羊每天的吃草量为 1 份，则每头牛每天的吃草量为 4 份，14 头牛 30 天吃了 $4\times14\times30=1680$ 份草量，70 只羊 16 天吃了 $16\times70=1120$ 份草量，则草的生长速度为 $(1680-1120)\div(30-16)=40$（份/天），原草量为 $1120-40\times16=480$（份），若有 17 头牛和 20 只羊，则能吃 $480\div(17\times4+20-40)=480\div(88-40)=10$（天）。

23. 【解析】本题考查导数与微分的相关性质。由函

数 $f(x)$ 的表达式可知，对任意常数 a 和 b，$f(x)$ 在 $x\neq0$ 处均可导，即 $f(x)$ 在 $x\neq0$ 处均可微，所以若要满足函数 $f(x)$ 处处可微，只需函数 $f(x)$ 在 $x=0$ 处也可导，因为 $x=0$ 是分段函数 $f(x)$ 的分界点，首先要求函数 $f(x)$ 在 $x=0$ 处连续，即 $f(0^-)=f(0^+)=f(0)$，而 $f(0^-)=\lim\limits_{x\to0^-}(e^{ax}-1)=0$，$f(0^+)=\lim\limits_{x\to0^+}[b(1+\sin x)+a+2]=b+a+2$，$f(0)=b+a+2=0$。且要满足函数 $f(x)$ 在 $x=0$ 处的左、右导数存在且相等，即 $f'_+(0)=f'_-(0)$，因为 $f'_+(0)=\lim\limits_{x\to0^+}\frac{f(x)-f(0)}{x}=\lim\limits_{x\to0^+}\frac{b(1+\sin x)+a+2-(b+a+2)}{x}=\lim\limits_{x\to0^+}\frac{b\sin x}{x}=b$，$f'_-(0)=\lim\limits_{x\to0^-}\frac{f(x)-f(0)}{x}=\lim\limits_{x\to0^-}\frac{e^{ax}-1}{x}=a$，那么 $a=b$，又 $b+a+2=0$，所以 $a=b=-1$。

24.【解析】本题考查线线垂直的证明与二面角的计算。

(1)证明：$\because OA,OB,OC$ 两两垂直，$\therefore OA\perp OB,OC\perp OB$，$\because OA\cap OC=O$，且 $OA,OC\subset$ 平面 OAC，$\therefore OB\perp$ 平面 OAC，又 $AC\subset$ 平面 OAC，$\therefore OB\perp AC$。

(2)因为 $OA\perp OB,OA\perp OC,OB\cap OC=O$，且 $OB,OC\subset$ 平面 OBC，所以 $OA\perp$ 平面 OBC，所以 $\angle ACO$ 为直线 AC 与平面 OBC 所成角，即 $\angle ACO=45^\circ$，所以 $\triangle OAC$ 为等腰直角三角形，$OA=OC=2$，因为 $OB=\sqrt{6}$，所以 $AB=BC=\sqrt{4+6}=\sqrt{10}$，如图所示，取 AC 中点 M，连结 OM,BM，有 $OM\perp AC$，$BM\perp AC$，所以 $\angle OMB$ 为二面角 $O-AC-B$ 的平面角，在 $\triangle OMB$ 中，$OM=\frac{1}{2}AC=\sqrt{2}$，$BM=\sqrt{AB^2-AM^2}=\sqrt{10-2}=2\sqrt{2}$，$OB=\sqrt{6}$，由余弦定理得 $\cos\angle OMB=\frac{OM^2+BM^2-OB^2}{2\cdot OM\cdot BM}=\frac{2+8-6}{2\times\sqrt{2}\times2\sqrt{2}}=\frac{1}{2}$，所以二面角 $O-AC-B$ 的大小为 $\frac{\pi}{3}$。

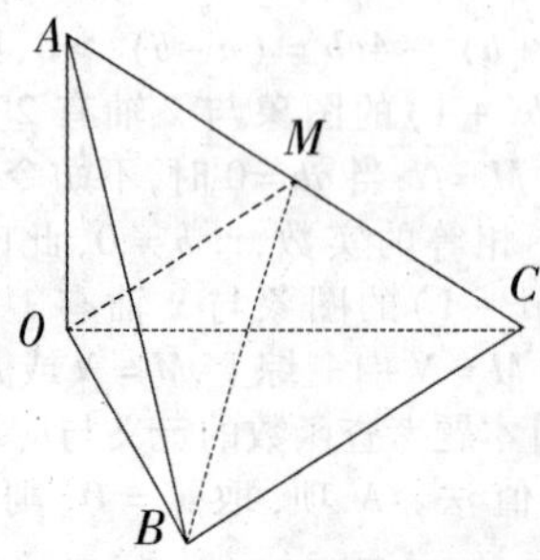

25.【解析】本题考查数列的通项公式的求解。

$\because S_n=\frac{1}{4}(a_n+1)^2$，$\therefore a_1=\frac{1}{4}(a_1+1)^2$，$a_1=1$，当 $n\geqslant2$ 时，$a_n=S_n-S_{n-1}=\frac{1}{4}(a_n+1)^2-\frac{1}{4}(a_{n-1}+1)^2$，整理得 $(a_n+a_{n-1})(a_n-a_{n-1}-2)=0$，$\because$ 数列 $\{a_n\}$ 为正项数列，$a_n+a_{n-1}>0$，$\therefore a_n-a_{n-1}-2=0$，即 $d=a_n-a_{n-1}=2$，$\therefore$ 数列 $\{a_n\}$ 是以 1 为首项，公差为 2 的等差数列，通项公式为 $a_n=2n-1$。

四、论述或案例设计题

26.【参考答案】本题考查教学实施与教学设计。

(1)首先，从历史的角度以及现实生活中等分的需要出发，呈现分数的现实来源，让学生了解分数产生的背景和过程。使学生意识到在进行测量或分配时，往往不能刚好得到整数的结果，这时就需要用分数来表示，有了分数，这些结果就能准确地表示出来。教材通过测量与分物的实例引入分数，编排目的就是使学生感悟到分数是适应现实需要而产生的，感受数学知识与现实生活的密切联系，从而提高学习数学的积极性，促进对分数意义的理解。

评分标准：本题共 4 分。答出“了解分数的产生背景和过程”“促进对分数意义的理解”两点可得 4 分。少答一点扣 2 分。

(2)师：课前老师让大家查阅了资料，谁能结合自己的资料说说分数是怎样产生的呢？

学生汇报，教师总结。

师：很好，看来，同学们的资料查得很全面，今天，我们就不一一交流了，我建议大家课后再把自己查的资料互相交流一下。阅读所查资料，我们知道了分数实际上是由人们的生产、生活的需要而产生的，那么今天我们就来具体学习分数的意义。

评分标准：本题共 5 分。结合主题图内容，采取合理的导入方式并展开叙述，即可得 5 分。

(3)联系：被除数相当于分子，除数相当于分母，除号相当于分数线，商相当于分数值。

区别：分数是具体的数，除法是一种运算。

评分标准：本题共 3 分。答出分数与除法的联系和区别可得 3 分，少答一点扣 2 分。

(4)教学难点：理解分数的意义。

可以从以下方面帮助学生理解数学概念：

①多角度揭示分数的来源，促进学生对分数本质的理解。在小学数学里，认识分数是学习数的概念的一次重要扩展。因此，教学中要从揭示产生分数的现实背景出发，帮助学生领会分数的含义，理解分数的意义。

从现实的角度来看，数是用来表示量的。如 6 支笔、8 个人等量的共同特征是可以用自然数来表

示。但除了上面列举的一些由单位量合成的。可以用自然数表示的量之外,还存在许多可以分割的、无法用自然数表示的量。历史上,分数正是为了比较精确地测量这类需要分割的量而引入的。另外,从数学的角度来看,分数的引入是为了解决整数集合里除法不是总能实施的问题。比如,2÷3在整数范围内不能计算,引入分数就能记作$2\div3=\frac{2}{3}$。在引出分数概念之后,又通过分蛋糕、分月饼的实例,抽象出分数与除法的关系,使学生初步感悟:利用分数,可以解决整数除法除不尽的问题。即从数学内部发展的角度,揭示了分数的来源。

总之,教学通过多角度呈现分数的来源,使学生感悟到分数是为了适应客观实际需要而产生的,同时,为学生提供了较为丰富的理解分数意义的教学素材,从而为学生理解分数的本质意义提供了牢固的学习平台。

②充分利用学生已有知识基础与学习经验,在学习活动中及时抽象概括分数的意义。本节课的教学是学生在三年级学习"分数的初步认识"的基础上展开的,即学生已有将一个图形、实物等平均分可以得到分数的认知基础。因此,本节课的研究对象是将一些物体看成一个整体。但在实际的教学中,分数单位"1"的相对性与自然数"1"的确定性,在学生已有的知识经验中是相互矛盾的,进而导致分数的意义不为他们已有的认知结构所接受和同化。也就是说,单位"1"不仅表示一个物体,也可以表示由多个物体所组成的一个整体,如一个物体、一个图形、一个计量单位可以称作单位"1",一些物体所组成的一个整体也可以称作单位"1",即与单位"1"相对应的量是动态的,具有相对性。当单位"1"表示为一个物体(如一个苹果、一个圆形、一米线段)时,与学生已有经验中所确定不变的自然数"1"一致,当单位"1"表示为多个物体(如10个苹果、23个圆形、35条1米长的线段)时,与自然数"1"就有了冲突,学生的理解也随之产生偏差。因此,本节课教学的主要任务是帮助学生重构与扩展单位"1"的含义,进而揭示分数的本质。

评分标准:本题共8分。答出教学难点可得2分。答出帮助学生理解教学概念的教学措施——"强调分数的本质""结合实际抽象概括出分数的意义"两个方面并展开叙述可得6分,少答一方面扣3分。

2020年浙江省杭州市教师招聘考试中学数学真题试卷(九)

一、单项选择题

1. D 【解析】本题考查集合的运算。$S=\{x\mid(x-2)(x-3)\geqslant0\}$,则$S=\{x\mid x\leqslant2或x\geqslant3\}$,则$S\cap T=\{x\mid 0<x\leqslant2或x\geqslant3\}$。

2. B 【解析】本题考查数据的特征。由题意可知,26<36<46<5■,52,则无论5■的个位数是多少,46都是该组数据的中位数。

3. B 【解析】本题考查数列的前n项和。由题意知,$\{a_n\}$是等差数列,且a_3,a_4,a_8是等比数列,$(a_1+2d)(a_1+7d)=(a_1+3d)^2$,整理得$-3a_1d=5d^2$,$\because 5d^2>0$,故$a_1d<0$,$dS_4=4a_1d+6d^2=-\frac{2}{3}d^2<0$,故选B。

4. C 【解析】本题考查余弦定理的应用。$\because b=c$,$\therefore a^2=b^2+c^2-2bc\cos A=2b^2-2b^2\cos A=2b^2(1-\cos A)$,$\because a^2=2b^2(1-\sin A)$,$\therefore 1-\cos A=1-\sin A$,则$\cos A=\sin A$,即$\tan A=1$,$0<\angle A<\pi$,即$A=\frac{\pi}{4}$。

5. C 【解析】本题考查概率的计算。分别标有1,2,…,9的9张卡片,奇数卡片的张数为5张,偶数卡片的张数为4张,不放回地抽两张卡片,当第一张抽出的卡片为奇数卡片时,抽到奇数卡片的概率为$\frac{5}{9}$,则第二张抽出偶数卡片的概率为$\frac{4}{8}$;当第一张抽出的卡片为偶数卡片时,抽到偶数卡片的概率为$\frac{4}{9}$,则第二张抽出奇数卡片的概率为$\frac{5}{8}$,则抽到的2张卡片上的数的奇偶性不同的概率是$\frac{5}{9}\times\frac{4}{8}+\frac{4}{9}\times\frac{5}{8}=\frac{5}{9}$。

6. A 【解析】本题考查函数的交点问题。$\because a,b$是两个不相等的实数,$\therefore y=(x+a)(x+b)$的图象与x轴有2个交点,$\therefore M=2$。$\because$函数$y=(ax+1)(bx+1)=abx^2+(a+b)x+1$,$\therefore$当$ab\neq0$时,$\Delta=(a+b)^2-4ab=(a-b)^2>0$,则函数$y=(ax+1)(bx+1)$的图象与$x$轴有2个交点,即$N=2$,此时$M=N$;当$ab=0$时,不妨令$a=0$,$\because a,b$是两个不相等的实数,$\therefore b\neq0$,此时函数$y=(ax+1)(bx+1)$的图象与$x$轴有1个交点,即$N=1$,此时$M=N+1$。综上,$M=N$或$M=N+1$。

7. D 【解析】本题考查函数的定义与应用。本题采用取特殊值法。A项,取$x=0$,则$\sin2x=0$,$\therefore f(0)=0$;取$x=\frac{\pi}{2}$,则$\sin2x=0$,$\therefore f(0)=1$,故$f(0)_{x=0}\neq f(0)_{x=\frac{\pi}{2}}$,故不符合题意。B项,取$x=0$,

则 $f(0)=0$；取 $x=\pi$，则 $f(0)=\pi^2+\pi$，故 $f(0)_{x=0}\neq f(0)_{x=\pi}$，故不符合题意。C 项，取 $x=1$，则 $f(2)=2$；取 $x=-1$，则 $f(2)=0$，故 $f(0)_{x=1}\neq f(0)_{x=-1}$，故不符合题意。D 项，令 $t=x^2+2x$，则 $x=\pm\sqrt{t+1}-1$，则 $f(x^2+2x)=|x+1|$ 等同于 $f(t)=\sqrt{t+1}$，即存在函数 $f(x)=\sqrt{x+1}$，对任意 $x\in\mathbf{R}$，都有 $f(x^2+2x)=|x+1|$。

8. A 【解析】本题考查直线与平面所成角的位置关系。正方体有 3 组平行的棱，每条棱所在直线与平面 α 所成的角都相等，如图所示，此时的平面截此正方体所得的面积最大，此时该正六边形的边长为 $\frac{\sqrt{2}}{2}$，则所得面积的最大值为 $6\times\frac{\sqrt{3}}{4}\times\left(\frac{\sqrt{2}}{2}\right)^2=\frac{3\sqrt{3}}{4}$。

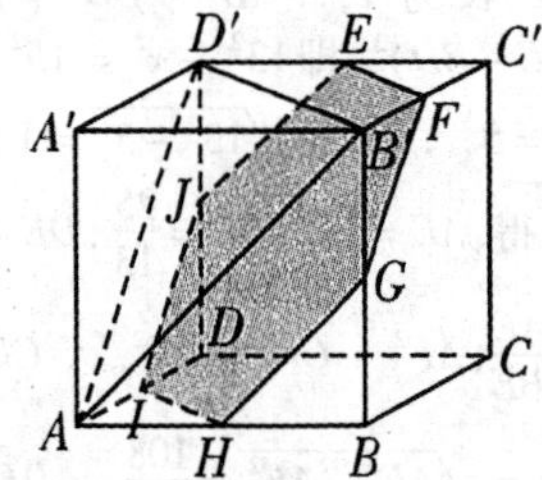

9. C 【解析】本题考查函数的恒成立问题。当 $x=1$ 时，$f(1)=1-2a+2a=1>0$ 恒成立；当 $x<1$ 时，$f(x)=x^2-2ax+2a\geqslant 0\Leftrightarrow 2a\geqslant\frac{x^2}{x-1}$ 恒成立，令 $g(x)=\frac{x^2}{x-1}=-\frac{x^2}{1-x}=-\frac{(1-x-1)^2}{1-x}=-\frac{(1-x)^2-2(1-x)+1}{1-x}=-\left(1-x+\frac{1}{1-x}-2\right)\leqslant-\left(2\sqrt{(1-x)\cdot\frac{1}{1-x}}-2\right)=0$，$\therefore 2a\geqslant g(x)_{\max}=0$，$\therefore a>0$。当 $x>1$ 时，$f(x)=x-a\ln x\geqslant 0\Leftrightarrow a\leqslant\frac{x}{\ln x}$ 恒成立，令 $h(x)=\frac{x}{\ln x}$，则 $h'(x)=\frac{\ln x-x\cdot\frac{1}{x}}{(\ln x)^2}=\frac{\ln x-1}{(\ln x)^2}$，当 $x=\mathrm{e}$ 时，$h(x)$ 取最小值 $h(\mathrm{e})=\mathrm{e}$，$\therefore a\leqslant\mathrm{e}$。综上，$a$ 的取值范围为 $[0,\mathrm{e}]$。

10. B 【解析】本题考查函数的最值。设 $y=\sqrt{2}\sin x+\cos x=\sqrt{3}\cdot\left(\frac{\sqrt{6}}{3}\sin x+\frac{\sqrt{3}}{3}\cos x\right)=\sqrt{3}\sin(x+\varphi)$，$x\in[0,\pi]$，其中 $\tan\varphi=\frac{\sqrt{2}}{2}$，则 $\varphi\in\left(0,\frac{\pi}{2}\right)$，当 $x+\varphi=\frac{\pi}{2}$ 时，y 取最大值 $\sqrt{3}$。易知当 $x=\pi$ 时，y 取得最小值，最小值为 -1，故 $y=\sqrt{2}\sin x+\cos x$ 的值域为 $[-1,\sqrt{3}]$，设 $t=\sin x+\sqrt{1-\sin x}$，令 $\sqrt{1-\sin x}=m(0\leqslant m\leqslant 1)$，则 $t=-m^2+m+1=-\left(m-\frac{1}{2}\right)^2+\frac{5}{4}$，$\because 0\leqslant m\leqslant 1$，函数 t 的值域为 $\left[1,\frac{5}{4}\right]$。由分子和分母的值域可把选项 D 排除，当分母为 1 时，分子小于 $\sqrt{3}$，排除选项 C，当 $\sin x=1$ 时，函数值为 $\sqrt{2}$，综上所述，该函数的最大值为 $\sqrt{2}$。

二、填空题

11. 2

【解析】本题考查二项式展开式的系数。已知 $(2-x^2)(1+ax)^3$ 的展开式的所有项系数之和为 27，将 $x=1$ 代入表达式得到 $(1+a)^3=27$，$\therefore a=2$。

12. $\frac{c-b}{a}$

【解析】本题考查三角函数公式。由题意可得，$a^2+b^2=c^2$，$\tan\alpha=\frac{2\tan\frac{\alpha}{2}}{1-\tan^2\frac{\alpha}{2}}=\frac{a}{b}$，则 $\frac{a}{b}\tan^2\frac{\alpha}{2}+2\tan\frac{\alpha}{2}=\frac{a}{b}$，$\tan^2\frac{\alpha}{2}+\frac{2b}{a}\tan\frac{\alpha}{2}=1$，$\because 0<\alpha<\frac{\pi}{2}$，$\therefore\tan\frac{\alpha}{2}>0$，$\left(\tan\frac{\alpha}{2}+\frac{b}{a}\right)^2=1+\left(\frac{b}{a}\right)^2=\frac{c^2}{a^2}$，$\therefore\tan\frac{\alpha}{2}=\frac{c-b}{a}$。

13. $\frac{\sqrt{6}}{3}$

【解析】本题考查椭圆、直线与圆的性质。由题意可得，以线段 A_1A_2 为直径的圆的半径为 a，$\therefore$ 原点到直线 $bx-ay+2ab=0$ 的距离 $d=\frac{|2ab|}{\sqrt{b^2+a^2}}=a$，$\therefore 3b^2=a^2$，椭圆的离心率 $e=\frac{c}{a}=\sqrt{\frac{c^2}{a^2}}=\sqrt{\frac{a^2-b^2}{a^2}}=\sqrt{\frac{3b^2-b^2}{3b^2}}=\sqrt{\frac{2}{3}}=\frac{\sqrt{6}}{3}$。

14. $7^3+(-5)^3+(-6)^3$

【解析】本题考查自然数用立方和的表示。$2=7^3+(-5)^3+(-6)^3$。考生记住类似的即可。

15. $2\sqrt{2}$

【解析】本题考查三角形面积的最大值。以 AB 所在直线为 x 轴，线段 AB 的中垂线为 y 轴建立平面直角坐标系。由 $AB=2$，可得 A,B 坐标分别为 $A(-1,0)$，$B(1,0)$，设 $C(x,y)$，由 $AC=\sqrt{2}BC$，得 $\sqrt{(x+1)^2+y^2}=\sqrt{2}\sqrt{(x-1)^2+y^2}$，化简得

$x^2+y^2-6x+1=0$,即$(x-3)^2+y^2=8$,$\triangle ABC$的面积$S=\frac{1}{2}|AB|\cdot|y|=|y|\leqslant 2\sqrt{2}$,故当点$C$为$(3,\pm 2\sqrt{2})$时,$\triangle ABC$的面积最大,最大值为$2\sqrt{2}$。

16. $[0,4]$

【解析】本题考查立体几何中的向量问题。设BC的中点为O,由$|\overrightarrow{PB}+\overrightarrow{PC}|=2$,得$|\overrightarrow{PO}|=1$,即$P$在以$O$为球心,半径为1的球上运动,将四面体放入正方体之中,当点P在下底面上的射影是点A时,$\overrightarrow{AP}$在$\overrightarrow{AD}$上的射影最小,为0,当点P在下底面上的射影是点D时,$\overrightarrow{AP}$在$\overrightarrow{AD}$上的射影最大,为$AD=2$,$\therefore \overrightarrow{AP}\cdot\overrightarrow{AD}$的取值范围是$[0,4]$。

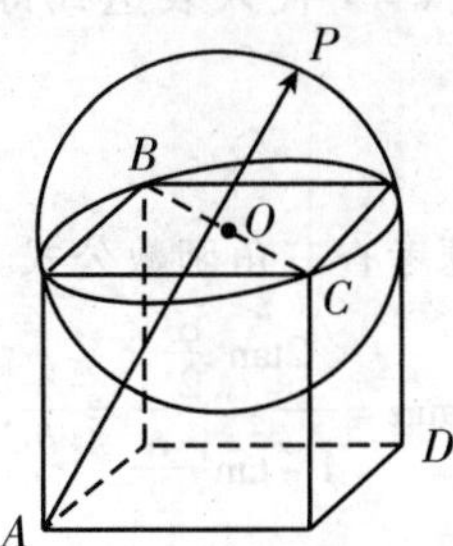

三、解答题

17. 【解析】本题考查三角函数的最小正周期及函数在区间上的最值问题。

(1)$f(x)=\left[2\sin\left(x+\frac{\pi}{3}\right)+\sin x\right]\cos x-\sqrt{3}\sin^2x=\left[2\left(\frac{1}{2}\sin x+\frac{\sqrt{3}}{2}\cos x\right)+\sin x\right]\cos x-\sqrt{3}\sin^2x=(2\sin x+\sqrt{3}\cos x)\cos x-\sqrt{3}\sin^2x=\sin 2x+\sqrt{3}\cos^2x-\sqrt{3}\sin^2x=\sin 2x+\sqrt{3}\cos 2x=2\left(\frac{1}{2}\sin 2x+\frac{\sqrt{3}}{2}\cos 2x\right)=2\sin\left(2x+\frac{\pi}{3}\right)$,$T=\frac{2\pi}{2}=\pi$,故函数$f(x)$的最小正周期为$\pi$。

(2)由(1)知,当$2k\pi-\frac{\pi}{2}\leqslant 2x+\frac{\pi}{3}\leqslant 2k\pi+\frac{\pi}{2}$,$k\in\mathbf{Z}$,即$k\pi-\frac{5\pi}{12}\leqslant x\leqslant k\pi+\frac{\pi}{12}$,$k\in\mathbf{Z}$时,函数$f(x)$单调递增;当$2k\pi+\frac{\pi}{2}\leqslant 2x+\frac{\pi}{3}\leqslant 2k\pi+\frac{3\pi}{2}$,$k\in\mathbf{Z}$,即$k\pi+\frac{\pi}{12}\leqslant x\leqslant k\pi+\frac{7\pi}{12}$,$k\in\mathbf{Z}$时,函数$f(x)$单调递减。故当$x\in\left[0,\frac{\pi}{12}\right]$时,函数$f(x)$单调递增,当$x\in\left[\frac{\pi}{12},\frac{5\pi}{12}\right]$时,函数$f(x)$单调递减。$f(0)=2\sin\frac{\pi}{3}=\sqrt{3}$,$f\left(\frac{5\pi}{12}\right)=2\sin\left(2\cdot\frac{5\pi}{12}+\frac{\pi}{3}\right)=-1$,$\sqrt{3}>-1$,则若$x\in\left[0,\frac{5\pi}{12}\right]$,函数$f(x)$的最小值为$-1$。

18. 【解析】本题考查四点共圆和三角形相似。(1)在四边形$ADFC$中,$\angle ADC=\angle AFC=90°$,且对应边为$AC$,$\therefore A,D,F,C$四点共圆,其中$AC$为直径。$\therefore\angle FAC=\angle FDC$(同弦所对的圆周角相等),$\because\angle FDC=\angle EDB$,$\therefore\angle EDB=\angle FAC$,$\because\angle DEB=\angle AFC=90°$,$\therefore\triangle AFC\backsim\triangle DEB$,$\therefore\frac{AF}{CF}=\frac{DE}{BE}$,两边平方得$\frac{AF^2}{CF^2}=\frac{DE^2}{BE^2}$①,在$\triangle AED$与$\triangle DEB$中,$\angle EAD+\angle ADE=90°$,$\angle ADE+\angle EDB=90°$,$\therefore\angle EAD=\angle EDB$,$\because\angle AED=\angle BED=90°$,$\therefore\triangle AED\backsim\triangle DEB$,$\therefore\frac{AE}{ED}=\frac{ED}{BE}$,$\therefore ED^2=AE\cdot BE$②,将②代入①得$\frac{AF^2}{CF^2}=\frac{AE\cdot BE}{BE^2}=\frac{AE}{BE}$。

(2)设BD长为x,$\therefore AB^2-BD^2=AC^2-CD^2=AC^2-(BC-BD)^2$,即$13^2-x^2=15^2-(14-x)^2$,$\therefore BD=x=5$,$\therefore AD=\sqrt{13^2-5^2}=12$,由(1)中相似关系可得,$AE=\frac{144}{13}$,$BE=\frac{25}{13}$,$DE=\frac{60}{13}$。由(1)知$\frac{AF^2}{CF^2}=\frac{AE}{BE}$,$AF^2+CF^2=AC^2$,$\therefore CF=\frac{75}{13}$,$AF=\frac{180}{13}$,$\therefore EF=\sqrt{AF^2-AE^2}=\frac{108}{13}$,$\therefore DF=EF-DE=\frac{48}{13}$,$\therefore S_{\triangle ADF}=\frac{1}{2}\cdot DF\cdot AE=\frac{1}{2}\times\frac{48}{13}\times\frac{144}{13}=\frac{3456}{169}$。

19. 【解析】本题考查函数的极值点问题和不等式恒成立问题。

(1)$f'(x)=2(x-a)\ln x+\frac{(x-a)^2}{x}=2x\ln x-2a\ln x+x-2a+\frac{a^2}{x}$。当$x=\mathrm{e}$为函数$y=f(x)$的极值点时,$f'(\mathrm{e})=2\mathrm{e}\ln\mathrm{e}-2a\ln\mathrm{e}+\mathrm{e}-2a+\frac{a^2}{\mathrm{e}}=0$,解得$a=\mathrm{e}$或$3\mathrm{e}$。

(2)$\because\ln x\leqslant 0$在$x\in(0,1)$上恒成立,$\therefore$原问题等价于$f(x)\leqslant 4\mathrm{e}^2$在任意$x\in[1,3\mathrm{e}]$上恒成立,$\therefore\begin{cases}f(1)\leqslant 4\mathrm{e}^2,\\f(3\mathrm{e})\leqslant 4\mathrm{e}^2,\end{cases}$解得$3\mathrm{e}-\frac{2\mathrm{e}}{\sqrt{\ln 3\mathrm{e}}}\leqslant a\leqslant 3\mathrm{e}+\frac{2\mathrm{e}}{\sqrt{\ln 3\mathrm{e}}}$。函数$f(x)$求导得$f'(x)=(x-a)\left(2\ln x+1-\frac{a}{x}\right)$,显然$x=a$是$f'(x)=0$的零点,即$f(a)$可能是$f(x)$的极值,也可能不是。而$f(a)=0\leqslant 4\mathrm{e}^2$。设$g(x)=2\ln x+1-\frac{a}{x}$,$g(x)$在$x\in[1,3\mathrm{e}]$上递增,又

$\because \begin{cases} g(1)=1-a<0, \\ g(3e)=2\ln 3e+1-\dfrac{a}{3e}>0, \end{cases}$ $\therefore g(x)$在$[1,3e]$上有且只有1个零点x_0，

$\therefore f(x)\leqslant 4e^2$ 等价于 $f(x_0)\leqslant 4e^2$，故原问题等价于求 a 的取值范围，使得不等式 $\begin{cases} 2\ln x_0+1-\dfrac{a}{x_0}=0, \\ f(x_0)=(x_0-a)^2\ln x_0\leqslant 4e^2, \end{cases}$ 可得 $2x_0\ln x_0+x_0=a$，$4x_0^2\ \ln^3 x_0\leqslant 4e^2$，令 $h(x)=4x^2\ \ln^3 x$，求导得 $h'(x)=4x\ \ln^2 x(2\ln x+3)>0$ 在$[1,3e]$上恒成立，则$h(x)$在$[1,3e]$上单调递增，且$h(e)=4e^2$，因此可得 $x_0\in[1,e]$。令 $u(x)=2x\ln x+x$，求导可得$u'(x)=3+2\ln x>0$，$u(x)$在$[1,e]$上递增，故 $a\in[1,3e]$。综上可知，a 的取值范围为$\left[3e-\dfrac{2e}{\sqrt{\ln 3e}},3e\right]$。

四、简述题

20.【参考答案】本题考查《普通高中数学课程标准》(2017年版)核心素养相关知识。

(1)数学建模是现实生活与数学连接的纽带，是数学核心素养育人目标的具体体现；与此同时，数学建模切实关注文化传统对学生学习，乃至未来发展的影响，以及学生的学习水平与能力，体现了教育的人文关怀。

评分标准：本题共5分。答出"数学建模"的重要性与应用意义并展开阐述可得5分，少答一点扣2分。

(2)在高中教学阶段，要求教师重视对学生理论知识和实践经验的授予，要在现实生活画面中运用建模思维，让学生寻找将生活和建模结合的具体方法，帮助学生把握二者之间的联系。教师需要具备独到眼光，在情景模式中适当融入建模的具体实践，让学生从中体会到建模会促进人类社会发展，由此产生浓厚的探索欲。数学建模的思想应用以不同的形式渗透在各模块和专题内容之中，在现行的高中数学教材中，典型、常用的数学模型包括函数模型、不等式模型、三角模型、几何模型、概率统计模型、回归直线方程模型等。在教学中强调采用科学探究的学习方式，要求教师要改变原有观念，要结合当前学生发展的情况，从生活中寻找教学案例，将教学案例与教学理论相结合，引导学生积极探索。

评分标准：本题共5分。答出落实"数学建模"核心素养的教学措施——"理论联系实际""数学建模思想的渗透""改进教学案例"三点可得5分，少答一点扣2分。

21.【解析】本题考查教学设计。

教学目标：①引导学生从具体实例中概括典型特征，形成指数函数的概念，并用数学符号表示。②通过本节课的学习，在解决简单实际问题的过程中，体会指数函数是一类重要的函数模型。③运用数形结合的思想，经历由特殊到一般、具体到抽象的研究过程，体验研究函数的一般方法，掌握指数函数的图象特征与性质。④能够利用指数函数的性质比较两个幂的大小。

教学重点：理解指数函数的概念，掌握指数函数的图象及其性质。

难点：根据具体指数函数图象与性质归纳一般指数函数图象与性质，体会指数函数是一种重要的函数模型。

教学过程引入(问题引入)：

问题1. 某细胞分裂时，由1个分裂成2个，2个分裂成4个，4个分裂成8个，……，如果细胞分裂 n 次，相应的细胞个数为 m，如何描述这两个变量的关系？

问题2. 把长为1的尺子第一次截去它的一半，第二次截去剩余部分的一半，第三次截去第二次剩余部分的一半，依次截下去，问：截的次数与剩下的尺子长度之间有什么关系？

问题3. 某种放射性物质不断变化为其他物质，每经过一年，这种物质剩余的质量是原来的一半，如果经过 n 年，该物质剩余的质量为 m，如何描述这两个变量的关系？

师：通过解决上面几个问题，我们今天来探究关于指数函数的相关内容。

评分标准：本题共10分。答出体现"四基"的教学目标可得4分；答出教学重点可得1分；答出教学难点可得1分；结合课程内容，教学过程设计采用问题引入等合理方式即可得4分。

2020年浙江省丽水市缙云县教师招聘考试中小学数学真题试卷(十)

第一部分 教育基础知识

一、不定项选择题

1. D 【解析】本题考查新闻时事。Worldometers 世界实时统计数据显示，截至2020年8月9日，全球累计确诊新冠肺炎病例正不断逼近2000万。故选D。

2. B 【解析】本题考查新闻时事。2020年7月23日12时41分，我国在海南文昌航天发射场，使用长征五号遥四运载火箭将中国首次火星探测任务天问一号探测器发射升空，开启了火星探测之旅，迈出了中国自主开展行星探测的第一步。故选B。

3. D 【解析】本题考查新闻时事。2020年5月21日下午，华为创始人、CEO任正非接受《面对面》的专访时提出"老师是人类灵魂的工程师，再穷也

不能穷老师,再穷也要对未来投资”“我希望从青少年开始,就不要单纯就是数理化,应该有全面的思想发展,奠定一个广阔的文化基础”“国家的未来就是教育”等教育观点。故选D。

4. C 【解析】本题考查教育榜样。陈立群从杭州学军中学校长岗位上退下来后,有民办学校许下重金礼聘,但他最终选择远赴贵州,在黔东南苗族侗族自治州的国家级贫困县从事支教工作。故选C。

5. A 【解析】本题考查重大事件时间。《中共中央关于全面推进依法治国若干重大问题的决定》指出,“将每年十二月四日定为国家宪法日。在全社会普遍开展宪法教育,弘扬宪法精神。建立宪法宣誓制度,凡经人大及其常委会选举或者决定任命的国家工作人员正式就职时公开向宪法宣誓”。故选A。

6. BC 【解析】本题考查教育思想。“学不躐等”的意思是学习不能超越次第,应循序渐进。A选项,“因材施教”是指针对学生的能力、性格、志趣等具体情况施行不同的教育。B选项,“不陵节而施”的意思是不能超越人的接受范围去施教。C选项,“循序渐进”是指教师要严格按照知识的内在逻辑体系以及学生的认识能力发展的顺序进行教学。D选项,“长善救失”的意思是要发扬学生的长处,弥补学生的短处。“学不躐等”“不陵节而施”都体现了循序渐进的思想。故选B、C。

7. ABD 【解析】本题考查相关法律法规。《中华人民共和国未成年人保护法》第五条规定,“保护未成年人的工作,应当遵循下列原则:(一)尊重未成年人的人格尊严;(二)适应未成年人身心发展的规律和特点;(三)教育与保护相结合”。故选A、B、D。

8. A 【解析】本题考查德育。道德判断能力、行为实践能力及主体自我教育能力的提高是道德教育的主要目标,三者从不同的角度反映着德育的效果,是学生品德发展的重要标志。故选A。

9. B 【解析】本题考查心理辅导方法。同感是指心理辅导老师设身处地地去体会受辅导学生的内心感受,进入他的内心世界。内化是指在思想观点上与他人相一致,自己所认同的新的思想和自己原有的观点、信念结合在一起,构成一个统一的态度体系。系统脱敏法是指当学生面前出现焦虑和恐惧刺激的同时,施加与焦虑和恐惧相对立的刺激,从而使学生逐渐消除焦虑与恐惧,不再对有害的刺激过度敏感而产生病理性反应。自我控制法是指让学生自己通过学习相关原理,进行自我分析、自我监督、自我强化、自我惩罚,进而改善自身行为。故选B。

10. AB 【解析】本题考查教育相关人物及其著作。A选项,苏联教育家苏霍姆林斯基的《给教师的一百条建议》被称为“活的教育学”。故A选项正确。B选项,美国教育家杜威是实用主义哲学的创始人,他的《民主主义与教育》与卢梭的《爱弥儿》、柏拉图的《理想国》被称为教育学上的三个里程碑。故B选项正确。C选项,卢梭是法国启蒙主义思想家和教育家,其教育代表作为《爱弥儿》。《大教学论》是捷克教育家夸美纽斯的代表作。故C选项错误。D选项,赫尔巴特是德国著名的心理学家和教育学家。他的《普通教育学》的出版标志着教育学作为一门规范、独立的学科正式诞生,同时,这本书也被认为是第一本现代教育学著作。D选项错误。故选A、B。

二、判断题

11. √ 【解析】本题考查党的教育方针。党的教育方针是引领教育发展的思想旗帜和行动指南。新时代党的教育方针,在教育培养目标方面提出,把“努力培养担当民族复兴大任的时代新人,培养德智体美劳全面发展的社会主义建设者和接班人”作为根本目标。故题干说法正确。

12. √ 【解析】本题考查新闻时事。习近平总书记指出:我国学生近视呈现高发、低龄化趋势,严重影响孩子们的身心健康,这是一个关系国家和民族未来的大问题,必须高度重视,不能任其发展。全社会都要行动起来,共同呵护好孩子的眼睛,让他们拥有一个光明的未来。近视一旦发生,不可逆转。故题干说法正确。

13. √ 【解析】本题考查新闻时事。2020年6月30日上午,第十三届全国人民代表大会常务委员会第二十次会议表决通过了《中华人民共和国香港特别行政区维护国家安全法》,该法自公布之日起开始施行。该法的通过迈出了建立健全香港特别行政区维护国家安全的法律制度和执行机制的重要一步。故题干说法正确。

14. × 【解析】本题考查教育现代化。教育现代化就是用现代先进教育思想和科学技术武装人们,使教育思想观念、教育内容方法与手段以及校舍与设备,逐步提高到现代的世界先进水平,培养出适应参与国际经济竞争和综合国力竞争的新型劳动者和高素质人才的过程。教育现代化具体包括教育观念现代化、教育内容现代化、教育装备现代化、师资队伍现代化以及教育管理现代化等。教育现代化最高目的是实现人的现代化。故题干说法错误。

15. √ 【解析】本题考查素质教育。培养学生的创新精神和实践能力是实施素质教育的重点和核心,也是新课程改革的主要目标。故题干说法正确。

16. √ 【解析】本题考查罗森塔尔效应。罗森塔尔效应又称皮格马利翁效应或教师期望效应,认为

教师的期望或明或暗地传送给学生,学生会按照教师所期望的方向来塑造自己的行为。罗森塔尔效应表明,教师的期望对学生的行为有预言效应,教师对学生思想的认可与学生学业成绩具有正相关趋势,教师的批评与不赞成与学生的成绩具有负相关趋势。故题干说法正确。

17. × 【解析】本题考查"三贴近"原则。新课程改革倡导"三贴近"原则,坚持贴近实际、贴近生活、贴近学生的原则,注重学生的身心发展特点。故题干说法错误。

18. √ 【解析】本题考查教师相关权利。《中小学班主任工作规定》第十六条规定:"班主任在日常教育教学管理中,有采取适当方式对学生进行批评教育的权利。"故题干说法正确。

19. √ 【解析】本题考查学生相关权利。学生的受教育权是学生在学校各项权利中最重要、最基本的权利,包括受完法定年限教育权、学习权和公正评价权。故题干说法正确。

20. × 【解析】本题考查师生关系。师生关系在人格上是民主平等的关系。学生作为一个独立的社会个体,在人格上与教师是平等的。建立在有助于学生发展意义上的严格要求和民主的师生关系,是一种朋友式的友好帮助关系,在这种关系下,师生关系和谐,学生学习效率高。故题干说法错误。

第二部分 数学学科专业知识

一、单项选择题

1. D 【解析】本题考查轴对称图形。在平面内,一个图形沿一条直线折叠,直线两旁的部分能够完全重合的图形叫轴对称图形。把一个图形绕着某个点旋转 180°,如果旋转后的图形能与原来的图形重合,那么这个图形叫作中心对称图形。D 选项中的图形,不是轴对称图形,是中心对称图形,故选 D。

2. D 【解析】本题考查三角形的判定。将长为 12 的线段截成长度为整数的三段,使它们成为一个三角形的三边,则有(2,5,5),(3,4,5),(4,4,4)这三种截法,三边长为 2,5,5 时,是一个三个角都为锐角的等腰三角形;三边长为 3,4,5 时,是一个直角三角形;三边长为 4,4,4 时,是一个等边三角形。故选 D。

3. B 【解析】本题考查路程问题。飞机飞行时,最慢的时候是每小时 510 千米,4 小时能够飞行 2040 千米,最快的时候是每小时 760 千米,则 4 小时能够飞行 3040 千米,B 选项符合题意,故选 B。

4. D 【解析】本题考查命题的判断。A 选项,2 是质数但不是合数,故 A 项错误;B 选项,$3x-4y=0$,则 $3x=4y$,即 $\frac{y}{x}=\frac{3}{4}$,则 x 与 y 成正比例,故 B 项错误;C 选项,三角形两边之和大于第三边,故 C 项错误。故选 D。

5. C 【解析】本题考查梯形的性质。如图,以 AB 为梯形的底,过点 C 作直线 l 平行于 AB,则四边形 $ABCD$,$ABCE$,$ABCF$ 都为梯形;以 BC 为梯形的底,则过点 A 作直线 m 平行于 BC,则四边形 $BCGA$,$BCHA$ 为梯形,共 5 种不同的选择,故选 C。

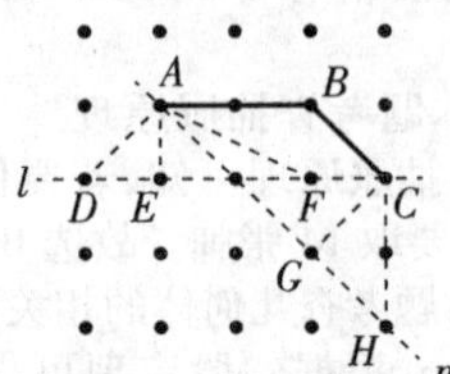

6. B 【解析】本题考查多边形内角和。n 边形的内角和是 $(n-2)\times180°$,当 $n=6$ 时,内角和为 720°,故选 B。

7. D 【解析】本题考查代数式求值。$72.5<100$,$\frac{72.5}{20}\approx4$,故应付 $4\times0.80=3.2$(元),故选 D。

8. B 【解析】本题考查几何体的三视图。从正面观察,该几何图形下层从左到右分别是由一个正方体、三个正方体、一个正方体、一个正方体组成。第二层有两个正方体。故选 B。

9. C 【解析】本题考查一元一次方程的应用。设全班原有 x 人,则 $\frac{3}{8}x+4=\frac{4}{9}(x+4)$,解得 $x=32$。故选 C。

10. B 【解析】$3998\div4=999\cdots\cdots2$,故有 999 个数能被 4 整除。

11. C 【解析】本题考查矩形的性质。连结关于圆心对称的点,可以得到六条直径,因为直径所对的圆周角是直角,则以其中任意两条为对角线的四边形即为矩形,共 $C_6^2=15$ 种选择。故选 C。

12. A 【解析】本题考查一元二次方程根的性质。一元二次方程 $x^2-3x+m=0$ 有两个不相等的实数根,则该方程的判别式为 $\Delta=9-4m>0$,解得 $m<\frac{9}{4}$。故选 A。

13. D 【解析】本题考查数的运算。设小明有 n 本书,则所有书的编号之和为 $\frac{n(n+1)}{2}$,所有书的编号之和是 100 的倍数,且小于 1000,则 $n(n+1)$ 是 200 的倍数,易验证当 n 取 24 时,所有书的编号之和是 100 的倍数,且小于 1000。故选 D。

14. C 【解析】本题考查百分数应用题。假设商品的原价为 1,降价 30%,则降价后价格为 0.7,后又提价 30%,则此时价格为 $0.7\times1.3=0.91<1$,现价降低了。故选 C。

15. C 【解析】本题考查含参等式的计算。$\because\sqrt{a-b}\geq0$,$|b-1|\geq0$,且 $\sqrt{a-b}+|b-1|=0$,则 $\sqrt{a-b}=$

0，$|b-1|=0$，故 $a=b=1$，$a+1=2$，故选 C。

16. B 【解析】本题考查一元一次方程的应用。设该酒精瓶的底面积为 $x\ \mathrm{cm}^2$，正放时，瓶内酒精的体积表示为 $6x\ \mathrm{cm}^3$；倒放时，瓶内空腔的体积为 $2x\ \mathrm{cm}^3$，那么酒精体积可表示为 $(26.4\pi-2x)\mathrm{cm}^3$，列出方程 $6x=26.4\pi-2x$，解得 $x=3.3\pi$，则瓶内酒精有 $6\times3.3\pi=19.8\pi(\mathrm{cm}^3)$。故选 B。

17. B 【解析】本题考查抽屉原理。一副扑克牌有 13 种点数，由抽屉原理可知，若要保证有两张点数相同，至少要取 14 张牌。故选 B。

18. C 【解析】本题考查几何体的相关计算。设该球的半径为 r cm，根据勾股定理可得 $(16-r)^2+\left(16\times\frac{1}{2}\right)^2=r^2$，解得 $r=10$ cm。故选 C。

19. C 【解析】本题考查相遇问题。$400\div(120-80)=10$(分钟)；$400\div(120-70)=8$(分钟)；$400\div(80-70)=40$(分钟)，8，10，40 的最小公倍数为 40，所以经过 40 分钟后三个人可以第一次相遇。故选 C。

20. D 【解析】本题考查函数图象。由图知，该容器为圆锥形容器，当滴水速度相同时，刚开始水位上升得较快，随着时间的增加，单位时间内容器中的水位上升会越来越慢。故选 D。

二、填空题

21. 12

【解析】本题考查角的放大与缩小。用放大镜看角，是将角整体放大，角的度数是不变的。

22. $-\sqrt{3}$；$\sqrt{2}-1$

【解析】本题考查数的相关运算。A,B,C 中最小的数是 $-\sqrt{3}$，$|AB|=\left|-\sqrt{2}\right|-|-1|=\sqrt{2}-1$。

23. 667；4150；3；50000

【解析】本题考查单位的换算。1 亩 ≈ 667 平方米；1 吨 = 1000 公斤，那么 4.15 吨 = 4150 公斤；1 立方分米 = 1000 毫升，所以 3000 毫升 = 3 立方分米；1 公顷 = 10000 平方米，所以 5 公顷 = 50000 平方米。

24. 124

【解析】本题考查数的乘积。末尾的 0 是由 2×5 产生的，所有偶数都能整除 2，故含有 2 的因数个数一定大于含有 5 的因数个数，只需找出因数中有 5 的个数。5 的倍数有 100 个，25 的倍数有 20 个，125 的倍数有 4 个，故共有 $100+20+4=124$ 个 0。

25. 4

【解析】本题考查找次品问题。

第一次：将 28 个球分为两份，每份各 14 个，分别放在天平两侧，较重的一份有次品。

第二次：将较重的一份分为两份，每份各 7 个，分别放在天平两侧，较重的一份有次品。

第三次：将较重的一份分为 3，3，1 三份，天平两边各放 3 个，若平衡则剩下的一个为次品，不平衡则较重的一份有次品。

第四次：在较重的 3 个球中取出 2 个分别放在天平两侧，若平衡，则剩下的一个为次品，不平衡则较重的一个为次品。

综上，至少称 4 次，才能确定这个次品球。

26. $3+5+7+9=24$；$(7+5)\times\log_3 9=24$(答案不唯一)

【解析】本题考查数的运算。

27. 2418

【解析】本题考查等差数列的求和。

不超过 100 的自然数中：

3 的倍数相加为：$3+6+9+12+\cdots+96+99=(3+99)\times33\div2=1683$

5 的倍数相加为：$5+10+15+\cdots+95+100=(5+100)\times20\div2=1050$

3 和 5 的倍数相加为：$15+30+\cdots+75+90=(15+90)\times6\div2=315$

那么 3 或 5 的倍数相加为 $1683+1050-315=2418$。

三、解答题

28. 【解析】(1)2，3，5，6，8，9 以及最中心的圆不动，将 1 移至图形最下方，4，7 两个圆分别移至 2，9 两侧，如图所示：

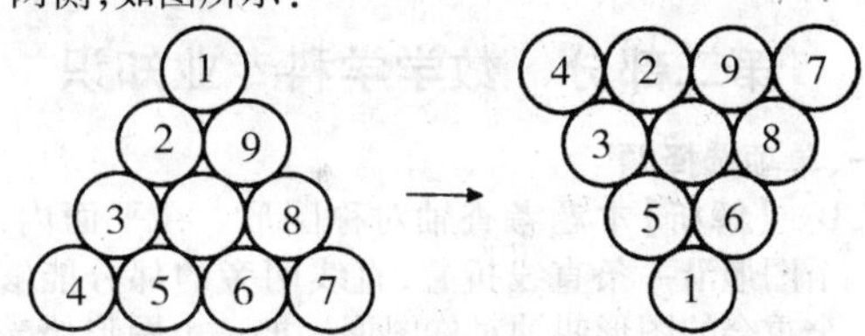

(2)1，4，7 三个圆都表示“学”这个字时，能使 $\triangle ABC$ 中边 AB，AC，BC 连成同样一句话，这句话是“学好数学”。

29. 【解析】本题考查三角形、扇形面积的计算。三角板和量角器重叠部分为扇形 AOB 和 $\triangle OBC$，其中 $\angle AOB=120°=\frac{2\pi}{3}$，那么 $\angle BOC=60°$，易知 $\angle OBC=30°$，$OC=2$ cm，在直角三角形中，30° 角所对直角边等于斜边的一半，所以 $OB=2OC=4$ cm，$BC=2\sqrt{3}$ cm，则 $S_{\triangle BOC}=\frac{1}{2}\cdot OC\cdot BC=\frac{1}{2}\times2\times2\sqrt{3}=2\sqrt{3}\mathrm{cm}^2$；

$\because OB=4$ cm，即扇形 AOB 的半径为 4 cm，所对圆心角 $\angle AOB=120°=\frac{2\pi}{3}$，那么 $S_{扇形AOB}=\frac{120\pi\times16}{360}=\frac{16\pi}{3}(\mathrm{cm}^2)$，所以三角板和量角器重叠部分的面积为 $\left(\frac{16\pi}{3}+2\sqrt{3}\right)\mathrm{cm}^2$。

四、简答题

30.【参考答案】本题考查错因分析。(1)产生三个答案的原因是学生计算时对圆周率的取值不同。圆锥的侧面是一个扇形,其侧面积为 $S=\frac{1}{2}lr$(l 是扇形的弧的长度,也等于圆锥底面周长;r 是扇形的半径,也等于圆锥的母线长),则圆锥的侧面积 $S=\frac{1}{2}\times2\pi\times3\times12=36\pi(\text{cm}^2)$,当 π 取3.1时,$S=36\times3.1=111.6\approx112(\text{cm}^2)$;当 π 取3.14时,$S=36\times3.14=113.04\approx113(\text{cm}^2)$。所以圆锥的侧面积是113 cm^2 或112 cm^2。

(2)题目已标注,结果精确到个位数,说明结果需用数字表示,不能用含有 π 的式子表示。如果仅从考查圆锥侧面积计算的角度,可以给定圆周率 π 的取值,如添加备注"π 取3.14",也可以将原题中的备注"结果精确到个位数"改为"结果用含有 π 的式子表示"。

31.【参考答案】本题考查教学设计。教学片段:

师:经过大家的思考和小组之间的讨论,我们得到了四种"两位数乘三位数"的方法,下面让我们一起来看一看,并选出自己认为最好的计算方法吧。

第一种方法:将两位数21拆分成一个20和一个1,先让它们分别和114相乘,再把二者的结果相加,得数即为 114×21 的计算结果。

第二种方法:将两位数21拆成两个一位数7和3,变成了我们熟悉的三位数乘一位数的计算。请同学们用这种方法计算一下 114×13。通过计算发现第二种方法是有局限性的,当因数为质数时,该方法并不适用。

第三种方法:将三位数和两位数都拆开,让它们分别相乘,再相加。我们发现前三种方法用的其实都是拆分法,但是不同的拆法会产生不同的效果。

第四种方法:采用竖式计算。下面同学们讨论一下两位数乘三位数的竖式计算的步骤和需要注意的地方吧。(学生讨论,教师巡视)

讨论交流后总结:①先用两位数个位上的数去乘三位数,得数的末位和两位数的个位对齐。②再用两位数十位上的数去乘三位数,得数的末位和两位数的十位对齐。③最后将两次乘得的数相加,满十进一。计算过程中,要特别注意每次相乘时积的定位要准确,乘数中间有0时不能漏乘,进位要正确。

评分标准:本题共6分。答出教师引导学生探索四种计算方法的过程与总结可得6分。少答一种计算方法扣1分,缺少总结扣2分。

32.【参考答案】本题考查《义务教育数学课程标准》(2011年版)中空间观念的教学实施。空间观念主要是指根据物体特征抽象出几何图形,根据几何图形想象出所描述的实际物体;想象出物体的方位和相互之间的位置关系;描述图形的运动和变化;依据语言的描述画出图形等。"长方体的认识"这一课渗透"空间观念"的方法如下:

(1)呈现平面运动,实现面向体的转化。在教学"长方体的认识"这一课时,教师准备若干同样的长方形白纸,将长方形白纸进行叠加,问继续叠加很多张白纸后,会得到什么样的图形?让学生想象后,再通过电脑演示平面运动的情境。从运动后的实物中抽象出立体图形,最后导入课题。这个环节巧妙地实现了从长方形向长方体的过渡,帮助学生实现从二维空间到三维空间的思维转化,促进了学生空间观念的发展。

(2)巧用直观教具,实现体向面的还原。在认识长方体的面、棱和顶点三个概念时,先让学生亲手感受长方体实物,并引导学生说出物体表面平平的地方就是它的面,两个面相交的地方有一条边,叫作棱,还有很多尖尖的地方,叫作顶点。这样,学生从实物中对面、棱和顶点有了初步的感知认识。要充分利用实物与直观教具,输入学生想象所需要的物质基础,帮助学生理解相关概念,并建立空间观念。

(3)实施动手操作,经历立体框架的构建。在认识长方体一课的合作探究环节,让学生观察长方体实物,想象长方体的平面展开图,小组合作组装一个长方体,再利用长方体实物讨论交流长方体的特征,有利于发展学生的动手操作能力、空间观念和推理能力。

评分标准:本题共6分。答出"长方体的认识"一课中渗透"空间观念"的三个方面——"面向体的转化""体向面的还原""立体框架的构建"并展开叙述可得6分,少答一个方面扣2分。

预测试卷

浙江省教师招聘考试小学数学预测试卷(一)

一、单项选择题

1. A 【解析】本题考查数的基本运算。设这两个自然数分别为 a,b,(a,b) 表示最大公约数,$[a,b]$ 表示最小公倍数,则 $a\times b=(a,b)\times[a,b]=180$,$a-b=3$,$a,b$ 相差很小,试把 $a\times b=180$ 分成相近的两个数的乘积:$180=4\times3\times3\times5=(4\times3)\times(3\times$

5）$=12\times15$。这两个自然数是 12 和 15。故选 A。

2. D 【解析】本题考查整除与余数。由于这个数除 345 和 543 的余数相同，那么它能整除 $543-345$，并且得到的商为 33，所以这个数为 $(543-345)\div33=6$。

3. B 【解析】本题考查分数与小数的转化及规律探索。$2\frac{5}{7}=2.\dot{7}1428\dot{5}$，循环节是 714285，有六位数字，因为 $200\div6=33\cdots\cdots2$，所以小数部分的第 200 个数字是 1。

4. C 【解析】本题考查直线与圆的位置关系。曲线 $y=3-\sqrt{4x-x^2}$ 表示圆 $(x-2)^2+(y-3)^2=4$ 的下半部分，当直线 $y=x+b$ 经过点 $(0,3)$ 时有一个交点（一种临界状态），b 取最大值 3；当直线与半圆相切时（另一种临界状态），b 取最小值，则有 $\frac{|2-3+b|}{\sqrt{2}}=2\Rightarrow b=1-2\sqrt{2}$ 或 $b=1+2\sqrt{2}$（舍去），即 $b_{\min}=1-2\sqrt{2}$。故 b 的取值范围为 $[1-2\sqrt{2},3]$。

5. A 【解析】本题考查工程类小学应用题。由分析可得，第二天 A、B 两个仓库的工作总量为 $\left(\frac{1}{10}+\frac{1}{12}+\frac{1}{15}\right)\times16=4$，因为两个仓库的工作量相同，所以 A 仓库的工作量是 $4\div2=2$，所以丙在 A 仓库工作的时间是 $\left(2-\frac{1}{10}\times16\right)\div\frac{1}{15}=6$（小时）。所以，丙在 A 仓库工作了 6 小时。

6. D 【解析】本题考查平面向量的运算。由 $|\boldsymbol{a}|=1$，$|\boldsymbol{b}|=2$，$|\boldsymbol{a}-\boldsymbol{b}|=2$，$(\boldsymbol{a}-\boldsymbol{b})\cdot(\boldsymbol{a}-\boldsymbol{b})=\boldsymbol{a}^2-2\boldsymbol{a}\cdot\boldsymbol{b}+\boldsymbol{b}^2=|\boldsymbol{a}-\boldsymbol{b}|^2=4$，得 $2\boldsymbol{a}\cdot\boldsymbol{b}=1$，$\therefore(\boldsymbol{a}+\boldsymbol{b})\cdot(\boldsymbol{a}+\boldsymbol{b})=\boldsymbol{a}^2+2\boldsymbol{a}\cdot\boldsymbol{b}+\boldsymbol{b}^2=6$，$\therefore|\boldsymbol{a}+\boldsymbol{b}|=\sqrt{6}$。

7. B 【解析】本题考查简单几何体的体积。如图，画出圆柱的轴截面，因为圆柱的高为 1，它的两个底面的圆周在直径为 2 的同一个球的球面上，所以 $AC=1$，$AB=\frac{1}{2}$。设圆柱的底面圆半径为 r，在 $\mathrm{Rt}\triangle ABC$ 中，$AB^2+BC^2=AC^2$，即有 $\left(\frac{1}{2}\right)^2+r^2=1^2$，解得 $r=\frac{\sqrt{3}}{2}$，所以圆柱的体积 $V=\pi r^2\times1=\frac{3\pi}{4}$。

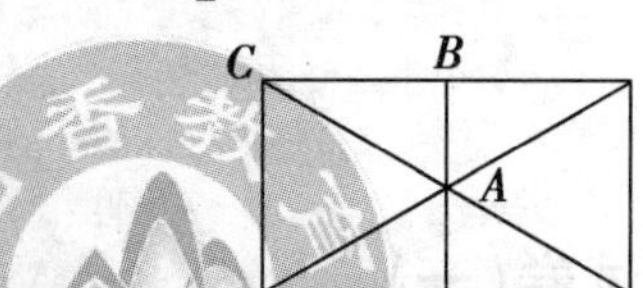

8. B 【解析】本题考查无穷小量。对于选项 A，$\lim\limits_{x\to0}\frac{e^x-\left(1+\frac{x}{2}\right)^2}{x}=\lim\limits_{x\to0}\frac{e^x-2\left(1+\frac{x}{2}\right)\cdot\frac{1}{2}}{1}=0$，则 $e^x-\left(1+\frac{x}{2}\right)^2$ 是 x 的高阶无穷小；对于选项 B，$\lim\limits_{x\to0}\frac{e^x-\left(1+\frac{x}{2}\right)^2}{x^2}=\lim\limits_{x\to0}\frac{e^x-1-\frac{x}{2}}{2x}=\lim\limits_{x\to0}\frac{e^x-\frac{1}{2}}{2}=\frac{1}{4}$，则 $e^x-\left(1+\frac{x}{2}\right)^2$ 与 x^2 是同阶无穷小；对于选项 C，$\lim\limits_{x\to0}\frac{e^x-\left(1+\frac{x}{2}\right)^2}{x^3}=\lim\limits_{x\to0}\frac{e^x-1-\frac{x}{2}}{3x^2}=\lim\limits_{x\to0}\frac{e^x-\frac{1}{2}}{6x}=\infty$；对于选项 D，$\lim\limits_{x\to0}\frac{e^x-\left(1+\frac{x}{2}\right)^2}{x^4}=\lim\limits_{x\to0}\frac{e^x-1-\frac{x}{2}}{4x^3}=\lim\limits_{x\to0}\frac{e^x-\frac{1}{2}}{12x^2}=\infty$。故选 B。

9. D 【解析】本题考查函数的极值。由题意知，$f(1)=a+b+1=3$，$f'(1)=3a+b=0$，两式联立解得，$a=-1$，$b=3$，故选 D。

10. D 【解析】本题考查排列组合。由于同类节目不相邻，则首先将歌舞类节目全排共有 $A_3^3=6$ 种情况；在歌舞类节目中插空排小品类和相声类节目，此时分两种情况：①由于相声类节目有 1 个，则歌舞类节目中插排 1 个小品类和 1 个相声类节目，有 $C_2^1A_2^2=4$ 种情况，最后在两端插排 1 个小品类节目，此时同类节目不相邻的排法共有 $6\times4\times2=48$ 种情况；②先插排小品类节目，再插排相声类节目，此时同类节目不相邻的排法共有 $A_3^3A_2^2C_6^1=72$ 种情况。综上可得，同类节目不相邻的排法有 $48+72=120$（种）。故选 D。

11. A 【解析】本题考查列方程解应用题。将工作量看作“1”，设有 x 台计算机，y 小时完成，则每台计算机每小时完成 $\frac{1}{xy}$，则有 $\frac{(x+3)}{xy}\times0.75y=1$，解得 $x=9$。若减少 3 台计算机，则 $(9-3)\times\frac{1}{9y}\times\left(y+\frac{5}{6}\right)=1$，解得 $y=\frac{5}{3}$。故选 A。

12. A 【解析】本题考查比例问题。设这两种糖水的质量都为 35，则混合后的糖和水的质量比为 $\left(\frac{4}{5}\times35+\frac{3}{7}\times35\right):\left(\frac{1}{5}\times35+\frac{4}{7}\times35\right)=43:27$。

13. B 【解析】本题考查几何概型。矩形 $ABCD$ 的面积为 $2\times1=2$。动点 M 到顶点 A 的距离 $|AM|\leqslant1$ 的平面区域，是以 A 为圆心，半径等于 1 的 $\frac{1}{4}$ 圆，其面积为 $\frac{\pi}{4}$。所以动点 M 到顶点 A 的距离 $|AM|\leqslant1$ 的概率 $P=\frac{\frac{\pi}{4}}{2}=\frac{\pi}{8}$。

14. C 【解析】本题考查综合知识。梯形 $ABCD$ 中，$AD /\!/ BC$，$S_{\triangle ABD}=S_{\triangle AED}+S_{\triangle ABE}$，$S_{\triangle ACD}=S_{\triangle ADE}+S_{\triangle CED}$，$S_{\triangle ABD}=S_{\triangle ACD}$，因此 $S_{\triangle ABE}=S_{\triangle CED}$，(1)正确；设A、B两地相距 s，汽车从A地开到B地的时间 $t_1=\frac{s}{v_1}$，从B地开到A地的时间 $t_2=\frac{s}{v_2}$，则汽车往返一次的平均速度是 $\frac{2s}{t_1+t_2}=\frac{2s}{\frac{s}{v_1}+\frac{s}{v_2}}=\frac{2v_1v_2}{v_1+v_2}$，故(2)错；三角形的三条高的交点可以在三角形的边上，也可能在三角形外部，故(3)错；设商品原价格为1，上升5%又下降5%后的价格为 $1\times(1+5\%)(1-5\%)=0.9975<1$，故(4)正确；如果切 n 刀，最多可以把一个平面切成 $(n^2+n+2)\div 2$ 块，因此(5)正确；等比数列 $\{a_n\}$ 中，$a_2a_4=a_1a_5=a_3^2=6$，则 $a_1a_3^2a_5=a_3^4=36$，故(6)正确。故选C。

15. A 【解析】本题考查数学思想方法教学模式的流程的识记。实施小学数学思想方法教学模式的一般流程是操作—引导—显现—领悟。故本题选A。

二、填空题

16. 15

【解析】本题考查数的基本运算。将120进行分解质因数得 $120=2\times2\times2\times3\times5=(2\times2)\times(2\times3)\times5$，$2\times2=4$，$2\times3=6$，则三个连续自然数分别是4，5，6，所以其和是 $4+5+6=15$。

17. 110

【解析】本题考查分数的运算。由题意知，x 的分母是由18个分数相加所得，其中最大的一个分数是 $\frac{1}{1980}$，最小的一个分数是 $\frac{1}{1997}$。利用放缩法，若将18个分数都放大成 $\frac{1}{1980}$，则和为 $\frac{18}{1980}$，若将它们都缩小成 $\frac{1}{1997}$，则和为 $\frac{18}{1997}$，所以 x 在 $\frac{1}{\frac{18}{1980}}$ 与 $\frac{1}{\frac{18}{1997}}$ 之间。又因为 $\frac{1}{\frac{18}{1980}}=\frac{1980}{18}=110$，$\frac{1}{\frac{18}{1997}}=\frac{1997}{18}=110\frac{17}{18}$，所以 x 的整数部分是110。

18. 甲、乙

【解析】本题考查逻辑推理类应用题。由题意知D证人说了实话，则C证人的证词是假的，则A、B两个证人说的没有一个是真的，即都是假的，所以甲、乙都有罪。

19. $2n+1$

【解析】本题考查平面图形及规律探索问题。当三角形内有1个点时，能分成3个小三角形；当有2个点时，能分成5个小三角形；当有3个点时，能分成7个三角形，……，故当三角形内有 n 个点，连同三角形的顶点共 $n+3$ 个点时，共能分成 $2n+1$ 个三角形。

20. $\frac{9}{4}$

【解析】本题考查简单几何体的性质。设甲、乙两个圆柱的底面半径分别为 r_1，r_2，高分别为 h_1，h_2，则有 $2\pi r_1h_1=2\pi r_2h_2$，即 $r_1h_1=r_2h_2$。又 $\frac{V_1}{V_2}=\frac{\pi r_1^{\ 2}h_1}{\pi r_2^{\ 2}h_2}=\frac{3}{2}$，所以 $\frac{V_1}{V_2}=\frac{r_1}{r_2}=\frac{3}{2}$，则 $\frac{S_1}{S_2}=\left(\frac{r_1}{r_2}\right)^2=\frac{9}{4}$。

21. 29

【解析】本题考查简单的线性规划。如图，可行域为 $\triangle ABC$ 的区域，得 $A(5,2)$，$B(1,1)$，$C\left(1,\frac{22}{5}\right)$，作出直线 $l:5x+2y=0$，再将直线平移，当 l 经过 A 点时，y 轴截距最大，此时 z 取得最大值，$z_{\max}=29$。

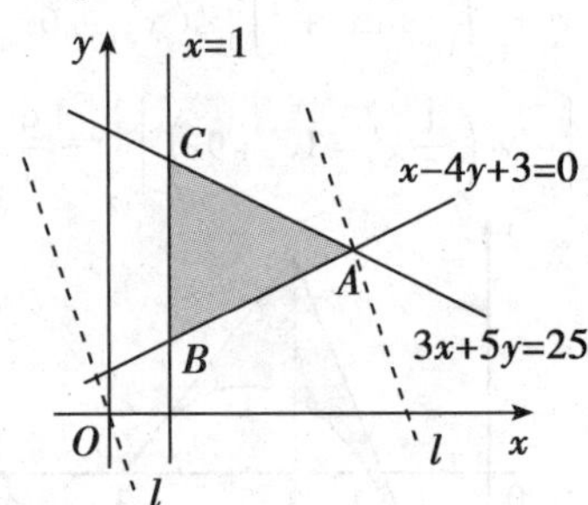

22. $\frac{x^2}{36}+\frac{y^2}{9}=1$

【解析】本题考查椭圆的性质及标准方程。设椭圆的长半轴长为 a，由题意知 $2a=12$，解得 $a=6$，又椭圆的离心率为 $\frac{\sqrt{3}}{2}$，即 $\frac{c}{a}=\frac{\sqrt{3}}{2}$，解得 $c=3\sqrt{3}$，则 $b^2=a^2-c^2=9$，故椭圆 C 的标准方程为 $\frac{x^2}{36}+\frac{y^2}{9}=1$。

23. -2

【解析】本题考查分段函数的连续性。因为 $\left|\sin\frac{1}{x}\right|\leqslant 1$，所以 $\lim\limits_{x\to 0}f(x)=\lim\limits_{x\to 0}x\sin\frac{1}{x}=0$。若函数 $f(x)$ 在 $x=0$ 处连续，则 $a+2=0$，故 $a=-2$。

24. $2\sqrt{3}$

【解析】本题考查直线与圆的位置关系。如图，取 AB 的中点 C，连结 OC，OA，则 $OC\perp AB$，$|OA|=2\sqrt{2}$，圆心$(0,0)$到直线 $x-2y+5=0$ 的距离为 $d=$

$\dfrac{|0-2\times0+5|}{\sqrt{1^2+(-2)^2}}=\sqrt{5}$，所以 $|AC|=\sqrt{8-5}=\sqrt{3}$，所以 $|AB|=2|AC|=2\sqrt{3}$。

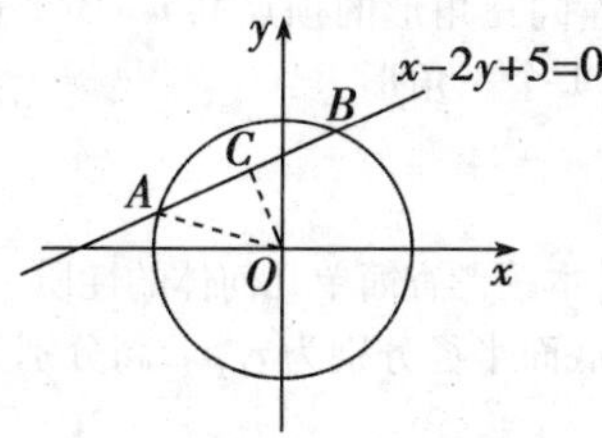

25. $\dfrac{9}{4}$

【解析】本题考查定积分的应用。由抛物线方程，得 $y'=-2x+4$，则 $y'|_{x=0}=4$，$y'|_{x=3}=-2$，故抛物线在点 $(0,-3)$ 和 $(3,0)$ 处的切线分别为 $y=4x-3$，$y=-2x+6$，联立方程得两条直线的交点为 $\left(\dfrac{3}{2},3\right)$（如图），故所求面积为 $A=\int_0^{\frac{3}{2}}[4x-3-(-x^2+4x-3)]\mathrm{d}x+\int_{\frac{3}{2}}^{3}[-2x+6-(-x^2+4x-3)]\mathrm{d}x=\int_0^{\frac{3}{2}}x^2\mathrm{d}x+\int_{\frac{3}{2}}^{3}(x^2-6x+9)\mathrm{d}x=\dfrac{1}{3}x^3\Big|_0^{\frac{3}{2}}+\left(\dfrac{1}{3}x^3-3x^2+9x\right)\Big|_{\frac{3}{2}}^{3}=\dfrac{9}{4}$。

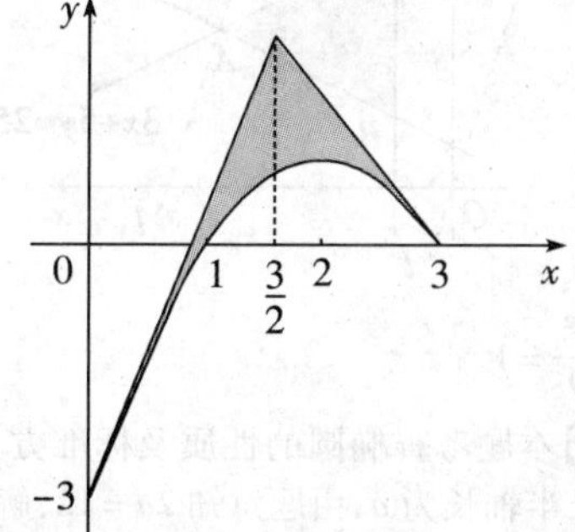

三、解答题

26.【解析】本题考查列方程解应用题。服装店这笔生意盈利。理由如下：设第一次购进衬衫 x 件，

根据题意得 $\dfrac{8000}{x}+4=\dfrac{17600}{2x}$，

解得 $x=200$。

经检验 $x=200$ 是原方程的解。

故盈利额 $=58\times(200+400)-(17600+8000)=9200$（元）$>0$。

答：该服装店这笔生意是盈利的，盈利 9200 元。

27.【解析】本题考查双曲线的几何性质及其应用。因为 $e=\sqrt{3}$，所以 $b^2=2a^2$，所以双曲线方程可化为 $2x^2-y^2=2a^2$。设直线 l 的方程为 $y=x+m$，联立 $\begin{cases}y=x+m,\\2x^2-y^2=2a^2,\end{cases}$ 得 $x^2-2mx-m^2-2a^2=0$，所以 $\Delta=4m^2+4(m^2+2a^2)>0$，所以直线 l 一定与双曲线相交。设 $P(x_1,y_1)$，$Q(x_2,y_2)$，$R(0,m)$，则 $x_1+x_2=2m$，$x_1x_2=-m^2-2a^2$，因为 $\overrightarrow{PR}=3\overrightarrow{RQ}$，所以 $-x_1=3x_2$，所以 $x_2=-m$，$-3x_2^2=-m^2-2a^2$，消去 x_2，得 $m^2=a^2$，又 $\overrightarrow{OP}\cdot\overrightarrow{OQ}=x_1x_2+y_1y_2=2x_1x_2+m(x_1+x_2)+m^2=m^2-4a^2=-3$，所以 $m=\pm1$，$a^2=1$，$b^2=2$。故直线 l 的方程为 $y=x\pm1$，双曲线的方程为 $x^2-\dfrac{y^2}{2}=1$。

28.【解析】本题考查数列通项公式及数列求和。

(1)设等差数列 $\{a_n\}$ 的公差为 $d(d>0)$，$\because a_3=5$，$\therefore a_1=5-2d$，$a_7-a_5=2d$，$a_3+a_6=10+3d$，$\because a_1$，a_7-a_5，a_3+a_6 成等比数列，$\therefore 4d^2=(5-2d)(10+3d)$，解得 $d=2$ 或 $d=-\dfrac{5}{2}$（舍去），$\therefore a_1=5-2d=1$，$\therefore a_n=2n-1$。

(2)由(1)得 $b_n=\dfrac{2}{a_na_{n+1}}=\dfrac{2}{(2n-1)(2n+1)}=\dfrac{1}{2n-1}-\dfrac{1}{2n+1}$，则 $S_n=b_1+b_2+\cdots+b_n=1-\dfrac{1}{3}+\dfrac{1}{3}-\dfrac{1}{5}+\cdots+\dfrac{1}{2n-1}-\dfrac{1}{2n+1}=1-\dfrac{1}{2n+1}=\dfrac{2n}{2n+1}$。$\because S_n>\dfrac{24}{25}$，$\therefore \dfrac{2n}{2n+1}>\dfrac{24}{25}$，解得 $n>12$ $(n\in\mathbf{N}_+)$，则满足 $S_n>\dfrac{24}{25}$ 的 n 的最小值为 13。

四、论述题

29.【参考答案】本题考查教学知识。小学数学中的运算定律包括：加法交换律、加法结合律、乘法交换律、乘法结合律、乘法分配律。小学数学规则教学的过程与方法分为例证—规则和规则—例证两种。其中“例证—规则”法是先呈现与数学规则有关的若干例证，再引导学生观察、分析，逐步概括出一般结论，从而获得数学规则。“例证—规则”的学习模式与概念形成的学习类似，是数学规则的发现学习；“规则—例证”教学模式是指教师先向学生呈现某个规则，然后通过若干的实例来说明规则的一种教学模式。以“乘法分配律”的规则学习为例，一般过程如下：

(1)引导观察。学生先复述乘法结合律，进行简单口算并说出例题运算顺序及算式结果。

(2)比较分析。以例题形式展示乘法分配律的应用题，尝试两种不同解法，进行比较分析。

(3)归纳概括。从例题中发现并总结规律，告知学生乘法分配律的计算法则并进行巩固练习。

五、案例分析题

30.【参考答案】本题考查教学知识。(1)在课堂教学活动中，老师为了调动学生的积极性，经常根据学生的回答、思考、探索、讨论的情况加以即兴评价。即兴评价用得恰当、轻巧、精妙，能提升课堂活力，进一步促进学生有效学习。在上例中教师用了几个“假如”保护了学生质疑的积极性，同

时,又让学生认识到自己举的例子的片面性,可谓一举两得。

(2)我认为学生学习射线的难点是:对于无限延伸概念的理解,和对于射线与直线、线段之间的区别与联系的理解和记忆。学习射线的重点是:①直线、射线、线段的表示方法及两点确定一条直线。②使用简单的几何语言描述射线的特点。

六、教学设计题

31.【参考答案】本题考查教学设计。

分数的简单计算

教学目标:

知识与技能目标:初步理解简单的同分母分数加、减法的算理。

过程与方法目标:通过合作探索、对比观察,初步感知同分母分数加、减法的计算方法,渗透数形结合的数学思想。

情感态度与价值观目标:培养学生自主探索的学习理念,并获得运用知识解决问题的成功体验。

教学重点:学会简单的同分母分数加、减法的计算方法,能正确计算。

教学难点:理解算理,正确计算。

教学过程:

一、复习旧知,引入新课

1. 让学生任意说出几个想到的分数,教师随机板书这些分数。

2. 根据板书,让学生说一说这些分数里分别包含几个几分之一。

二、动手操作,探索交流

1. 提出问题。

(1)课件出示分西瓜的情境图。将一个西瓜平均分成8块,哥哥吃了2块,弟弟吃了1块。

(2)从上面的图中,你知道了什么?

(引导学生用数学语言描述:哥哥吃了西瓜的$\frac{2}{8}$,弟弟吃了西瓜的$\frac{1}{8}$)

(3)根据这两个信息,你能提出什么数学问题?

(预设)问题1:哥哥和弟弟一共吃了这个西瓜的几分之几?

问题2:哥哥比弟弟多吃了西瓜的几分之几?

问题3:西瓜还剩下几分之几?

……

2. 探究同分母分数的加法。

(1)教师有意识地选择第1个问题,要求学生列出算式。

师:解决这个问题怎样列式?

生:$\frac{2}{8}+\frac{1}{8}$。

(2)猜一猜。

师:谁来猜一猜$\frac{2}{8}+\frac{1}{8}$等于多少?

生1:$\frac{3}{16}$。

生2:$\frac{3}{8}$。

(3)操作验证答案。

师:现在出现了两种答案,到底哪个正确呢?(板书:打个问号)我们想办法来验证一下好吗?

老师给每个小组准备了一些材料,你们可以画一画、折一折,看看正确答案究竟是哪个,开始吧!(讨论时间3分钟)

师:哪个组上来说说你们是怎么验证的?

生:我是折纸的。$\frac{2}{8}$是2块,$\frac{1}{8}$是1块,一共是3块,所以等于$\frac{3}{8}$。

师追问:把这个圆平均分成了8份,2份是几个$\frac{1}{8}$,1份是几个$\frac{1}{8}$,合起来是几个$\frac{1}{8}$?

生:2份是2个$\frac{1}{8}$,1份是1个$\frac{1}{8}$,合起来是3个$\frac{1}{8}$,就是$\frac{3}{8}$。

师:有没有用画图来验证的?(实物投影)

生:把一个长方形平均分成8份,先涂了2份,又涂了1份,一共涂了3份,是$\frac{3}{8}$。

师:不错,同学们很会动脑筋!

师:同学们,现在你们能告诉我$\frac{2}{8}+\frac{1}{8}$等于多少吗?

生:$\frac{2}{8}+\frac{1}{8}=\frac{3}{8}$。

师:刚才我们通过观察,自己动手折一折、涂一涂等活动充分理解了$\frac{2}{8}+\frac{1}{8}=\frac{3}{8}$的意义。在计算$\frac{2}{8}+\frac{1}{8}$时可以这样想:2个$\frac{1}{8}$加1个$\frac{1}{8}$是3个$\frac{1}{8}$,就是$\frac{3}{8}$。

(4)算理小结。

师:请同学们仔细观察这些算式,你有什么发现?

生3:这些分数的分母相同。

生4:同分母的分数相加分母不变。

生5:得数的分子等于加数的分子之和。

师:同学们观察得真仔细,那谁来说说同分母的分数相加的计算法则?

生:分母不变,分子相加。

师:对!同分母的分数相加,分母不变,分子相加。

3. 探究同分母分数的减法。

(1)观察课件:哥哥比弟弟多吃了西瓜的几分之几?

(2)猜一猜,怎么列式?

生:$\frac{2}{8}-\frac{1}{8}$。

师：$\frac{2}{8}-\frac{1}{8}$等于多少呢？

生：$\frac{2}{8}-\frac{1}{8}=\frac{1}{8}$。

师：同意吗？

生：同意！

师：为什么$\frac{2}{8}-\frac{1}{8}=\frac{1}{8}$呢？同桌两人先交流一下，说说你是怎么想的。

师：谁能说明为什么$\frac{2}{8}-\frac{1}{8}=\frac{1}{8}$？

生6：哥哥吃了2份西瓜，弟弟吃了1份，哥哥比弟弟多吃了1份，1份就是$\frac{1}{8}$。

师：同意这种想法吗？

生：同意。

师：谁还有不同的想法？

生7：2个$\frac{1}{8}$减去1个$\frac{1}{8}$，等于1个$\frac{1}{8}$，就是$\frac{1}{8}$。

师：明白这种想法吗？

师：看！（电脑演示：动画）红色部分占了这个圆的几分之几？

生：$\frac{2}{8}$。

师：（课件继续演示）是几个$\frac{1}{8}$？减去几个$\frac{1}{8}$？剩下几个$\frac{1}{8}$？就是几分之几？

师：谁能连起来说一说？

生8：2个$\frac{1}{8}$减去1个$\frac{1}{8}$，等于1个$\frac{1}{8}$，就是$\frac{1}{8}$。

师：同桌两人互相说一说。

师：谁能再出几道分数的减法题来考考大家？

生9：$\frac{3}{5}-\frac{1}{5}$，$\frac{4}{6}-\frac{2}{6}$。

师：请同学们仔细观察这些减法算式，你有什么发现？

生10：这些分数的分母相同。

生11：同分母分数相减，分母不变。

生12：得数的分子等于被减数的分子减去减数的分子。

师：同学们观察得真仔细，那谁来说说同分母分数相减的计算法则？

生13：分母不变，分子相减。

师：其实，在计算同分母分数加减法时，分母不变，只要把分子相加或相减就行了。

三、课堂练习，巩固新知

（1）完成第97页“做一做”第1，2，3题。

（2）完成练习二十一第1，2题。

四、全课总结，升华认识

（1）通过这节课的学习，你有哪些收获？

（2）在计算同分母分数加、减法时，你是怎样计算的？

五、作业

对不同层次的学生分层次布置作业。

浙江省教师招聘考试小学数学预测试卷（二）

一、填空题

1. 200

【解析】本题考查优化问题。由题意可知，6瓶饮料的钱可以喝7瓶饮料，多一个空瓶：$240\div7=34\cdots\cdots2$，$34\times6=204$（瓶）。花204瓶的钱，可以喝$204+204\div6=238$瓶，剩余34个空瓶，换饮料后浪费；花203瓶的钱，可以喝$203+203\div6=236$瓶，剩余38个空瓶再换6瓶饮料，还剩8个空瓶，浪费；花202瓶的钱，可以喝$202+202\div6=235$瓶，剩余37个空瓶再换6瓶饮料，还剩7个空瓶，浪费；花201瓶的钱，可以喝$201+201\div6=234$瓶，剩余36个空瓶再换6瓶饮料，还剩6个空瓶，浪费；花200瓶的钱，可以喝$200+200\div6=233$瓶，剩余35个空瓶再换5瓶饮料，还剩10个空瓶，先拿6个空瓶换1瓶，喝完后再与其他4个空瓶合计是5个空瓶，赊一瓶饮料喝完共6个空瓶，可以换1瓶，正好抵偿刚才赊的那瓶，故无空瓶。所以买200瓶饮料时，一个空瓶都不剩，即240人至少买200瓶饮料，就能保证每人都喝一瓶。

2. 90

【解析】本题考查比例类小学应用题。根据烊烊与乐乐所得票数的比是3:2，乐乐与花花所得票数的比是6:5，可以求出烊烊、乐乐、花花所得票数的比是9:6:5，则烊烊所得票数为$200\times\frac{9}{9+6+5}=90$（张）。

3. −6

【解析】本题考查不等式组的解法。由不等式组可得$x>3+2b$且$x<\frac{1+a}{2}$，又不等式组的解集为$-1<x<1$，故可得到方程组$\begin{cases}\frac{1+a}{2}=1,\\3+2b=-1,\end{cases}$解得$a=1$，$b=-2$，故$(a+1)(b-1)=-6$。

4. 125

【解析】本题考查简单几何体的体积计算。一个长方体变为了两个正方体，说明原长方体的一组对面（假设为底面）为正方形，并且高是长、宽的二倍，截一刀多8个底边，可得长方体底面的边长为$40\div8=5$（厘米），所以正方体的体积是125立方厘米。

5. 48

【解析】本题考查自然数。100个自然数，奇数比偶数多，则奇数最少有51个，偶数最多有49个，

但是和为10000，为偶数，则奇数最少有52个，偶数最多有48个。

6. 4326

【解析】本题考查数与代数的运算及规律探索。由于运算符号表示的意义不变，根据题干中的几个算式，由一个数加上它本身的和仍为它本身，得数字3代表0；由一个数与它本身的乘积仍为它本身，得数字4代表1；$43-8=8$，而43相当于10，10减去一个数的差仍为这个数，得数字8代表5；$6\times6\times6=5$，得数字6代表2，5代表8；由$8-6=2$相当于$5-2=3$，得数字2代表3；由$46\div7=6$相当于$12\div6=2$，得数字7代表6。综上可得46×57相当于$12\times86=1032$，根据客星球的算术规则，1032是数4326。

7. 25.6

【解析】本题考查简单几何体的体积。设浸湿长度为$x$cm，则有$x=15\cdot15x\div(60\times60)+24=0.0625x+24$，解得$x=25.6$。

8. 112

【解析】本题考查工程类小学应用题。“哥哥栽了3小时后，又由弟弟栽了1小时”可以组合成“哥哥和弟弟合栽了1小时后，又由哥哥独自栽了2小时”，则哥哥每小时栽的树苗是总数的$\left(1-\frac{11}{16}-\frac{1}{8}\times1\right)\div(3-1)=\frac{3}{32}$，一共要移栽树苗$7\div\left[\frac{3}{32}-\left(\frac{1}{8}-\frac{3}{32}\right)\right]=112$（棵）。

9. 10

【解析】本题考查抽屉原理。若每种颜色摸3个，则无论什么情况摸到下一个球的颜色都会满足要求，根据抽屉原理，即需要$3\times3+1=10$（个），故至少摸出10个球才能保证至少有4个球的颜色相同。

10. $\frac{100}{7}$

【解析】本题考查小学数学行程追及类应用题。设行走的时间为t分钟。如图，①乙在AB边上时，$0\leqslant t\leqslant\frac{50}{17}$，甲走的路程为$0\leqslant42t\leqslant\frac{2100}{17}$（米），甲在$BC$或$AC$上；②乙在$BC$上时，$\frac{50}{17}\leqslant t\leqslant\frac{100}{17}$，甲走的路程为$\frac{2100}{17}\leqslant42t\leqslant\frac{4200}{17}$（米），甲在$AC$或$AB$上；③乙在$CA$上时，$\frac{100}{17}\leqslant t\leqslant\frac{150}{17}$，甲走的路程为$\frac{4200}{17}\leqslant42t\leqslant\frac{6300}{17}$（米），甲在$AB$或$BC$上；④乙又回到$AB$上时，$\frac{150}{17}\leqslant t\leqslant\frac{200}{17}$，甲走的路程为$\frac{6300}{17}\leqslant42t\leqslant\frac{8400}{17}$（米），甲在$BC$或$AC$上。在以上的几个时间段内两人均不会在同一边上；⑤乙又回到BC上时，$\frac{200}{17}\leqslant t\leqslant\frac{250}{17}$，甲走的路程为$\frac{8400}{17}\leqslant42t\leqslant\frac{10500}{17}$（米），甲在$AB$，$AC$或$BC$上，当甲走过600米时，刚好在$B$点，$t=\frac{600}{42}=\frac{100}{7}$（分），这时乙走了大约486米，在$BC$边上，刚好两人走在同一边上。故所求时间$t=\frac{100}{7}$（分）。

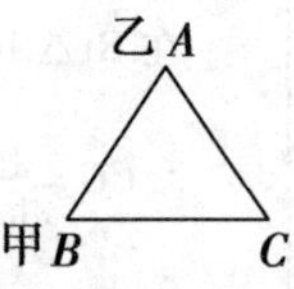

二、单项选择题

11. A 【解析】本题考查最优化问题。A商场，$300\div90\%\approx333$元；B商场，买300送30元券，$300+30=330$元，故A商场购物更合算一些。

12. C 【解析】本题考查逻辑推理。若甲说的是错误的，则最后得出与乙说的矛盾，故甲是正确的；若乙说的是错误的，则最后与甲说的矛盾，故乙说的是正确的；若丙说的是错误的，则四个人的名次是丁丙乙甲或丁乙丙甲，符合题意；若丁说的是错误的，与甲说的矛盾。故选C。

13. B 【解析】本题考查简单几何体的三视图。从上面看，如图所示，摆出的立体图形对应11个小方格，分三排。第一排从左到右，前4个小方格，每个小方格对应一个小正方体，第5个小方格，由两块小正方体组成；第二排一个小方格，有两块小正方体；第三排从左到右5个小方格，分别由1个、2个、4个、2个、1个小正方体组成。共有：$(1+1+1+1+2)+2+(1+2+4+2+1)=18$（个）。至少要用18个单位小正方体组成。

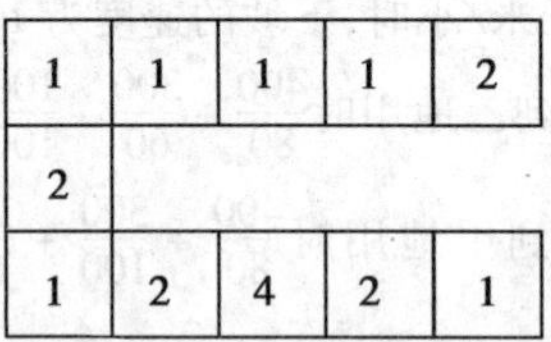

14. D 【解析】本题考查统筹问题。只有三种情况，即11胜4负，10胜3平2负，9胜6平。

15. C 【解析】本题考查百分数的应用。设涂色部分的宽度为x，则空白部分的宽度为x，由题意知，涂色部分的面积为$x^2+2x\cdot x+3x\cdot x+4x\cdot x+5x\cdot x+6x\cdot x=21x^2$，正方形的面积为$6x\cdot6x=36x^2$，则空白部分的面积为$36x^2-21x^2=15x^2$，故涂色部分的面积比空白部分的面积多

$\frac{21x^2-15x^2}{15x^2}\times100\%=40\%$。

16. B 【解析】本题考查二元一次方程组的应用。由题意可得 $\begin{cases}\frac{x}{x+y}=\frac{2}{5},\\ \frac{x}{x+y+3}=\frac{1}{4}\end{cases}\Rightarrow\begin{cases}x=2,\\ y=3,\end{cases}$ 故原来盒中有白色棋子2颗。

17. C 【解析】本题考查三角形的面积及性质。三角形的面积公式 $S=$底×高÷2,在本题中,三角形的面积是1,在点阵中,底和高的长只能一个是1、一个是2,则可以有以下三种情况:①底是1,高是2的钝角三角形;②底是2,高是1的直角三角形;③底是2,高是1的等腰直角三角形。故选C。

18. D 【解析】本题考查极限的求解。

$$\lim_{x\to\infty}\frac{(2x-3)^3(3x+2)^4}{(4x+1)^7}=\lim_{x\to\infty}\frac{\left(\frac{2x-3}{x}\right)^3\left(\frac{3x+2}{x}\right)^4}{\left(\frac{4x+1}{x}\right)^7}=$$

$$\lim_{x\to\infty}\frac{\left(2-\frac{3}{x}\right)^3\left(3+\frac{2}{x}\right)^4}{\left(4+\frac{1}{x}\right)^7}=\frac{2^3\times3^4}{4^7}=\frac{81}{2048}。$$

三、解答题

19.【解析】本题考查近似数及分数运算。由题意知,$\frac{a}{3}+\frac{b}{7}=\frac{7a+3b}{21}\approx1.38$,$a<3$,$b<7$,且 a,b 为正整数,可得 $7a+3b\approx21\times1.38=28.98$,故利用试值法可得 $a=2$,$b=5$,故分数 $\frac{a}{b}$ 是 $\frac{2}{5}$。

20.【解析】本题考查行程问题。(1)由题意知下坡路有 $800-400-300=100$(千米),因为火车在平路上的速度是80千米/小时,且上坡路、平路、下坡路上的速度比是3:4:5,所以火车上坡的速度为60千米/小时,下坡的速度为100千米/小时,故甲地到乙地用时 $\frac{400}{80}+\frac{300}{60}+\frac{100}{100}=11$(小时),从乙地到甲地用时 $\frac{400}{80}+\frac{300}{100}+\frac{100}{60}=9\frac{2}{3}$(小时),所以多用了 $11-9\frac{2}{3}=\frac{4}{3}$(小时)。

(2)设火车从甲地到乙地平路速度、上坡速度、下坡速度分别为 $4x,3x,5x$,故甲地到乙地用时 $\frac{400}{4x}+\frac{300}{3x}+\frac{100}{5x}=\frac{220}{x}$,设火车从乙地到甲地平路速度、上坡速度、下坡速度分别为 $4y,3y,5y$,故乙地到甲地用时 $\frac{400}{4y}+\frac{300}{5y}+\frac{100}{3y}=\frac{580}{3y}$,那么根据题意可知 $\frac{220}{x}=\frac{580}{3y}\Rightarrow\frac{x}{y}=\frac{33}{29}$,故火车从甲站到乙站在平路上的速度与从乙站到甲站在平路上的速度比为 $4x:4y$,即为33:29。

21.【解析】本题考查数学建模。建立如图所示的直角坐标系,过点 P 作关于 BC,AC 对称的点 D,E,由光线的反射知识知 D,Q,R,E 在同一条直线上,且重心 G 也在 DE 上,设 $P(a,0)$,则 $E(-a,0)$,$G\left(\frac{4}{3},\frac{4}{3}\right)$,又直线 BC 的方程为 $x+y=4$,设点 P 关于直线 BC 的对称点为 $D(x_1,y_1)$,则有 $\begin{cases}\frac{y_1}{x_1-a}=1,\\ \frac{x_1+a}{2}+\frac{y_1}{2}=4,\end{cases}$ 解得 $\begin{cases}x_1=4,\\ y_1=4-a,\end{cases}$ 则 $D(4,4-a)$,因为 $E(-a,0)$,$G\left(\frac{4}{3},\frac{4}{3}\right)$,$D(4,4-a)$ 三点共线,故有 $\frac{\frac{4}{3}}{\frac{4}{3}+a}=\frac{4-a}{4+a}$,解得 $a=\frac{4}{3}$($a=0$ 舍去),所以 AP 的值为 $\frac{4}{3}$。

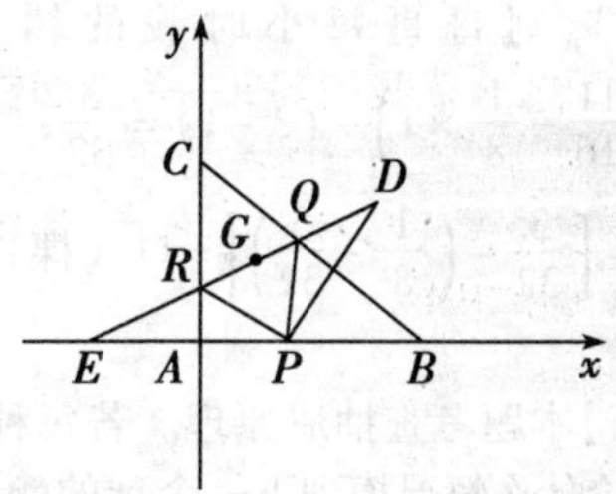

22.【解析】本题考查解直角三角形。由题意可知,在 $Rt\triangle AFG$ 中,$\tan\angle AFG=\frac{AG}{FG}$,

$\therefore FG=\frac{AG}{\tan\angle AFG}=\frac{AG}{\sqrt{3}}$,

在 $Rt\triangle ACG$ 中,$\tan\angle ACG=\frac{AG}{CG}$,

$\therefore CG=\frac{AG}{\tan\angle ACG}=\sqrt{3}AG$,

又 $CG-FG=40$,则 $\sqrt{3}AG-\frac{AG}{\sqrt{3}}=40$,

解得 $AG=20\sqrt{3}$(米),

$\therefore AB=20\sqrt{3}+1.5$(米)。

答:这幢教学楼的高度 AB 为 $(20\sqrt{3}+1.5)$ 米。

23.【解析】本题考查《义务教育数学课程标准》(2022年版)的课程理念。义务教育数学课程以习近平新时代中国特色社会主义思想为指导,落

实立德树人根本任务，致力于实现义务教育阶段的培养目标，使得人人都能获得良好的数学教育，不同的人在数学上得到不同的发展，逐步形成适应终身发展需要的核心素养。

1. 确立核心素养导向的课程目标。

2. 设计体现结构化特征的课程内容。

3. 实施促进学生发展的教学活动。

4. 探索激励学习和改进教学的评价。

5. 促进信息技术与数学课程融合。

24.【参考答案】本题考查教学设计。

平行

教学目标：

知识与技能目标：理解平行是同一平面内两条直线的两种特殊位置关系，初步认识平行线。

过程与方法目标：在观察、操作、比较、概括中，经历探究平行线特征的过程，建立平行的概念。

情感态度与价值观目标：在活动中丰富学生的活动经验，培养学生的空间观念及空间想象能力。

教学重点：正确理解同一个平面中"相交""互相平行""平行线"等概念。

教学难点：正确判断两条直线之间的位置关系。

教学过程：

一、导入

师：同学们，今天我们要见一位老朋友(直线)，大家认识它吗？直线有哪些特征？

看来大家对直线都很熟悉，今天我们继续研究和直线有关的知识。

二、新授

1. 出示一张白纸。

(1)师：同学们拿出一张白纸，摸一摸这个面。现在同学们闭上眼睛，想象一下，这个面变大了，又变大了，变得无限大，在这个面上出现了一条直线，又出现了一条直线，你能想象这两条直线的位置关系是怎样的吗？睁开眼睛吧，把你想象到的两条直线画在纸上。

(通过想象、操作，初步建立了平面与直线的表象——同一个平面内、两条直线，同时培养了学生的空间观念及空间想象能力)

(2)师：同学们画完了吗？你们画的一样吗？同桌互相看看，举起手来给老师看看，哦，真的不一样，同学们的想象力可真丰富！想出这么多的样子。哪个同学愿意把你的作品展示给大家看看？(贴图片)

(3)师：这么多的图片，你能给它们分分类吗？小组交流一下。(小组讨论、交流)

(4)指生汇报，并说说分类的理由。

学生可能出现以下几种情况：

第一种，分为两类：交叉的一类，不交叉的一类。

第二种，分为三类：交叉的一类，快要交叉的一类，不交叉的一类。

当学生说出第一种情况时，教师适时引导：你们说的"交叉"是说两条直线碰在一块儿了，这种现象在数学上称为"相交"。

师：哪个小组和他们的分类情况不一样呢？

生说出第二种。

师：对于第二种分法，你们有什么想法吗？

教师引导：同学们，直线的特征是什么呢？

生：可以向两端无限延伸。

师：那也就是说这些直线都可以再延长。那我们把这些直线都延长一些，你会发现什么呢？

生：看似不相交的直线，延长后相交了。

师：那这种图形(事先准备好的)，到底是属于相交，还是属于不相交呢？

引导学生明确：因为直线可以无限延伸，只是我们在画直线时，无法把直线全部画出，所以没有看到它们相交在一起，还以为不相交呢，其实它们是相交的。

师：所以说，看似不相交的两条直线，把它们延长后能够相交在一起，我们就说这两条直线相交。也就是说，这些看似不相交的直线，也属于相交。

(5)小结：在同一平面内的两条直线，它们的位置关系可分为相交和不相交两类。

2. 探究平行。

师：同学们说这组直线不相交，说说你们的想法，你们是怎么知道的呢？(课件出示)

生答。

教师延长两条直线，验证两条直线延长后也不相交，举例引导：就像两个小朋友，保持不变的距离向前走，什么时候都撞不到一起。

师：由此你们可以得出什么结论？

生：不管怎么延长，这两条直线是永远不会相交的。

(1)师：像这样，不管怎么延长，两条直线永远不会相交的现象，你们知道在数学上叫什么吗？

生回答后，教师引出：我们就说这两条直线互相平行。

(2)师：谁能用你的话说一说，什么样的两条直线互相平行？

(不相交的两条直线互相平行)

(3)师：这句话里少了一个前提条件，大家看，老师讲桌上有一条直线，它和黑板上的这条直线相交吗？(不相交)那我们能说它们互相平行吗？

(不能)

(4)师:这是为什么呢?(没有在同一个面上)

(5)小结:在同一个平面内不相交的两条直线叫作平行线,也可以说这两条直线互相平行。

(6)出示平行线定义,指生读。师:这里为什么说互相呢?一条直线能叫互相吗?两条以上的……

(7)师:说说生活中在哪儿见过平行的例子。

三、小结

师:同学们,今天我们主要研究了同一平面内的两条直线的特殊位置关系——平行(板书)。

四、练习

1. 摆一摆。

把两根小棒都摆成和第三根小棒平行。看一看,这两根小棒互相平行吗?

2. 判断。

不相交的两条直线叫作平行线。(　　)

五、作业

对不同层次的学生分层次布置作业。

浙江省教师招聘考试小学数学预测试卷(三)

一、单项选择题

1. C 【解析】本题考查空间向量的夹角及三角函数的倍角关系。由题意知,$\cos\theta = \frac{\boldsymbol{a}\cdot\boldsymbol{b}}{|\boldsymbol{a}|\cdot|\boldsymbol{b}|} = \frac{14}{15} > 0$,则 $\theta\in\left(0,\frac{\pi}{2}\right)$,$\sin\theta = \sqrt{1-\cos^2\theta} = \frac{\sqrt{29}}{15}$,故 $\sin2\theta = 2\sin\theta\cos\theta = \frac{28\sqrt{29}}{225}$。

2. A 【解析】本题考查函数的基本性质。设 $x > y > 0$,由题意可得 $yf(x) - xf(y) > 0$,即 $\frac{f(x)}{x} > \frac{f(y)}{y}$;同理,当 $y > x > 0$ 时,$yf(x) - xf(y) < 0$,即 $\frac{f(x)}{x} < \frac{f(y)}{y}$,所以当 $x > 0$ 时,函数 $g(x) = \frac{f(x)}{x}$ 单调递增。因为 $0 < 1 < 2 < 3$,所以 $\frac{f(3)}{3} > \frac{f(2)}{2} > \frac{f(1)}{1}$。故选 A。

3. C 【解析】本题考查科学计数法与近似数。判断一个用科学计数法表示的数精确到哪一位时,需要先将该数恢复成原数,近似数 8.8×10^3 还原后为 8800,再看用科学计数法表示成的数 $a\times10^n$ 中前面那个 a 的最后一个数字所在的位置,本题中最后的一个数字是 8,在百位上,所以精确到百位;判断有几个有效数字时,只需要看 a 有几个有效数字即可,即看本题中的 8.8,只有两个有效数字。故选 C。

4. A 【解析】本题考查圆柱与圆锥的体积。由题意可设圆柱与圆锥的高为 h,底面半径为 R,则 $V_{圆柱} = \pi R^2h$,$V_{圆锥} = \frac{1}{3}\pi R^2h$,圆锥底面半径扩大 3 倍后体积记为 $V'_{圆锥} = \frac{1}{3}\pi(3R)^2h = 3\pi R^2h$,所以易得圆柱的高要扩大到原来的 3 倍才能使二者体积相等。

5. B 【解析】本题考查行程应用题。设总路程为 1,正常速度为 v,加速后的速度为 x,由题意可得 $\frac{1}{v} = \frac{\frac{1}{2}}{v} + \frac{\frac{1}{5}}{\frac{1}{2}v} + \frac{1-\frac{1}{2}-\frac{1}{5}}{x} \Rightarrow x = 3v$。

6. D 【解析】本题考查数与代数的基本运算。设这个巧数为 ab,则有 $a\cdot b + a + b = 10a + b$,即 $a(b+1) = 10a$,所以 $b+1 = 10$,$b = 9$,则可得末位数字是 9 的两位数都是巧数。故选 D。

7. C 【解析】本题考查百分数应用题。甲股票的买入价为 $\frac{1200}{1.2} = 1000$ 元,盈利 200 元;乙股票的买入价为 $\frac{1200}{0.8} = 1500$ 元,亏损 300 元,所以总体亏了 100 元。

8. C 【解析】本题考查数列及对数函数的性质。由 $a_5\cdot a_{2n-5} = 2^{2n}$ $(n\geqslant3, n\in\mathbf{N}_+)$ 得 $a_n^2 = 2^{2n}$,又 $a_n > 0$,所以 $a_n = 2^n$,所以 $\log_2a_1 + \log_2a_3 + \cdots + \log_2a_{2n-1} = 1 + 3 + \cdots + (2n-1) = n^2$。故选 C。

9. B 【解析】本题考查共轭复数。$\because z\cdot \mathrm{i} = 1 + \mathrm{i}$,$\therefore z = \frac{1+\mathrm{i}}{\mathrm{i}} = 1 - \mathrm{i}$,所以 z 的共轭复数是 $1 + \mathrm{i}$。

10. B 【解析】本题考查集合间的运算。集合 $A = \left\{x \mid x > \frac{1}{2}\right\}$,集合 $B = \{x \mid -1 < x < 1\}$,$\therefore A\cap B = \left\{x \mid \frac{1}{2} < x < 1\right\}$。

二、填空题

11. 4 或 7 或 9 或 12 或 15

【解析】本题考查图形的分割。如图所示,若分割成一个一个的正方形,则有 15 个正方形;若分割成一个 2×2 的正方形和多个 $|x|$ 的正方形,则共有 12 个正方形;若分割成两个 2×2 的正方形和多个 $|x|$ 的正方形,则有 9 个正方形;若分割成一个 3×3 的正方形和多个 $|x|$ 的正方形,则有 7 个正方形;若分割成一个 3×3 的正方形和一个 2×2 的正方形和多个 $|x|$ 的正方形,则有 4 个正方形。

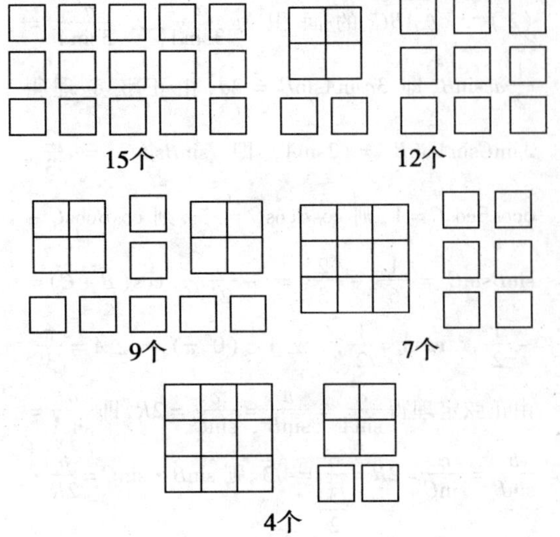

12. $\frac{1}{6}$

【解析】本题考查异面直线夹角的余弦值计算。取CD中点M,连结AM,EM,则$EM // OD$,$\angle AEM$即为异面直线OD和AE所成的角,设四面体的棱长为2,则$AE=OD=\sqrt{3}$,$EM=\frac{\sqrt{3}}{2}$,在Rt$\triangle ADM$中,$AM=\sqrt{(\sqrt{3})^2+\left(\frac{1}{2}\right)^2}=\frac{\sqrt{13}}{2}$,则$\cos\angle AEM=\frac{AE^2+EM^2-AM^2}{2AE\cdot EM}=\frac{(\sqrt{3})^2+\left(\frac{\sqrt{3}}{2}\right)^2-\left(\frac{\sqrt{13}}{2}\right)^2}{2\times\sqrt{3}\times\frac{\sqrt{3}}{2}}=\frac{1}{6}$。

13. -3

【解析】本题考查三角函数最值的计算。$f(x)=2\sqrt{3}\sin x\cos x-2\sin^2x=\sqrt{3}\sin 2x+\cos 2x-1=2\sin\left(2x+\frac{\pi}{6}\right)-1$,$\sin\left(2x+\frac{\pi}{6}\right)$的最小值是$-1$,则函数$f(x)$的最小值是$-3$。

14. $\frac{4}{3}$

【解析】本题考查函数及其导函数。$f(x)=ax^3+bx^2+cx+2019$,由$f'(x)=3ax^2+2bx+c=x^2+1$,得$a=\frac{1}{3}$,$b=0$,$c=1$,$\therefore a+b+c=\frac{4}{3}$。

15. 2240

【解析】本题考查二项式定理。$\left(\frac{2\sqrt{2}}{x}+x^2\right)^7$的展开式的通项为$T_{r+1}=C_7^r\left(\frac{2\sqrt{2}}{x}\right)^{7-r}x^{2r}=C_7^r(2\sqrt{2})^{7-r}x^{3r-7}$,当$3r-7=2$,即$r=3$时,$T_4=C_7^3(2\sqrt{2})^4x^2=2240x^2$。故$\left(\frac{2\sqrt{2}}{x}+x^2\right)^7$的展开式中$x^2$项的系数是2240。

三、简答题

16.【参考答案】本题考查新课标的变化。《义务教育数学课程标准》(2022年版)在课程方案方面完善了义务教育阶段的培养目标,优化了义务教育阶段的课程设置,细化了义务教育阶段的实施要求。

在课程标准方面,强化了课程育人导向,优化了课程内容结构,研制了学业质量标准,增强了指导性,加强了学段衔接。

新修订的义务教育课程标准增强了思想性,系统强化社会主义先进文化、革命文化、中华优秀传统文化等方面的教育;增强了科学性,遵循学生认知规律,注重与学生生活和社会实际的联系;增强了时代性,注重体现马克思主义中国化最新成果,反映经济社会发展新变化、科学技术进步新成果;增强了整体性,注重学段纵向衔接、学科横向配合;增强了指导性,加强了课程实施指导,做到好用管用。

四、解答题

17.【解析】本题考查空间几何体的体积。设正方体上底面所在平面截球得小圆M,则圆心M为正方体上底面正方形的中心,如图,设球的半径为R cm,根据题意得球心到上底面的距离等于$(R-2)$ cm,而圆的半径为4 cm,由球的截面圆性质,得$R^2=(R-2)^2+4^2$,解得$R=5$。根据球的体积公式$V=\frac{4}{3}\pi R^3=\frac{4}{3}\pi\times5^3=\frac{500\pi}{3}$ (cm^3)。

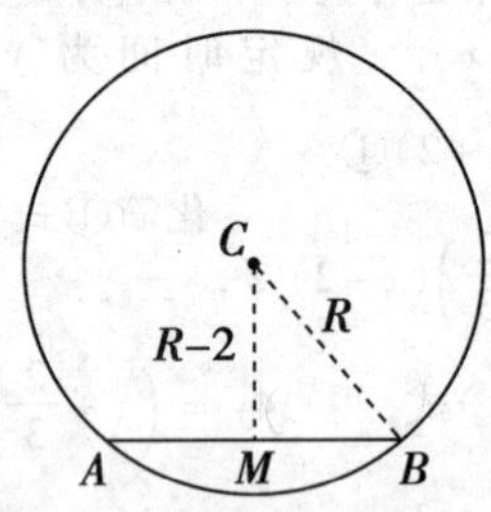

18.【解析】本题考查双曲线的性质。由双曲线的渐近线方程知,$y=\pm\frac{a}{b}x=\pm 2x$,则$\frac{a}{b}=2$,因为焦点为$(0,-5)$,所以$c=5$,由$a^2+b^2=c^2$可得,$b^2=5$,$a^2=20$,所以双曲线的方程为$\frac{y^2}{20}-\frac{x^2}{5}=1$,离心率为$e=\frac{c}{a}=\frac{\sqrt{5}}{2}$。

19.【解析】本题考查曲线的切线方程与定积分的应用。

(1)设切点为$(x_0,\sqrt{x_0-1})$,曲线 C 在切点的斜率为$y'\bigg|_{x=x_0}=\frac{1}{2\sqrt{x_0-1}}$,由于切线经过原点及切点,则$k=\frac{1}{2\sqrt{x_0-1}}=\frac{\sqrt{x_0-1}}{x_0}$,解得$x_0=2$,则$k=\frac{1}{2}$,故所求的切线的方程为$x-2y=0$。

(2)由(1)得切点的坐标为(2,1),曲线 C 与 x 轴的交点为(1,0),则切线、曲线 C 与直线 y=0 所围成平面图形的面积为$\int_0^1\frac{1}{2}x\mathrm{d}x+\int_1^2\left(\frac{1}{2}x-\sqrt{x-1}\right)\mathrm{d}x=\frac{1}{4}x^2\bigg|_0^1+\left[\frac{1}{4}x^2-\frac{2}{3}(x-1)^{\frac{3}{2}}\right]\bigg|_1^2=\frac{1}{3}$。

20.【解析】本题考查解三角形。

(1)∵$|a\sin A-b\sin B-4c\sin C|+|4\cos A+1|=0$,∴$|a\sin A-b\sin B-4c\sin C|=0$,$|4\cos A+1|=0$,即$\cos A=-\frac{1}{4}$,$a\sin A-b\sin B-4c\sin C=0$,由正弦定理得$a^2-b^2-4c^2=0$,即$a^2-b^2-c^2=3c^2$。由余弦定理得,$\cos A=\frac{b^2+c^2-a^2}{2bc}=\frac{-3c^2}{2bc}=-\frac{1}{4}$,则$\frac{b}{c}=6$。

(2)∵ △ABC 的面积为$\frac{a^2}{3\sin A}$,∴$\frac{a^2}{3\sin A}=\frac{1}{2}ac\sin B$,即$3c\sin A\sin B=2a$,由正弦定理得$3\sin C\sin A\sin B=2\sin A$,即$\sin B\sin C=\frac{2}{3}$。$6\cos B\cos C=1$,则$\cos B\cos C=\frac{1}{6}$,则$\cos B\cos C-\sin B\sin C=\frac{1}{6}-\frac{2}{3}=-\frac{1}{2}$,∴$\cos(B+C)=-\frac{1}{2}$,∴$\cos A=\frac{1}{2}$,∵$\angle A\in(0,\pi)$,∴$\angle A=\frac{\pi}{3}$,由正弦定理得$\frac{a}{\sin A}=\frac{b}{\sin B}=\frac{c}{\sin C}=2R$,即$\frac{a}{\sin A}=\frac{b}{\sin B}=\frac{c}{\sin C}=2R=\frac{6}{\frac{\sqrt{3}}{2}}=4\sqrt{3}$,则$\sin B\cdot\sin C=\frac{b}{2R}\cdot\frac{c}{2R}=\frac{bc}{48}=\frac{2}{3}$,则$bc=32$。由余弦定理得$a^2=b^2+c^2-2bc\cos A$,则$36=b^2+c^2-bc$,即$(b+c)^2=36+3bc=132$,则$b+c=2\sqrt{33}$。故△ABC 的周长为$a+b+c=6+2\sqrt{33}$。

浙江省教师招聘考试小学数学预测试卷(四)

一、单项选择题

1. A 【解析】本题考查比与比例。比例的两个内项互为倒数,即两个内项积为 1,那么两个外项积也为 1,一个外项是 9,则另一个外项是$\frac{1}{9}$。

2. A 【解析】本题考查小学数学分数类应用题。设原有机器 x 台,规定时间为 y 小时,则有$\begin{cases}xy=\frac{7}{8}y(x+2)①,\\xy=\left(y+\frac{2}{3}\right)(x-2)②,\end{cases}$化简①式,得$x=14$,将$x=14$代入②式,得$14y=\left(y+\frac{2}{3}\right)(14-2)=12\left(y+\frac{2}{3}\right)$,即$14y=12y+8$,则$y=4$,所以全部的工程量为$xy=14\times4=56$,故 1 台机器完成这项工程需要 56 小时。

3. C 【解析】本题考查根式方程。$\sqrt{72}=6\sqrt{2}$,所以$\sqrt{x}+\sqrt{y}=6\sqrt{2}$,又因为$0<x<y$,且 x,y 都是整数,设$\sqrt{x}=m\sqrt{2}$,$\sqrt{y}=n\sqrt{2}$,其中$m+n=6$,且$m<n$,则满足条件的整数值为$m=1,n=5$或$m=2,n=4$,故所求整数对有(2,50)(8,32)两组。

4. D 【解析】本题考查扇形阴影部分的面积。由题意知$AB=BC=CD=AD=4$,又$\angle A=60°$,∴ △ABD与△BCD 是全等的等边三角形,∴ $\overset{\frown}{BD}$和$\overset{\frown}{CD}$是两个相等的弧,故阴影部分的面积为菱形 ABCD 面积的一半,即$S_{阴影}=\frac{1}{2}\times4\times2\sqrt{3}=4\sqrt{3}$。故选 D。

5. C 【解析】本题考查小学数学应用题。用倒推法:从最后结果倒推,丙不给甲、乙,则甲有$16\div2=8$(千克),乙有$16\div2=8$(千克),丙有$16+8\times2=32$(千克);乙不给甲、丙,则甲有$8\div2=4$(千克),丙有$32\div2=16$(千克),乙有$8+4+16=28$(千克);甲不给乙、丙,则乙有$28\div2=14$(千克),丙有$16\div2=8$(千克),甲有$4+14+8=26$(千克)。甲原来有 26 千克,乙原来有 14 千克,丙原来有 8 千克。

6. C 【解析】本题考查直线与圆的位置关系。圆心坐标为(1,2),将圆平分的直线必经过圆心。故选 C。

7. C 【解析】本题考查无穷小量。非零无穷小量的倒数是无穷大量,故 A 项错误;无穷小量是以零为极限的变量,故 B 项错误,C 项正确;无界变量不一定是无穷大量,但无穷大量是无界变量,故 D 项错误。

8. D 【解析】本题考查平均数和方差。一组数的每个数减去同一个非零常数 a 后，和减少，故这组数的平均数减少，平均数虽然减少，但是这组数中的每个数与平均数的差不变，故这组数的方差不变。故选 D。

9. C 【解析】本题考查几何概型。由题可知，电台整点报时，事件总数包含的时间长度是 60 分钟，则满足他等待的时间不多于 10 分钟的事件包含的时间长度为 10，由几何概型可得，$P=\frac{10}{60}=\frac{1}{6}$。故选 C。

10. A 【解析】本题考查函数的零点问题。由 $f(f(x))+1=0$，得 $f(f(x))=-1$，由 $f(-2)=f\left(\frac{1}{2}\right)=-1$，得 $f(x)=-2$ 或 $\frac{1}{2}$。若 $f(x)=-2$，则 $x=-3$ 或 $x=\frac{1}{4}$；若 $f(x)=\frac{1}{2}$，则 $x=-\frac{1}{2}$ 或 $x=\sqrt{2}$。综上可得，函数 $y=f(f(x))+1$ 的零点个数是 4。

二、填空题

11. 已有知识背景；数学知识与技能；数学思想；方法

【解析】本题考查数学教学知识。

12. 2

【解析】本题考查质数的概念。因为 x,y,z 同为质数，而且 $x+y=z$，所以 x,y 中一定有一个为偶数，既为质数又为偶数的数只有 2。根据质数的定义可知，最小的质数是 2，因此三个质数中最小的数是 2。

13. 文学与艺术

【解析】本题考查推理。由丙说的话可知甲、乙两人至少选修了一门课程，且选修的课程中有一门课程是相同的，又甲比乙选修的课程多，且没有选修哲学初步，所以甲选修了文学与艺术和数学史，又乙没有选修数学史，所以乙选修的课程为文学与艺术。

14. $n+(n+1)+\cdots+(3n-2)=(2n-1)^2$

【解析】本题考查规律探索。把已知等式与行数对应起来，则每一个等式等号左边的式子的第一个数是行数 n，加数的个数是 $2n-1$；等式右边都是加数个数的完全平方数。所以第 n 个等式为 $n+(n+1)+\cdots+[n+(2n-1)-1]=(2n-1)^2$，即 $n+(n+1)+\cdots+(3n-2)=(2n-1)^2$。

15. $-2<a\leqslant -1$

【解析】本题考查解一元二次不等式组。解不等式组得 $x\geqslant a$ 且 $x<2$，由于不等式组只有 3 个整数解，即为 $-1,0,1$，则由数轴可得 $-2<a\leqslant -1$。

16. ①③④

【解析】本题考查函数的基本性质。因为 $f(x)=\sin x\tan x=\cos^{-1}x-\cos x$，令 $y=\cos x$，则 $f(x)=y^{-1}-y$，其中 $y=\cos x$ 是偶函数，最小正周期为 2π，单调增区间是 $[2k\pi-\pi,2k\pi]$，$k\in\mathbf{Z}$，单调减区间是 $[2k\pi,2k\pi+\pi]$，$k\in\mathbf{Z}$，函数图象关于直线 $x=k\pi$ 对称，所以函数 y^{-1} 和函数 $-y$ 也都是偶函数，最小正周期为 2π，函数图象关于直线 $x=k\pi$ 对称，但是它们的单调区间发生了变化，二者在区间 $[2k\pi-\pi,2k\pi]$ 上都是单调递减的，在区间 $[2k\pi,2k\pi+\pi]$ 上都是单调递增的，根据复合函数的性质可知，说法正确的是①③④。

17. 4

【解析】本题考查小学数学分数类应用题。设再放进去 x 个红球，根据题意得 $\frac{5+x}{5\div\frac{1}{10}+x}=\frac{1}{6}$，解得 $x=4$。

18. 486

【解析】本题考查简单几何体的三视图。如图，分别是该立体图形的俯视图、左视图、正视图，整个立体图形的表面积 $S=(S_{俯}+S_{左}+S_{正})\times 2=(3\times 3\times 9+3\times 3\times 8+3\times 3\times 10)\times 2=486$（平方厘米）。

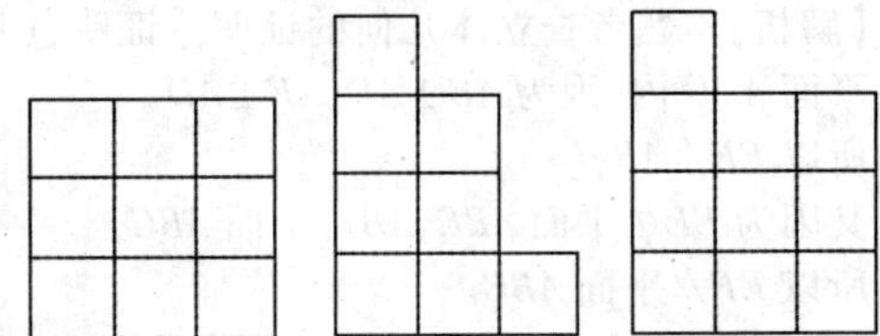

19. 4

【解析】本题考查极限与积分。$\lim\limits_{x\to 0}\frac{\int_0^{\sin 2x}\ln(1+t)\mathrm{d}t}{1-\cos x}=\lim\limits_{x\to 0}\frac{\ln(1+\sin 2x)2\cos 2x}{\sin x}=\lim\limits_{x\to 0}2\cos 2x\cdot\lim\limits_{x\to 0}\frac{\ln(1+\sin 2x)}{\sin 2x}\cdot\frac{\sin 2x}{\sin x}=2\cdot\lim\limits_{x\to 0}\frac{\sin 2x}{\sin 2x}\cdot\frac{2\sin x\cos x}{\sin x}=4$。

20. $2\sqrt{3}$

【解析】本题考查向量的运算。$\because |\boldsymbol{a}|=2,|\boldsymbol{b}|=1$，$\boldsymbol{a}$ 与 $\boldsymbol{b}$ 的夹角为 $60°$，$\therefore |\boldsymbol{a}+2\boldsymbol{b}|^2=\boldsymbol{a}^2+4\boldsymbol{a}\cdot\boldsymbol{b}+4\boldsymbol{b}^2=4+4\times 2\times 1\times\cos 60°+4\times 1=4+4+4=12$，$\therefore |\boldsymbol{a}+2\boldsymbol{b}|=2\sqrt{3}$。

三、解答题

21. 【解析】本题考查小学数学分数类应用题。

方法一：$4.5\div\left(\frac{1}{3}-\frac{1}{4}\right)=54$（吨）。

答：这堆煤有 54 吨。

方法二：设这堆煤有 x 吨，则

$\frac{1}{3}x-\frac{1}{4}x=4.5$，解得 $x=54$。

答:这堆煤有 54 吨。

22.【解析】本题考查求解数列的通项公式的方法。

(1)$\because a_1=1, a_{n+1}=a_n+3^n, \therefore a_2=a_1+3=4, a_3=a_2+3^2=13$。

(2)由 $a_{n+1}=a_n+3^n$ 可得 $a_{n+1}-a_n=3^n$,即 $a_2-a_1=3, a_3-a_2=3^2, \cdots\cdots, a_{n-1}-a_{n-2}=3^{n-2}, a_n-a_{n-1}=3^{n-1}$,将以上式子两边分别相加可得 $a_n-a_1=\frac{3(1-3^{n-1})}{1-3}=-\frac{3}{2}+\frac{3^n}{2}$,故 $a_n=\frac{3^n-1}{2}$。

23.【解析】本题考查定积分的计算。$\int_0^{\frac{\pi}{4}}\ln(1+\tan x)\mathrm{d}x=\int_0^{\frac{\pi}{4}}\ln\frac{\cos x+\sin x}{\cos x}\mathrm{d}x=\int_0^{\frac{\pi}{4}}\ln(\cos x+\sin x)\mathrm{d}x-\int_0^{\frac{\pi}{4}}\ln\cos x\mathrm{d}x$,而$\int_0^{\frac{\pi}{4}}\ln(\cos x+\sin x)\mathrm{d}x=\int_0^{\frac{\pi}{4}}\ln\left[\sqrt{2}\cos\left(\frac{\pi}{4}-x\right)\right]\mathrm{d}x$,令 $x=\frac{\pi}{4}-u$,则有 $-\int_{\frac{\pi}{4}}^0(\ln\sqrt{2}+\ln\cos u)\mathrm{d}u=\frac{\pi\ln2}{8}+\int_0^{\frac{\pi}{4}}\ln\cos u\mathrm{d}u$,故 $\int_0^{\frac{\pi}{4}}\ln(1+\tan x)\mathrm{d}x=\frac{\pi\ln2}{8}$。

24.【解析】本题考查立体几何的证明。证明:(1)在平面 ABD 内,因为 $AB\perp AD, EF\perp AD$,
所以 $EF/\!/AB$,
又因为 $EF\not\subset$ 平面 ABC, $AB\subset$ 平面 ABC,
所以 $EF/\!/$ 平面 ABC。

(2)因为平面 $ABD\perp$ 平面 BCD,平面 $ABD\cap$ 平面 $BCD=BD$, $BC\subset$ 平面 BCD, $BC\perp BD$,所以 $BC\perp$ 平面 ABD。
因为 $AD\subset$ 平面 ABD,所以 $BC\perp AD$。
又 $AB\perp AD$, $BC\cap AB=B$, $AB\subset$ 平面 ABC, $BC\subset$ 平面 ABC,
所以 $AD\perp$ 平面 ABC,
又因为 $AC\subset$ 平面 ABC,所以 $AD\perp AC$。

四、分析题

25.【参考答案】本题考查小学数学运算及其规律探索的方法。两个两位数,如果十位数字相同,个位数之和是 10,就称这两个数为“头同尾合十”的两位数。对于“头同尾合十”的乘法,可先用两个因数的个位相乘,并把积直接写在末尾。如果积不满十,十位上要补写 0,然后将十位数乘它本身加 1 的和,把积写在两个个位数积的前面。

小学数学规律探索问题的解题方法:①在变化中引出探究的问题。联系已有的生活经验和知识背景,了解变化的过程,分析变化的主要因素,把握变化的关键特点,提出值得探究的问题,了解变化的数量、图形、算式。②在变化中发现不变的共性。小学数学探索规律的活动主要是在数与形的变化过程中寻找不变的特征或关系。列举若干具体的例子,通过对这些例子的观察、比较和分析获得一些相互关联的数据,进而从变化的现象或数据中抽取出共同的特征,提炼出不变的关系。这个环节是探索规律活动中的核心环节。观察、比较后进行抽象概括,透过现象把握本质,从变化中发现内隐的规律。③在变化中形成丰富的感悟。从变化的角度研究现实世界的数量关系或图形特征,是一种十分重要的数学思想方法。核心是函数所涉及的变化观和对应观。函数观念的建立对数学的应用及其自身的发展有着十分重要的影响。小学阶段不可能真正理解函数的概念和方法,但结合具体的实例初步感受函数的基本思想却是有可能的。同时,也能感受抽象概括、归纳演绎、猜想验证等常用的数学思想方法,更好地体会数学内部以及数学与外部世界的广泛联系,形成各种有价值的感悟。④在变化中激发新的探索。探索规律的教学不能仅仅停留在规律的发现、表达和总结环节,而要通过适当的活动引出新的探究问题,激发产生新的思考,并主动探索、主动发现。

五、论述题

26.在教学时,如何培养学生形成初步的空间观念?

【参考答案】本题考查空间观念。

(1)利用实物、模型演示,引导学生观察

在教学中,通过引入学生日常生活中熟悉的实物,引导学生观察,从而对简单几何图形的大小、形状和相互间的位置关系形成一些鲜明的表象,也就是常说的几何观念,实现对实物从感知到概念的过渡。

(2)加强动手操作,指导学生实验

空间观念的形成,只靠观察是不够的,还必须引导学生亲自动手实验,让他们自己去比一比、折一折、画一画。通过视觉、触觉、听觉等多种器官分析同类活动,空间观念便易于形成和巩固。教师要善于引导学生动手操作,让学生在操作的过程中学习知识、方法,使抽象知识变得形象具体,易于理解和记忆,更富有趣味。

(3)重视理论联系实际和应用,促进学生空间观念的发展

几何形体知识与实际生产和生活有着密切的联系。几何初步知识的成功教学,不仅要求学生掌握形体特征,形成正确概念,而且要在理解相应计算公式的基础上,学会根据实际情况,用数学的思维方法解决实际问题,从而培养和发展学生的空间观念。

六、案例分析题

27.【参考答案】本题考查数学思想方法。这里体现的是数学中的转化思想,接近整百、整千的数通过加上或减去一个较小的数,将原来的数化为整百、整千的数,再进行计算,是比较抽象的,很容易让学生弄不明白为什么原来的加(或减)法计算要再减(或加)一个数。

片段一中,张老师运用直接法教授学生,让学生体验了转化方法带来的便捷,却不易让学生明白转化的实质和在生活中的作用;片段二中,李老师用生活中的例子引导学生体验,将数转化成整百、整千的数计算,便于学生理解,却不利于学生抽象出转化的思想。

28.【参考答案】本题考查教学知识及教学设计。

(1)"三角形边的关系"是在学生初步了解三角形定义的基础上,进一步研究三角形的特征,即三角形任意两边的和大于第三边。三角形三边关系定理不仅给出了三角形三边之间的大小关系,更重要的是提供了判断三条线段能否组成三角形的标准,熟练灵活地运用三角形的两边之和大于第三边,是数学严谨性的一个体现,同时也有助于提高学生全面思考数学问题的能力,它还将在以后的学习中起到重要的作用。

本节课的教学目标包括:①通过量一量、摆一摆、算一算等实验活动,探索并发现三角形任意两边之和大于第三边,并应用这一关系解释一些生活现象,解决一些简单的生活问题。②在实验过程中培养学生的猜想意识以及自主探索、合作交流的能力。本节课的教学重点、难点是探索并发现三角形任意两边之和大于第三边。

(2)教学过程中应充分体现新课标理念,突显学生的主体地位,课堂活动力求从实验入手,让学生通过摆小棒,判定如何才能搭成三角形,引导学生经历"发现问题、大胆猜测、操作验证、修改完善、得出结论"的探究过程,最终发现三角形中三边之间的这一特殊关系。这样的设计符合学生的认知规律,既增加学生的学习兴趣,又使学生积累了大量的操作经验和研究经验。教学过程如下:

一、创设情境,激发兴趣

师:小明和我们一样每天都按时上学,请看小明到学校的线路图,小明上学共有几条路线?

生1:线路①小明家—学校

生2:线路②小明家—邮局—学校

生3:线路③小明家—商店—学校

师:想一想,有一天小明起晚了,你们猜猜他肯定会走哪条路去学校?为什么?

生:小明上学会经常走线路①,因为这条路最近。

师:很好,大家发现学校和家可以看成两个点,两点间所有的连线中,直线最短。

师:观察线路①和线路②围成的是一个什么图形?线路①和线路③又是一个什么图形?根据大家的判断,走三角形的两条边的和要比第三边大,是不是所有的三角形的三条边都有这样的关系呢?这节课我们一起来研究一下,三角形的三边关系。

二、活动体验,探索新知

1. 活动1(比赛):

师:我们来比赛,用四组纸条摆三角形,看谁摆得又快又好,大家分小组动手操作。

第一小组的纸条是:3,5,6(厘米)

第二小组的纸条是:3,4,6(厘米)

第三小组的纸条是:3,3,6(厘米)

第四小组的纸条是:3,2,6(厘米)

师:每个小组的代表说说你是怎么摆的。

生:汇报(略)。

师:只有第一组和第二组的学生拼成了三角形,其他两组失败,你们服不服气?

生:不服气。

师:为什么不服气?

生:给我们组的纸条有的不够长。

师:原来三条线段不一定能围成三角形。

那么你们小组要求换哪一张纸条?老师帮助你们,让你们再次比赛,超过第一组和第二组好吗?那请组长上来选一选,换一换。

2. 活动2:找出三角形任意两边的和大于第三边的特点。

师:请同学们拿出老师为你们准备的信封1,里面有3组纸条,请各小组拼拼各自的纸条,要求围成三角形,并完成表格,请大家看一下表,在能否围成下面填"能"或"不能",之后再比较一下任意两边的和和第三边的大小关系。看哪一组完成得又快又好。

组别	任意两边的和是否大于第三边		
1	3+4 ___ 5	3+5 ___ 4	4+5 ___ 3
2	5+4 ___ 6	5+6 ___ 4	4+6 ___ 5
3	5+6 ___ 10	5+10 ___ 6	6+10 ___ 5

师:谁想把你的答案和大家分享一下?能摆成三角形的三张纸条又有什么规律?

生:任意两边的和都大于第三边。

3. 活动3:进一步探究三张纸条在什么情况下摆不成三角形。

师:既然我们知道了当任意两条边的和都大于第

三边时能拼成三角形,那下面我们来探究一下什么情况下不能拼成三角形。请大家拿出信封2,请你按照刚才的要求去拼一拼并完成下表。

组别	任意两边的和是否大于第三边		
4	2+4___6	4+6___2	2+6___4
5	3+6___10	10+6___3	10+3___6

师:观察上表结果,说一说不能摆成三角形的情况有什么规律。

生:当有两边的和与第三边相等时不能拼成,当两边的和小于第三边时不能拼成。

师生归纳总结:三角形任意两边的和大于第三边。

师:我们一起来总结一下,能摆成三角形的三条边有什么关系,不能摆成三角形的三条边又有什么关系?

生:能摆成三角形的纸条都符合两边的和大于第三边。

生:补充一下是任意两边的和。

生:不能摆成三角形的纸条有两张纸条的和比另一张最长的纸条还短些。

师生归纳总结并板书:三角形任意两边的和大于第三边。

三、应用深化,巩固新知

师:同学们刚才表现得非常棒。现在你们能运用三角形三边的关系很快判断给出的三条边能否组成一个三角形吗?我们来打手势,能拼成三角形的打"√",不能的打"×"。有什么最快的方法?

四、课堂总结,反思提高

师:通过这节课程,你有什么收获?

浙江省教师招聘考试小学数学预测试卷(五)

一、判断题

1. √ 【解析】本题考查直角三角形的判定。$a^2=m^4+1-2m^2$;$b^2=m^4+1+2m^2$;$c^2=4m^2\Rightarrow a^2+c^2=b^2$,故$\triangle ABC$为直角三角形。

2. × 【解析】本题考查三角函数图象的平移。三角函数$y=\cos 2x$的图象向右平移$\frac{\pi}{3}$个单位后可得到$y=\cos\left(2x-\frac{2\pi}{3}\right)$的图象,错误。

3. √ 【解析】本题考查否命题的陈述。否命题是既否定题设,也否定结论,故②的否命题为"若$|x|<2$,则$-2<x<2$",正确。

4. × 【解析】本题考查圆的方程。方程$x^2+y^2+Dx+Ey+F=0$表示圆的充要条件是$D^2+E^2-4F>0$,错误。

5. √ 【解析】本题考查命题的否定。特称命题的否定是全称命题,正确。

6. × 【解析】本题考查二次根式的化简。$x\in(-5,0)$,则$\sqrt{x^2+10x+25}-\sqrt{x^2}=\sqrt{(x+5)^2}-(-x)=x+5-(-x)=2x+5$。

7. √ 【解析】本题考查无穷小量阶的比较。$\lim\limits_{x\to0}\frac{e^{\sin x}-\cos x}{\sin x}=\lim\limits_{x\to0}\frac{\cos x e^{\sin x}+\sin x}{\cos x}=\lim\limits_{x\to0}e^{\sin x}+\lim\limits_{x\to0}\frac{\sin x}{\cos x}=1+0=1$,故当$x\to0$时,$e^{\sin x}-\cos x$是$\sin x$的等价无穷小。

8. √ 【解析】本题考查梯形的性质与三角形的面积。因为$S_{\triangle AEB}=16$平方厘米,$S_{\triangle AED}=12$平方厘米,且$AD/\!/BC$,所以$\frac{BE}{ED}=\frac{S_{\triangle AEB}}{S_{\triangle AED}}=\frac{16}{12}=\frac{4}{3}$。

9. × 【解析】本题考查三角形的性质。三角形的三条高的交点可以在三角形的边上,也可以在三角形外部,故错误。

10. √ 【解析】本题考查平面的性质。如果切n刀,最多可以把一个平面切成$(n^2+n+2)\div2$块,故正确。

二、单项选择题

11. D 【解析】本题考查三角形三边的性质。设腰长为x,则底边为$10-2x$。$\because 10-2x-x<x<10-2x+x$,$\therefore 2.5<x<5$,故$x$取3或4,那么底边为4或2。

12. C 【解析】本题考查时间问题。$\frac{\text{实际时间}}{\text{小李手表时间}}=\frac{60}{56}=\frac{15}{14}$,小李手表从8:00走到15:00用$t$小时,则$\frac{t}{7}=\frac{15}{14}\Rightarrow t=7.5$,故小李15:30到达,故小王还需等30分钟。

13. A 【解析】本题考查函数的连续性。函数在点$x=1$处左右导数不等,所以不可导,但$x=1$处有意义,且$\lim\limits_{x\to1^-}\frac{1-x}{x}=\lim\limits_{x\to1^+}\frac{x-1}{x}=0$,故函数在$x=1$处连续。

14. C 【解析】本题考查几何体的体积。旋转后得到的组合体为圆柱体掏去一个圆锥后的几何体。圆柱、圆锥等高、等半径,计算可得体积为$3^2\pi\times4\times\left(1-\frac{1}{3}\right)=75.36$立方厘米。

15. D 【解析】本题考查向量的坐标运算。设$\boldsymbol{c}=(x,y)$,则$\boldsymbol{c}+\boldsymbol{a}=(x+1,y+2)$,$\boldsymbol{a}+\boldsymbol{b}=(3,-1)$。$\because(\boldsymbol{c}+\boldsymbol{a})/\!/\boldsymbol{b}$,$\boldsymbol{c}\perp(\boldsymbol{a}+\boldsymbol{b})$,

$\therefore \begin{cases}2(y+2)=-3(x+1),\\3x-y=0,\end{cases}$ 解得 $\begin{cases}x=-\dfrac{7}{9},\\y=-\dfrac{7}{3}。\end{cases}$ 故选D。

16. C 【解析】本题考查直线与圆的方程及位置关系。由题意得,圆的方程可化为 $(x-3)^2+(y-4)^2=25$,则圆心 C 的坐标为 $(3,4)$,半径 $r=5$。过点 A 的直线被圆所截得的最短弦应与 CA 垂直。由 $CA=1$,得所求的弦的长度为 $2\times\sqrt{r^2-1^2}=2\times\sqrt{25-1}=4\sqrt{6}$。故选C。

17. B 【解析】本题考查统计的数字特征。统计对象是每天走的步数,每个步数出现的天数相当于是频数,众数就是一组数据里出现次数最多的数,在这里就是出现天数最多的步数,即1.4万步,中位数是一组数据按从小到大(或从大到小)的顺序排列,当数据是奇数个时就是位于中间的那个数,当数据是偶数个时就是位于中间的两个数的平均数。对于本组数据而言就是位于第15位和第16位的两个数的平均数,恰好是1.3万步。综上,在每天所走的步数这组数据中,众数和中位数分别是1.4万步、1.3万步。故选B。

18. C 【解析】本题考查规律探索。第一个图案有三角形1个;第二个图案有三角形 $1+3=4$(个);第三个图案有三角形 $1+3+4=8$(个);第四个图案有三角形 $1+3+4+4=12$(个);第五个图案有三角形 $1+3+4+4+4=16$(个)。故选C。

19. B 【解析】本题考查分数应用题。设长方形原来的长为 a,宽为 b,则面积为 ab,增加后面积变为 $\frac{4}{3}a\times\frac{5}{4}b=\frac{5}{3}ab$,所以面积增加了 $\dfrac{\frac{5}{3}ab-ab}{ab}=\dfrac{2}{3}$。

20. D 【解析】本题考查数学教学知识。数学的抽象性与学生思维的具体形象性之间的矛盾是小学生数学学习中的主要矛盾。

三、填空题

21. 18000

【解析】本题考查二元一次方程解应用题。设每盒 x 个,乒乓球一共 y 个,则可得 $\begin{cases}y-120x=0.4y,\\0.4y-65x=1350\end{cases}\Rightarrow x=90,y=18000$。

22. 10000

【解析】本题考查规律探索问题。根据观察可得规律:结果等于中间数的平方。$\therefore 1+2+3+\cdots+99+100+99+\cdots+3+2+1=100^2=10\ 000$。

23. $\frac{5}{4}$

【解析】本题考查根式的运算。$(a+b)^2=\left(\frac{1}{\sqrt{5}-3}+\frac{1}{\sqrt{5}+3}\right)^2=\left(\frac{\sqrt{5}+3}{-4}+\frac{\sqrt{5}-3}{-4}\right)^2=\left(\frac{2\sqrt{5}}{-4}\right)^2=\frac{5}{4}$。

24. 18

【解析】本题考查均值不等式。$\because x>0,y>0$,且 $y=\frac{8x}{x-2}>0$,$\therefore x>2$,$\therefore x+y=\frac{8x}{x-2}+x=\frac{8(x-2)+16}{x-2}+x=x-2+\frac{16}{x-2}+10\geqslant 2\sqrt{(x-2)\cdot\frac{16}{x-2}}+10=18$,当且仅当 $x=6$ 时取等号,故 $x+y$ 的最小值为18。

25. $\frac{2}{5}$

【解析】本题考查排列与组合。基本事件总数为 $A_5^5=120$ 种,同一科目中有相邻情况的有 $A_4^4A_2^2+A_4^4A_2^2-A_3^3A_2^2A_2^2=72$ 种,故同一科目的书都不相邻的概率是 $\frac{120-72}{120}=\frac{2}{5}$。

四、解答题

26. 【解析】本题考查列方程类应用题。设甲、乙两个工程队每天各修路 x 米、y 米,

则 $\begin{cases}y=x+100,\\3x+6(x+y)=4200,\end{cases}$ 解得 $\begin{cases}x=240,\\y=340。\end{cases}$

答:甲、乙两个工程队每天各修路240米、340米。

27. 【解析】本题考查三角形相似与面积。易得 $\triangle DEF\backsim\triangle AEB$,设 $DE=x,AE=4-x,AB=4$,$DF=\frac{4x}{4-x}$,$S_{\triangle DEF}=\frac{1}{2}x\times\frac{4x}{4-x}=\frac{2x^2}{4-x}$,$S_{\triangle ABE}=\frac{1}{2}\times4\times(4-x)=2(4-x)$,由题可知,$\frac{2x^2}{4-x}-2(4-x)=6\Rightarrow x=\frac{28}{11}$,代入可得 $DF=7$。

28. 【解析】本题考查数列的通项公式及数列求和。(1)由 $a_1=10$,a_2 为整数知,等差数列 $\{a_n\}$ 的公差 d 为整数,又 $S_n\leqslant S_4$,$\therefore a_4\geqslant0,a_5\leqslant0$,于是 $10+3d\geqslant0,10+4d\leqslant0$,解得 $-\frac{10}{3}\leqslant d\leqslant-\frac{5}{2}$,因此 $d=-3$,数列 $\{a_n\}$ 的通项公式 $a_n=10-3(n-1)=13-3n$。

(2) $b_n=\frac{1}{a_na_{n+1}}=\frac{1}{(13-3n)(10-3n)}=\frac{1}{3}\cdot\left(\frac{1}{10-3n}-\frac{1}{13-3n}\right)$,于是 $T_n=b_1+b_2+\cdots+b_n=\frac{1}{3}\cdot\left[\left(\frac{1}{7}-\frac{1}{10}\right)+\left(\frac{1}{4}-\frac{1}{7}\right)+\cdots+\left(\frac{1}{10-3n}-\frac{1}{13-3n}\right)\right]=\frac{1}{3}\left(\frac{1}{10-3n}-\frac{1}{10}\right)=\frac{n}{10(10-3n)}$。

29.【解析】本题考查导数的应用。$f'(x)=\frac{1}{1+x}-\frac{(1+2\lambda x)(1+x)-x(1+\lambda x)}{(1+x)^2}=\frac{-\lambda x^2-(2\lambda-1)x}{(1+x)^2}$，

而$f(0)=0$,要满足$x\geqslant 0$时,$f(x)\leqslant 0$,$f(x)$在$[0,+\infty)$上不为增函数。当$\lambda\leqslant 0$时,$f'(x)\geqslant 0$恒成立,即$f(x)$在$[0,+\infty)$上为增函数,不符合条件;当$0<\lambda<\frac{1}{2}$时,$-2+\frac{1}{\lambda}>0$,在$(0,-2+\frac{1}{\lambda})$上函数$f'(x)>0$,即$f(x)$在$(0,-2+\frac{1}{\lambda})$上为增函数,不符合条件;令$f'(x)=0$,得$x_1=0$,$x_2=-2+\frac{1}{\lambda}$,当$\lambda\geqslant\frac{1}{2}$时,$-2+\frac{1}{\lambda}\leqslant 0$,则在$[0,+\infty)$是减函数,满足题意,所以$\lambda_{\min}=\frac{1}{2}$。

30.【解析】本题考查立体几何的综合应用。(1)如图1,连结AF,在底面$ABCD$中,$AB=BF=CF=CD=1$,则$\angle AFB=\angle DFC=45°$,$\angle AFD=90°$,所以$FD\perp AF$。

又$PA\perp$平面$ABCD$,$FD\subset$平面$ABCD$,所以$FD\perp PA$。

所以$FD\perp$平面PAF,进而可得$FD\perp PF$。

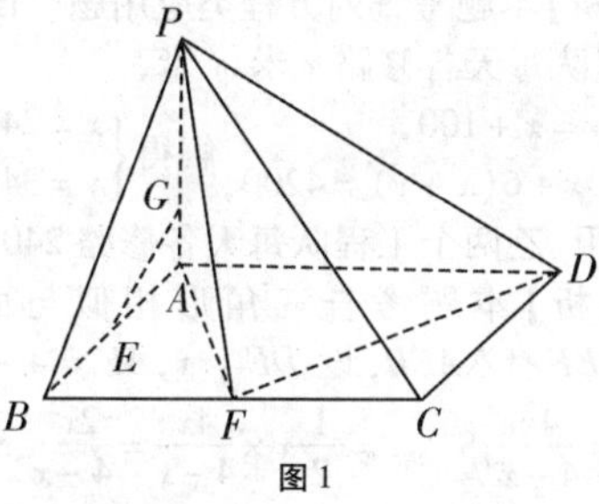

图1

(2)如图2,取FD的中点H,连结EH,过G作$GK\parallel AD$交PD于K,连结HK。则EH是梯形$ABFD$的中位线,$EH\parallel AD$,且$EH=\frac{1+2}{2}=\frac{3}{2}$。

又$PG=3GA$,所以$GK=\frac{3}{4}AD=\frac{3}{2}$。

所以$EH \mathrel{\underline{\parallel}} GK$,四边形$EHKG$是平行四边形,

所以$EG\parallel HK$,又$HK\subset$平面PDF,所以$EG\parallel$平面PDF。

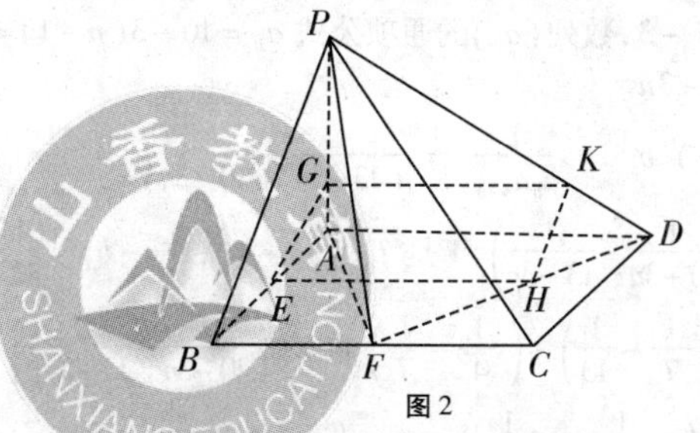

图2

(3)如图2,取AD的中点M,连结FM,则$FM\perp$平面PAD,且$\triangle FPD$在平面PAD上的投影为$\triangle MPD$。

因为$AB=PA=1$,$AD=2$,

所以$PF^2=PA^2+AF^2=PA^2+AB^2+BF^2=3$,$PF=\sqrt{3}$,$FD^2=FC^2+CD^2=2$,$FD=\sqrt{2}$,

又由(1)知,$FD\perp PF$,所以$S_{\triangle FPD}=\frac{1}{2}PF\cdot FD=\frac{\sqrt{6}}{2}$,$S_{\triangle MPD}=\frac{1}{2}MD\cdot PA=\frac{1}{2}$,

设二面角$A-PD-F$的平面角为θ,则由面积射影定理得$\cos\theta=\frac{S_{\triangle MPD}}{S_{\triangle FPD}}=\frac{\sqrt{6}}{6}$。

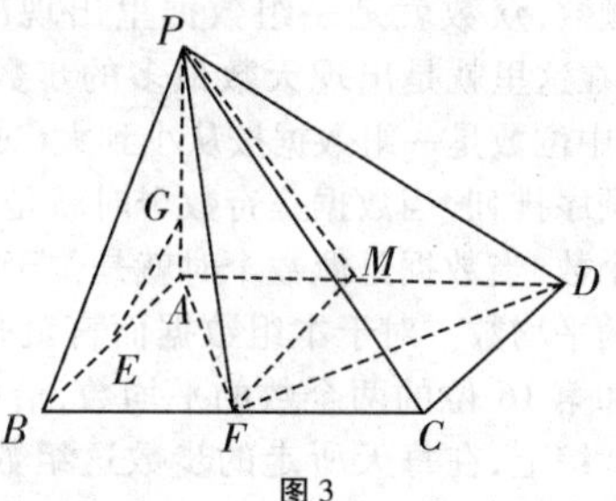

图3

六、教学设计题

31.【参考答案】本题考查教学过程设计及教学知识。

(1)教学目标:

①能利用已有的知识,推导出圆的面积公式,并会用公式计算出具体圆的面积。

②经历推导圆的面积公式的过程,发展分析、比较、判断、推理、归纳、概括的能力。

③通过对圆的面积公式的推导,体会转化的思想方法,初步感受极限思想。

(2)本节课的教学重点在于推导圆的面积公式。针对这一教学重点,可以设计这样一个活动:发给每个学生一个画着16等分的圆与一把小剪刀,让学生用剪刀把圆剪成16份后,由他们自己动手拼摆出学到的平面图形,如平行四边形、三角形、梯形、长方形等。然后找到求所拼成图形面积的条件,从转化成的图形面积推导出圆面积的公式。为了展示由不同图形推导圆的面积公式的过程,教师应在电脑上准备好相应的图形,在学生阐述推导公式的过程中配合展示。这样能够增加直观效果,有利于同学间互相学习,互相交流。

浙江省教师招聘考试小学数学预测试卷(六)

一、单项选择题

1. D 【解析】本题考查多边形的内角和。一个四边形,截去一刀后得到的新多边形可能是三角形、四边形或五边形。因为 n 边形的内角和为 $(n-2)\times180°$,所以三角形的内角和为 $180°$,四边形的内角和为 $360°$,五边形的内角和为 $540°$。因此,新多边形的内角和可能增加 $180°$、减少 $180°$ 或不变。故本题正确选项为 D。

2. C 【解析】本题考查简单几何体表面积的计算。将这个正方体截成两个长方体,无论怎样截,都是多出两个完全一样的面,且这两个面的面积都为 a^2,所以这两个长方体的表面积之和为 $6a^2+2a^2=8a^2$。

3. D 【解析】本题考查间隔问题。两人不论谁输谁赢,总体每玩一次上 $3-1=2$ 个台阶,玩 20 次共上 $2\times20=40$ 个台阶,故两层之间有 $40\div2=20$ 个台阶。

4. A 【解析】本题考查集合的应用。设集合 A 为参加足球队的人,集合 B 为参加排球队的人,集合 C 为参加游泳队的人,则根据容斥原理得 $\text{card}(A\cap B\cap C)=\text{card}(A\cup B\cup C)-\text{card}(A)-\text{card}(B)-\text{card}(C)+\text{card}(A\cap B)+\text{card}(A\cap C)+\text{card}(B\cap C)=3$。

5. C 【解析】本题考查比与比例类应用题。由题意可知,乙的速度是甲的 $\frac{9}{10}$,丙的速度是乙的 $\frac{9}{10}$,因此,丙的速度是甲的 $\frac{9}{10}\times\frac{9}{10}=\frac{81}{100}$,所以甲和丙跑 100 米,甲到终点时,丙跑了 81 米。

6. B 【解析】本题考查小学数学浓度类应用题。药:水 $=1:1200$,则 6 kg 药需要水的量为 $6\times1200=7200$(kg),则配制成的药液的量为 $7200+6=7206$(kg)。故选 B。

7. A 【解析】本题考查反函数性质。函数 $y=\ln x$ 与函数 $y=e^x$ 互为反函数,互为反函数的两函数图象关于直线 $y=x$ 对称。故选 A。

8. A 【解析】本题主要考查立体几何的基本公理。立体几何的公理有以下几个。公理一:如果一条直线上的两点在一个平面内,那么这条直线上的所有点都在这个平面内。公理二:如果两个不重合的平面有一个公共点,那么它们有且仅有一条经过该点的公共直线。公理三:经过不在一条直线上的三点,有且只有一个平面。公理四:平行于同一直线的两条直线互相平行。推论 1:经过一条直线和这条直线外一点,有且仅有一个平面。推论 2:经过两条相交直线,有且仅有一个平面。推论 3:经过两条平行线,有且仅有一个平面。A 项是面面平行判定定理,不属于公理。B 项是公理三,C 项是公理一,D 项是公理二。故本题正确答案为 A。

9. A 【解析】本题考查数的基本运算及抽屉原理。因为 15 个偶数中除去数字 2,剩下的 14 个数中 7 组数和都等于 34,$4+30=6+28=8+26=10+24=12+22=14+20=16+18=34$,若这 14 个数分成的 7 组,每组只取一个,再取一个 2,共 8 个数不能组成和是 34,如果再取第 9 个数,则必定至少含有以上 7 组中的一组,所以其中一定有两个数的和是 34。

10. B 【解析】a,b 为实数,$a+b=0$,即 $a=-b$,则可以推出 $a^2=b^2$,$a^2-b^2=0$,不能推出 $a^2+b^2=0$;$a^2+b^2=0$,$a^2=-b^2$,因为 $a^2\geqslant0$,$b^2\geqslant0$,所以 $a=b=0$,可以得到 $a+b=0$。故选 B。

二、填空题

11. F

【解析】本题考查立体几何视图。从图 1,2,4 可以看出,与 F 相邻的四个面分别是 E,C,B,D,因此它的对面一定是 A;从图 1,3,4 可以看出,与 E 相邻的四个面分别是 F,C,A,D,因此,它的对面一定是 B;剩下两个面 C 和 D 相对。

方法技巧: 相间的两个小正方形(中间隔着一个小正方形)是正方体的一组相对的面;展开图中呈"Z"字型的两端处的小正方形是正方体的一组相对的面;如果一行(或列)的小正方形最多有 2 个,那么相邻一行(或列)的不相连的小正方形就是一组相对的面。中间隔着两个小正方形或拐角型 的三个面是正方体的邻面。

12. 13

【解析】本题考查数与代数的基本运算。由题意可得,$\frac{5}{6}A=\frac{1}{4}B$,化简为 $A=\frac{3}{10}B$,所以 $A+B=\left(\frac{3}{10}+1\right)B=\frac{13}{10}B$,因为 A,B 都是非零自然数,所以 $\frac{13}{10}B$ 也是非零自然数,且当 $B=10n(n\in\mathbf{N}_+)$ 时,$\frac{13}{10}B$ 都是自然数,即 $\frac{13}{10}B=13n(n\in\mathbf{N}_+)$。所以 $A+B$ 的和最小为 13。

13. 小傅

【解析】本题考查推理判断。因为每个名次都有人猜对,而五个人中只有第二猜了一次,所以猜测小钱是第二,相应的小钱第三是错的,而小蔡第三是对的,此时小蔡第一是错的,而小汪第一是对的,小汪第五是错的,故小韩是第五,小傅是第四。

14. $33\frac{5}{504}$

【解析】本题考查实数的运算。原式$=\left(\frac{1}{1}+\frac{2}{1}+\frac{3}{1}+\cdots+\frac{9}{1}\right)-\left(\frac{1}{2}+\frac{2}{2}+\frac{3}{2}+\cdots+\frac{8}{2}\right)+\left(\frac{1}{3}+\frac{2}{3}+\frac{3}{3}+\cdots+\frac{7}{3}\right)-\cdots-\left(\frac{1}{8}+\frac{2}{8}\right)+\frac{1}{9}=(1+2+\cdots+9)-\frac{1}{2}(1+2+\cdots+8)+\frac{1}{3}(1+2+\cdots+7)-\cdots-\frac{1}{8}(1+2)+\frac{1}{9}=45-\frac{1}{2}\times36+\frac{1}{3}\times28-\cdots-\frac{3}{8}+\frac{1}{9}=33\frac{5}{504}$。

15. $1-\frac{1}{4^5}$

【解析】本题考查分数运算。设总面积为单位"1"，则第一次的面积表示为$1-\frac{1}{4}$，第二次的面积表示为$1-\frac{1}{4}\cdot\frac{1}{4}$，第三次的面积表示为$1-\frac{1}{4}\cdot\frac{1}{4}\cdot\frac{1}{4}$，……，所以，第五次均分后的面积是$1-\frac{1}{4^5}$。

16. $y=(x-1)^2+2$

【解析】本题考查函数图象的平移变换。由平移口诀"左加右减，上加下减"，得二次函数$y=x^2$的图象向右平移1个单位后函数表达式为$y=(x-1)^2$，再向上平移2个单位后，所得图象的函数表达式为$y=(x-1)^2+2$。

17. $(-2,0)$

【解析】本题考查平面几何图形的位似及坐标运算。因为四边形$OABC$是矩形，点B的坐标为$(2,4)$，所以$OC=AB=4$，$OA=2$，所以点C的坐标为$(0,4)$，因为矩形$OABC$与矩形$ODEF$是位似图形，P是位似中心，点E的坐标为$(-1,2)$，所以位似比为$1:2$，所以$OP:AP=OD:AB=1:2$，设$OP=x$，则$\frac{x}{x+2}=\frac{1}{2}$，解得$x=2$，所以$OP=2$，即点$P$的坐标为$(-2,0)$。

18. -16

【解析】本题考查平面向量的运算。设$\angle AMB=\theta$，则$\angle AMC=\pi-\theta$。又$\overrightarrow{AB}=\overrightarrow{MB}-\overrightarrow{MA}$，$\overrightarrow{AC}=\overrightarrow{MC}-\overrightarrow{MA}$，则$\overrightarrow{AB}\cdot\overrightarrow{AC}=(\overrightarrow{MB}-\overrightarrow{MA})\cdot(\overrightarrow{MC}-\overrightarrow{MA})=\overrightarrow{MB}\cdot\overrightarrow{MC}-\overrightarrow{MB}\cdot\overrightarrow{MA}-\overrightarrow{MA}\cdot\overrightarrow{MC}+\overrightarrow{MA}^2=-25-5\times3\cos\theta-3\times5\cos(\pi-\theta)+9=-16$。

19. 2

【解析】本题考查函数的求导运算。令$e^x=t(t\in(1,+\infty))$，则$x=\ln t$，故有$f(t)=\ln t+t$，即$f(x)=\ln x+x$，因此$f'(x)=\frac{1}{x}+1$，故$f'(1)=1+1=2$。

20. 2

【解析】本题考查求极限的方法。利用等价无穷小的替换，$\lim\limits_{x\to0}\frac{\sin4x}{\tan2x}=\lim\limits_{x\to0}\frac{4x}{2x}=2$。

三、解答题

21.【解析】本题考查小学数学行程类应用题。由题意得，原来的车速和提高后车速的比是$1:(1+20\%)=5:6$，车速提高20%后时间减少$1-1\div(1+20\%)=\frac{1}{6}$(小时)，可得计划用时为：$1\div\frac{1}{6}=6$(小时)。

车速提高25%后时间减少$1-1\div(1+25\%)=\frac{1}{5}$(小时)，$\frac{1}{5}\times6=\frac{6}{5}$(小时)，而实际提前40分$=\frac{2}{3}$小时，相差$\frac{6}{5}-\frac{2}{3}=\frac{8}{15}$(小时)，所以全程为$120\div\left(\frac{8}{15}\div\frac{6}{5}\right)=120\div\frac{4}{9}=270$(千米)。

22.【解析】本题考查不定积分的计算。$\int\frac{x\,dx}{(4-5x)^2}=\int\left(-\frac{1}{5}\right)\times\frac{4-5x-4}{(4-5x)^2}dx=\frac{1}{25}\int\left[\frac{1}{4-5x}-\frac{4}{(4-5x)^2}\right]d(4-5x)=\frac{1}{25}\int\frac{1}{4-5x}d(4-5x)-\frac{4}{25}\int\frac{1}{(4-5x)^2}d(4-5x)=\frac{1}{25}\ln|4-5x|+\frac{4}{25(4-5x)}+C$。

23.【解析】本题考查求解数列通项公式的方法。当$n=1$时，$2a_1=a_1{}^2+a_1-2$，解得$a_1=-1$或2，因为$\{a_n\}$为正项数列，所以$a_1=2$。又$2S_n=a_n{}^2+a_n-2$①，当$n\geqslant2$时，$2S_{n-1}=a_{n-1}{}^2+a_{n-1}-2$②，①－②得$2a_n=a_n{}^2+a_n-2-a_{n-1}{}^2-a_{n-1}+2$，即$a_n{}^2-a_{n-1}{}^2-(a_{n-1}+a_n)=(a_n+a_{n-1})(a_n-a_{n-1}-1)=0$，因为$a_n+a_{n-1}>0$，所以$a_n-a_{n-1}-1=0$。所以$a_n$是以2为首项，1为公差的等差数列，$a_n=1+n$。

24.【解析】本题考查概率及数学期望的计算。用A表示"甲在4局以内(含4局)赢得比赛"，A_k表示"第k局甲获胜"，B_k表示"第k局乙获胜"，则$P(A_k)=\frac{2}{3}$，$P(B_k)=\frac{1}{3}$，$k=1,2,3,4,5$。

(1)$P(A)=P(A_1A_2)+P(B_1A_2A_3)+P(A_1B_2A_3A_4)=P(A_1)P(A_2)+P(B_1)\cdot P(A_2)P(A_3)+P(A_1)P(B_2)P(A_3)P(A_4)=\left(\frac{2}{3}\right)^2+\frac{1}{3}\times\left(\frac{2}{3}\right)^2+\frac{2}{3}\times\frac{1}{3}\times\left(\frac{2}{3}\right)^2=\frac{56}{81}$。

(2)X的可能取值为2,3,4,5。

$P(X=2)=P(A_1A_2)+P(B_1B_2)=P(A_1)P(A_2)+P(B_1)P(B_2)=\frac{5}{9}$，

$P(X=3)=P(B_1A_2A_3)+P(A_1B_2B_3)=P(B_1)\cdot P(A_2)P(A_3)+P(A_1)P(B_2)P(B_3)=\frac{2}{9}$，

$P(X=4)=P(A_1B_2A_3A_4)+P(B_1A_2B_3B_4)=P(A_1)P(B_2)P(A_3)P(A_4)+P(B_1)P(A_2)P(B_3)\cdot P(B_4)=\frac{10}{81}$,

$P(X=5)=1-P(X=2)-P(X=3)-P(X=4)=\frac{8}{81}$,

故 X 的分布列为：

X	2	3	4	5
P	$\frac{5}{9}$	$\frac{2}{9}$	$\frac{10}{81}$	$\frac{8}{81}$

$E(X)=2\times\frac{5}{9}+3\times\frac{2}{9}+4\times\frac{10}{81}+5\times\frac{8}{81}=\frac{224}{81}$。

四、分析题

25.【参考答案】本题考查教学评价。片段一和片段二的教学过程，均体现了学生的主体地位，在课堂上都给予学生自己思考的空间和时间，体现了新课标中学生在课堂中的主体地位，是比较好的学习方式。但是新课标还指出教师是教学活动的引导者，所以教师应对学生得出的结论及时做出评价与反馈。这个反馈可以教师自己做，也可以先让其他学生点评，再由教师总结，做到生生互评。片段二中有学生合作交流的部分，通过交流可以使学生的思维碰撞，产生更好的想法，也可以培养学生的集体荣誉感。

五、论述题

26. 什么是数学概念形成？数学概念形成的学习过程分为哪几个阶段？

【参考答案】本题考查数学概念教学。概念形成是在教学条件下，从大量的具体例子出发，以学生的感性经验为基础，形成表象，进而以归纳的方式抽象出事物的本质属性，提出各种假设加以验证，从而获得初级概念，再把这一概念的本质属性推广到同一类事物之中，并用符号表示的过程。

数学概念形成的学习过程分为以下几个阶段：①观察实例。②分析共同属性。③抽象本质属性。④确认本质属性。⑤概括定义。⑥符号表示。⑦具体运用。

六、案例分析与案例设计题

27.【参考答案】本题考查教学知识与能力。(1)巩固练习设计要突出针对性、典型性、层次性、趣味性，练习设计要遵循学生的认知规律；多一些问题解决，少一些机械操作；充分利用好每一道练习题；要留给学生充足的探索和交流的时间。

(2)《义务教育数学课程标准》(2011 年版)在课程基本理念中指出："数学课程应致力于实现义务教育阶段的培养目标，要面向全体学生，适应学生个性发展的需要，使得：人人都能获得良好的数学教育，不同的人在数学上得到不同的发展。"随着课改的深入，这种理念已经渗透到了教学的各个层面，当然也渗透到了每节课的巩固练习设计中。巩固练习是一种有目的、有计划、有指导的教学训练活动，是学生掌握知识、形成技能、培养能力、养成良好学习习惯的重要手段，也是教师掌握教学情况，进行反馈的重要措施。所以教师要讲究策略，根据教学目标设计能检验学生对新知的掌握情况和促使学生全面发展的习题。教师 A 的设计具有针对性，明确了"分数的意义"的教学目标，但是缺乏典型性和趣味性，课堂活动安排的内容不够生动，语言单调，题目的评讲形式过于单一，对学习困难的学生关注不够。

教师 B 充分调动学生的积极性，以学生熟悉的实例引入课堂的主要内容，发散学生的思维且提高了学生的动手操作能力，让学生在轻松的环境中获取知识。提出的话题有趣，引人入胜，层次清晰，遵循由易到难、由浅入深的原则设计习题。这些练习既使学生牢固地掌握了所学知识，能够熟练运用分数的意义解决问题，又训练了学生的思维，激发了学生的学习兴趣，对提高学生的学习能力和思维能力有很大帮助。另外，把学习的主动权交给了学生，给予学生思考和表现的机会，让他们在主动参与合作中完成任务，较好地实现了知识在交流中增值，思维在交流中碰撞，情感在交流中升华。

28.【参考答案】本题考查教学设计。

一、教学目标

结果目标：知道分数和其他数学知识一样，是在人类的生产和生活实际的需要中产生的；理解分数的意义和单位"1"的含义及分子、分母的含义。

过程目标：经历认识分数意义的过程，利用操作、讨论、交流等形式展开小组学习，培养抽象概括能力和逻辑思维能力。

二、教学过程设计

(一)创设情境，温故引新

师：我们已经初步认识了分数，谁来说几个分数？(板书：如 $\frac{1}{4}$)你知道分数各部分的名称吗？(板书)

师：那你们知道分数是怎样产生的吗？

(二)教学新知

1. 教学分数的产生

①你能根据成语说出下面的分数吗？

一分为二(　)

七上八下(　)

百里挑一(　)

十拿九稳(　)

②请一个学生用米尺测量黑板的长，并说一说，用"米"作单位，看看测量的结果能不能用整数表示。

师：那剩下的不足一米怎么记？

③在古代,人们就已经遇到了这样的问题(教师用一根打了结的绳子演示古人测量的情况)。课件呈现情境图,介绍分数的起源和发展历史。

④在我们的日常生活中,为了平均分配一些东西,也常常会遇到不能用整数表示的情况。比如两个小朋友平分一个橘子、一块月饼、一块饼干等,每人分到的能用整数表示吗?用什么分数表示?

总结:在测量、分物的时候,可能得不到整数的结果,这时需要用一种新的数——分数表示。所以分数是为了适应人类实际需要而产生的。

2. 教学分数的意义

(1)师:下面老师要先考考大家,你能举例说明$\frac{1}{4}$的含义吗?(投影出示题目,学生口答)

师:阴影部分可以用什么分数表示?它表示什么意思?

(2)师:下列图中的阴影部分能用$\frac{1}{4}$表示吗?(课件出示)

生:可以。

师:你为什么觉得可以用$\frac{1}{4}$表示呢?

生说明理由。(强调一定要平均分)(板书:平均分)

(3)动手操作,探索新知。

①操作。

师:现在我给每一个小组都提供了四种材料,一张长方形纸、一根一米长的绳子、6个小立方体、4根绘画笔。下面请每组根据这四种材料,通过折一折、画一画、分一分等方法,创造出几个不同的分数。

学生动手操作,教师巡视。

②交流。

师:谁愿意上来说一说,你得到了哪些分数?这些分数是怎样得到的?

小组讨论,并发言。

③认识单位"1"。

师:利用这四种材料,同学们创造出了好多分数。刚才在表示这些分数时,我们都是对哪些东西进行平均分的?

生:一张长方形纸、一米长的绳子、6个小立方体、4根绘画笔。

师:把一张长方形纸平均分,我们可以称之为把一个物体平均分(课件显示:一个物体);把一米长的绳子平均分,我们可以称之为把一个计量单位平均分(课件显示:一个计量单位);把6个小立方体、4根绘画笔平均分,我们又可以称之为把一些物体平均分(课件显示:一些物体)。

小结:一个物体、一些物体等都可以看作一个整体,把这个整体平均分成若干份,这样的一份或几份都可以用分数来表示。(课件显示)

师(投影出示):我们可以把这3只象看作一个整体吗?我们可以把这6颗草莓看作一个整体吗?这4只老虎呢?我们还可以把哪些物体也看成一个整体呢?(学生举例)

师:像这样的一个物体、一个计量单位、一个整体,我们可以用自然数"1"来表示,通常把它叫作单位"1"(课件显示),强调说明:

a. 单位"1"不仅可以指一个物体、一个计量单位,也可以是很多物体组成的一个整体。如:一个苹果、一支铅笔、一个计量单位、一堆煤、一仓库粮食等,把什么平均分,就应把什么看作单位"1"。

b. 单位"1"和自然数"1"的区别:自然数1是一个数,表示一个。如:一个人、一本书、一间房子……它是自然数的计数单位。而单位"1"不仅可以表示某一个具体事物,还可以表示一堆、一群……它表示被平均分的整体。

概括分数的意义:把单位"1"平均分成若干份,表示这样的一份或几份的数,叫作分数。

④理解分子分母的意义。

师:通过刚才的学习,大家知道了分数的意义,请同学们想一下,这个"若干份"是分数中的什么?(分母,表示平均分的份数)"这样的一份或几份"是分数中的什么?(分子,表示取的份数)

⑤师:接下来我想出几道题来考考大家,你们愿不愿意接受挑战?

a. 把这个文具盒里的所有铅笔平均分给2个同学,每个同学得到这盒铅笔的几分之几?

生:$\frac{1}{2}$。

b. 师:为什么可以用$\frac{1}{2}$来表示?

c. 师:如果把这盒铅笔平均分给5个同学,每个同学得到这盒铅笔的几分之几呢?如果把这盒铅笔平均分给10个同学,每个同学得到这盒铅笔的几分之几呢?如果把这盒铅笔平均分给100个同学,每个同学得到这盒铅笔的几分之几呢?

师:现在这个文具盒里有6支铅笔,把它平均分给2个同学,每个同学得到的铅笔能用$\frac{1}{2}$表示吗?是几支铅笔?

如果我再增加2支铅笔,把8支铅笔平均分给2个同学,每个同学得到的铅笔还能用$\frac{1}{2}$表示吗?是几支铅笔?为什么同样是$\frac{1}{2}$,铅笔的支数不一样?

教师启发学生总结:因为一个整体表示的具体数量不同,所以同样是$\frac{1}{2}$,铅笔的支数不一样。

3. 教学分数单位

师:整数有计数单位个、十、百、千、万……,分数是否也有计数单位呢?它的计数单位又是怎样

规定的？
显示：把单位“1”平均分成若干份，表示其中一份的数叫作分数单位。
师：也就是说分数单位是由一个分数的分母决定的，分母是几，它的分数单位就是几分之一。(师举例说明后，说出几个分数让学生回答，然后再让学生自己举例说明)
(三)加强练习，深化概念
1. $\frac{3}{5}$ 表示把(　　)平均分成(　　)份，表示这样的(　　)份，它的分母是(　　)，表示(　　)；分子是(　　)，表示(　　)。
2. $\frac{6}{7}$ 的分数单位是(　　)，有(　　)个这样的分数单位。
3. 说出每个分数的意义。
(1)五(1)班的三好学生人数占全班的$\frac{2}{9}$。
(2)一节课的时间是$\frac{2}{3}$小时。
4. 判断(对的打“√”，错的打“×”)。
(1)一堆苹果分成4份，每份占这堆苹果的$\frac{1}{4}$。(　　)
(2)把5米长的绳子平均分成7段，每段占全长的$\frac{5}{7}$。(　　)
(3)14个$\frac{1}{9}$是$\frac{9}{14}$。(　　)
(4)自然数1和单位“1”相同。(　　)
(四)小结
今天这节课我们学习了什么？你有哪些收获？

浙江省教师招聘考试中小学数学预测试卷(七)

第一部分　学科专业知识

一、单项选择题

1. D 【解析】本题考查集合的运算和交集。$A=\{x|1+x>0\}=\{x|x>-1\}$，$B=\left\{x\left|\frac{1}{x-1}<0\right.\right\}=\{x|x<1\}$，则$A\cap B=\{x|-1<x<1\}$。

2. A 【解析】本题考查复数的运算。$\frac{-7-\mathrm{i}}{(1-2\mathrm{i})^2}=\frac{-7-\mathrm{i}}{-3-4\mathrm{i}}=\frac{(-7-\mathrm{i})\cdot(-3+4\mathrm{i})}{(-3-4\mathrm{i})\cdot(-3+4\mathrm{i})}=\frac{25-25\mathrm{i}}{25}=1-\mathrm{i}$。

3. A 【解析】本题考查平面向量在平面几何中的应用。由题意得，$\overrightarrow{BA}\cdot\overrightarrow{BC}=2\times2\times\cos\frac{\pi}{3}=2$，$\overrightarrow{BD}\cdot\overrightarrow{CP}=(\overrightarrow{BA}+\overrightarrow{BC})\cdot(\overrightarrow{BP}-\overrightarrow{BC})=(\overrightarrow{BA}+\overrightarrow{BC})\cdot[(\overrightarrow{AP}-\overrightarrow{AB})-\overrightarrow{BC}]=(\overrightarrow{BA}+\overrightarrow{BC})\cdot[(\lambda-1)\overrightarrow{AB}-\overrightarrow{BC}]=(1-\lambda)\overrightarrow{BA}^2-\overrightarrow{BA}\cdot\overrightarrow{BC}+(1-\lambda)\overrightarrow{BA}\cdot\overrightarrow{BC}-\overrightarrow{BC}^2=(1-\lambda)\cdot4-2+2\cdot(1-\lambda)-4=-6\lambda=-3$，解得$\lambda=\frac{1}{2}$。

4. A 【解析】本题考查立体图形的三视图。由左视图可知，第2层上至少有一个小正方体，由俯视图可知第1层一共有5个小正方体，故小正方体的个数最少为6个。故选A。

5. C 【解析】本题考查函数的奇偶性。用“$-x$”代替“x”，得$f(-x)-g(-x)=(-x)^3+(-x)^2+1$，化简得$f(x)+g(x)=-x^3+x^2+1$，令$x=1$，得$f(1)+g(1)=1$。故选C。

6. B 【解析】本题考查几何概型。至少需要等待15秒才出现绿灯的概率是$1-\frac{15}{40}=\frac{5}{8}$。

7. C 【解析】本题考查平面向量的运算。A项，$\boldsymbol{a}\cdot\boldsymbol{b}=2\times1+0\times1=2\neq1$，错误；B项，$|\boldsymbol{a}|=\sqrt{2^2+0^2}=2$，$|\boldsymbol{b}|=\sqrt{1^2+1^2}=\sqrt{2}$，则$|\boldsymbol{a}|\neq|\boldsymbol{b}|$，错误；C项，由$\boldsymbol{a}=(2,0)$，$\boldsymbol{b}=(1,1)$，得$\boldsymbol{a}-\boldsymbol{b}=(1,-1)$，故$(\boldsymbol{a}-\boldsymbol{b})\cdot\boldsymbol{b}=1\times1+1\times(-1)=0$，因此$(\boldsymbol{a}-\boldsymbol{b})\perp\boldsymbol{b}$，正确；D项，因为$2\times1\neq0\times1$，所以由平面向量平行的性质可得，$\boldsymbol{a}$与$\boldsymbol{b}$不平行，错误。故选C。

8. C 【解析】本题考查平面图形面积的计算。设$BM=x$，$\because\triangle CBM$与$\triangle CND$的面积相等，$BC=CD$，$\therefore BM=DN$，$\therefore S_{\triangle CBM}=S_{\triangle CND}=\frac{3}{2}x$，$\therefore S_{\text{四边形}CMAN}=9-3x=S_{\triangle CBM}=\frac{3}{2}x$，$\therefore x=2$，$\therefore CM=\sqrt{3^2+2^2}=\sqrt{13}$。

9. A 【解析】本题考查导数的计算。依题意得$y'=1+\ln x$，$y'|_{x=\mathrm{e}}=1+\ln\mathrm{e}=2$，所以$-\frac{1}{a}\times2=-1$，即$a=2$。

10. C 【解析】本题考查函数的图象。由题意可得，若$x\in[-2,0]$，则$-x\in[0,2]$。且当$x\in[0,2]$时，$f(x)=x-1$，则$f(-x)=-x-1$，又由$f(x)$是偶函数，故当$x\in[0,2]$时，$f(x)=x-1$，即在一个周期$[-2,2]$内，$f(x)=\begin{cases}-x-1,&-2\leqslant x<0,\\x-1,&0\leqslant x\leqslant2,\end{cases}$若$x\in[2,4]$，则$x-4\in[-2,0]$，即$f(x)=f(x-4)=-(x-4)-1=-x+3$，如图，作出函数$f(x)$在$[-2,4]$上的图象，则当$x\in[-1,3]$时，不等式$xf(x)>0\Leftrightarrow\begin{cases}x>0,\\f(x)>0\end{cases}$或$\begin{cases}x<0,\\f(x)<0,\end{cases}$解得不等式的解集为$(-1,0)\cup(1,3)$。

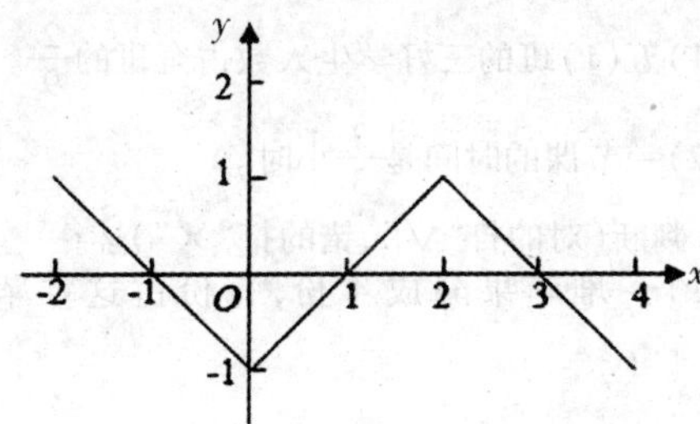

二、填空题

11. 132

【解析】本题考查等比和等差数列的性质。$\because \{a_n\}$是各项不为0的正项等比数列，$\therefore b_n = \ln a_n$是等差数列。又$b_3 = 18, b_6 = 12$，所以$b_1 = 22, d = -2$，所以$S_n = 22n + \frac{n(n-1)}{2} \times (-2) = -n^2 + 23n, (S_n)_{\max} = -11^2 + 23 \times 11 = 132$。

12. 60°

【解析】本题考查异面直线所成的角。由题意得，取AC的中点M，连结ME, MF。如图所示，$\because E, M, F$分别为PA, AC, BC的中点，故可得$EM \mathrel{\underline{\mathrel{/\!/}}} \frac{1}{2}PC$，$MF \mathrel{\underline{\mathrel{/\!/}}} \frac{1}{2}AB$，故可得$\angle EMF$即为$AB$与$PC$所成的角或其补角。在$\triangle EMF$中，$\cos\angle EMF = \frac{EM^2 + MF^2 - EF^2}{2EM \cdot MF} = \frac{5^2 + 3^2 - 7^2}{2 \times 5 \times 3} = -\frac{1}{2}$，$\therefore \angle EMF = 120°$，$\therefore AB$与$PC$所成的角为60°。

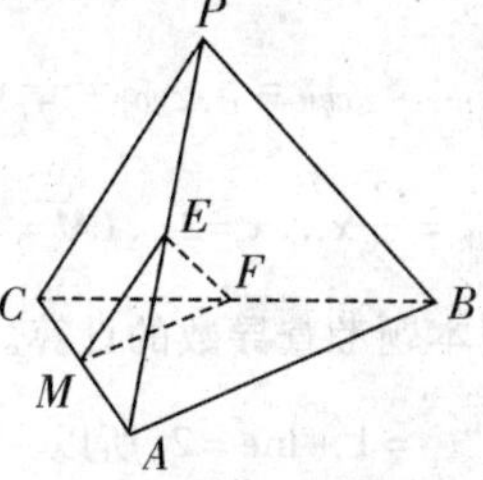

13. 7

【解析】本题考查椭圆的性质。设$A(5\cos\theta, 3\sin\theta)$，易知该圆的圆心为$C(1,0)$，半径为1，$|AC|^2 = (5\cos\theta - 1)^2 + (3\sin\theta)^2 = 25\cos^2\theta - 10\cos\theta + 1 + 9\sin^2\theta = 16\cos^2\theta - 10\cos\theta + 10 = 16 \cdot \left(\cos\theta - \frac{5}{16}\right)^2 + \frac{135}{16}$，当$\cos\theta = -1$时，$|AC|$取得最大值6，从而$|AB|$的最大值为$6 + 1 = 7$。

14. $-\frac{7}{25}$

【解析】本题考查三角函数的化简计算。$\because \sin\theta + \cos\theta = \frac{1}{5}$，$\therefore \sin^2\theta + 2\sin\theta\cos\theta + \cos^2\theta = \frac{1}{25}$，即$1 + \sin 2\theta = \frac{1}{25}$，$\therefore \sin 2\theta = -\frac{24}{25}$。$\because \frac{\pi}{2} \leqslant \theta \leqslant \frac{3\pi}{4}$，$\therefore \pi \leqslant 2\theta \leqslant \frac{3\pi}{2}$，$\therefore \cos 2\theta = -\sqrt{1 - \sin^2 2\theta} = -\frac{7}{25}$。

15. -1

【解析】本题考查函数的奇偶性与周期性。$\because$函数$f(x)$是定义在$\mathbf{R}$上的偶函数，$\therefore f(-x) = f(x)$，$\because g(x)$在$\mathbf{R}$上是奇函数，$\therefore g(-x) = -g(x)$，$\because g(x) = f(x-1)$，$\therefore f(x-1) = g(x) = -g(-x) = -f(-x-1) = -f(x+1)$，则$f[(x+2)-1] = -f[(x+2)+1]$，即$f(x+1) = -f(x+3)$，即$f(x-1) = f(x+3)$，$\therefore f(x)$的周期为4，$\because g(x)$过点$(-1,1)$，$\therefore g(-1) = 1, g(1) = -1$，$\therefore f(0) = -1, f(-2) = 1$，由奇函数的性质知，$g(0) = 0$，$\therefore f(-1) = 0$，$\therefore f(2007) + f(2008) = f(-1) + f(0) = -1$。

16. $(-\infty, \sqrt{2} - 1]$

【解析】本题考查分段函数和不等式。当$x + 1 < 0$时，即$x < -1$时，$x + (x+1)f(x+1) \leqslant 1$，解得$x < -1$；当$x + 1 \geqslant 0$，即$x \geqslant -1$时，$x + (x+1)f(x+1) \leqslant 1$，解得$-1 \leqslant x \leqslant \sqrt{2} - 1$。综上可得，$x \leqslant \sqrt{2} - 1$。

三、解答题

17. 【解析】本题考查解三角形。(1)$f(x) = 2\sin x \sin^2 \frac{\varphi}{2} + \cos x \sin\varphi - \sin x = 2\sin x \frac{1 - \cos\varphi}{2} + \cos x \sin\varphi - \sin x = \cos x \sin\varphi - \sin x \cos\varphi = \sin(\varphi - x)$，

当$x = \pi$时，$f(x)$取得最小值，即$\sin(\varphi - \pi) = -1$，因为$0 < \varphi < \pi$，所以$\varphi = \frac{\pi}{2}$。

(2)由(1)知$f(x) = \cos x$，

又$f(B) = \frac{\sqrt{3}}{2}$，$\angle B$是$\triangle ABC$的内角，得$\angle B = \frac{\pi}{6}$，

由余弦定理得，$b^2 = a^2 + c^2 - 2ac\cos B = (a+c)^2 - 2ac - 2ac\cos B$，结合$a + c = 4, b = 2$，可解得$ac = 12(2 - \sqrt{3})$，

故$S_{\triangle ABC} = \frac{1}{2}ac\sin B = \frac{1}{2} \times 12(2 - \sqrt{3}) \times \frac{1}{2} = 6 - 3\sqrt{3}$。

18. 【解析】本题考查椭圆的性质。(1)由椭圆顶点$B(0,3)$可知$b = 3$，右焦点到右顶点的距离为$\sqrt{3}$，则有$a - c = \sqrt{3}$，又因为$a^2 = b^2 + c^2$，可得$a - \sqrt{a^2 - 9} = \sqrt{3}$，解得$a = 2\sqrt{3}$，所以椭圆方程为$\frac{x^2}{12} + \frac{y^2}{9} = 1$。

(2)设$M(x_1, y_1), N(x_2, y_2)$，则$\triangle BMN$的重心坐标为$\left(\frac{x_1 + x_2}{3}, \frac{y_1 + y_2 + 3}{3}\right)$，

又因为椭圆左焦点F坐标为$(-\sqrt{3}, 0)$，则$x_1 +$

$x_2=-3\sqrt{3}$，$y_1+y_2=-3$。

设直线 l 的方程为 $y=kx+m$（若直线斜率不存在，则直线 l 与椭圆两交点的纵坐标互为相反数，相加为0，而 $y_1+y_2=-3$，故斜率一定存在，同理，可知斜率不为0）

联立 $\begin{cases} y=kx+m, \\ \frac{x^2}{12}+\frac{y^2}{9}=1, \end{cases}$

消去 y 可得，$(4k^2+3)x^2+8kmx+4m^2-36=0$，

则 $x_1+x_2=-\frac{8km}{4k^2+3}$，①

$y_1+y_2=k\left(-\frac{8km}{4k^2+3}\right)+2m=\frac{6m}{4k^2+3}$，②

①÷②可得，$\frac{-\frac{8km}{4k^2+3}}{\frac{6m}{4k^2+3}}=\frac{-3\sqrt{3}}{-3}$，易得 $k=-\frac{3\sqrt{3}}{4}$，

将 k 代入②可得 $m=-\frac{39}{8}$，

故直线 l 的方程为 $y=-\frac{3\sqrt{3}}{4}x-\frac{39}{8}$。

19.【解析】本题考查函数与导数的综合应用。

(1)因为 $f(x)=[ax^2-(3a+1)x+3a+2]e^x$，所以 $f'(x)=[ax^2-(a+1)x+1]e^x$，则 $f'(2)=(2a-1)e^2$，由题设知 $f'(2)=0$，即 $(2a-1)e^2=0$，解得 $a=\frac{1}{2}$。

(2)由(1)得 $f'(x)=[ax^2-(a+1)x+1]e^x=(ax-1)(x-1)e^x$，

若 $a>1$，则当 $x\in\left(\frac{1}{a},1\right)$ 时，$f'(x)<0$；

当 $x\in(1,+\infty)$ 时，$f'(x)>0$，所以 $f(x)$ 在 $x=1$ 处取得极小值。

若 $a\leqslant 1$，则当 $x\in(0,1)$ 时，$ax-1\leqslant x-1<0$，所以 $f'(x)>0$，所以1不是 $f(x)$ 的极小值点。

综上可知，a 的取值范围是 $(1,+\infty)$。

第二部分　教材教法知识

四、简述题

20.【参考答案】本题考查"四基"与"四能"的含义和课程内容的编排意图分析。(1)《普通高中数学课程标准》(2017年版2020年修订)指出，通过高中数学课程的学习，学生能获得进一步学习以及未来发展所必需的数学基础知识、基本技能、基本思想、基本活动经验，简称为"四基"；提高从数学角度发现和提出问题的能力、分析和解决问题的能力，简称"四能"。

(2)是从点斜式开始的。①在此之前，先学习了直线的斜率公式，在此基础上学习点斜式，可以进一步熟悉并应用斜率公式。②直线方程的点斜式、两点式都可由点斜式比较容易地推导出来，又起着承上启下的作用。

21.【参考答案】本题考查教学设计。

(1)复习提问

回顾前面讨论过的问题，请学生概述用向量方法解决立体几何问题时经历的一般过程，引导学生结合前面的学习及例题从整体上归纳解题过程。

学生思考回答。

设计意图：学生通过思考明确用向量法解决立体几何问题的一般过程，并能简明地叙述出来，为对本节后续内容的整体把握做准备。

(2)解决问题

问题1：阅读题目，请找出其中的已知条件和求解问题，这些求解问题能用向量方法解决吗？

引导学生认识到本题具有一定的综合性。

学生独立阅读并分析题意。

设计意图：通过阅读题目，学生明确要求，整理出本题用向量法解决的大体思路。

问题2：应怎样把问题向量化？如何建立空间直角坐标系？

引导学生关注"三条线段两两垂直且彼此相等"这一隐含条件建立坐标系。

引导学生建立以点 D 为原点，DA，DC，DD' 为坐标轴的空间直角坐标系，并写出各点坐标。

求点 P 坐标（引导学生利用定比分点公式和 $\angle PDA=60°$ 这一条件）。

学生建立空间直角坐标系，并写出各点坐标。算出点 P 的坐标。

设计意图：使学生意识到能通过把向量坐标化解决问题，形成结合题中条件建立适当坐标系的能力。

问题3：考虑材料中(1)求 DP 与 CC' 所成角的大小。

启发学生利用向量数量积求线线夹角，$\cos\langle\overrightarrow{DP},\overrightarrow{CC'}\rangle=\frac{\overrightarrow{DP}\cdot\overrightarrow{CC'}}{|\overrightarrow{DP}||\overrightarrow{CC'}|}$。

设计意图：让学生熟悉并掌握利用向量数量积求线线夹角的方法。

问题4：考虑材料中问题(2)求平面 DPA 与平面 $AA'D'D$ 所成角的大小。

引导学生用平面的法向量来求两平面所成角的大小，组织讨论怎么求平面的法向量。

学生在讨论的基础上写出求解过程。

设计意图：让学生熟悉平面法向量的求法，掌握利用平面法向量求解两平面所成角的大小。

(3)小结

总结向量法解立体几何题的类型和方法及向量法解立体几何题的优缺点。

学生讨论在实际计算中遇到的问题和容易出错的情况。

设计意图：使学生加深对向量法解立体几何题的认识。

浙江省教师招聘考试中小学数学预测试卷(八)

1. C 【解析】本题考查集合的运算。集合 $A=\{x|2x-x^2\leqslant 0\}=\{x|x\leqslant 0$ 或 $x\geqslant 2\}=(-\infty,0]\cup[2,+\infty)$，$B=\left\{x\left|\frac{x-2}{x-1}\leqslant 0\right.\right\}=\{x|1<x\leqslant 2\}=(1,2]$，$\therefore \complement_{\mathbf{R}}B=(-\infty,1]\cup(2,+\infty)$，$\therefore(\complement_{\mathbf{R}}B)\cap A=(-\infty,0]\cup(2,+\infty)$。故选 C。

2. B 【解析】本题考查复数的性质及其运算。由 $(3+i)\cdot z=|1+3i|$，得 $z=\frac{|1+3i|}{3+i}=\frac{\sqrt{10}(3-i)}{(3+i)(3-i)}=\frac{3\sqrt{10}}{10}-\frac{\sqrt{10}}{10}i$，$\therefore z$ 的虚部为 $-\frac{\sqrt{10}}{10}$。故选 B。

3. D 【解析】本题考查空间中线面位置关系的判断。若 $m/\!/\alpha,n/\!/\alpha$，则 m,n 可相交、平行、异面，A 项错误；若 $\alpha\perp\gamma,\beta\perp\gamma$，则 α,β 可平行，也可相交，B 项错误；若 $m/\!/\beta,n/\!/\beta$，无法决定 α,β 的位置关系，C 项错误；若 $m\perp\alpha,n\perp\alpha$，则 $m/\!/n$（线面垂直的性质定理），故选 D。

4. A 【解析】本题考查充分、必要条件的判断。解不等式可得，$p:\{x|-2\leqslant x\leqslant 3\}$，$q:x^2-4x+4-9m^2\leqslant 0(m>0)$，则 $\neg p:A=\{x|x<-2$ 或 $x>3\}$，$\neg q:B=\{x|x<2-3m$ 或 $x>2+3m\}(m>0)$，由题意可知 $\neg p\Rightarrow\neg q$，且 $\neg q\nRightarrow\neg p$，即 $A\subsetneqq B$，从而可得 $\begin{cases}2-3m\geqslant -2,\\2+3m\leqslant 3,\\m>0,\end{cases}$ 解得 $m\in\left(0,\frac{1}{3}\right]$。

5. C 【解析】本题考查平面向量的运算。$\because \boldsymbol{a}=(1,2)$，$\boldsymbol{b}=(-3,5)$，$\therefore \boldsymbol{a}+\boldsymbol{b}=(-2,7)$，又 $\boldsymbol{a}+\boldsymbol{b}=\lambda\boldsymbol{c}=(4\lambda,\lambda x)$，$\therefore -2=4\lambda,7=\lambda x$，解得 $\lambda=-\frac{1}{2}$，$x=-14$，$\therefore \lambda+x=-\frac{1}{2}-14=-\frac{29}{2}$。故选 C。

6. D 【解析】本题考查抛物线与直线的综合应用。如图，点 P 到抛物线准线的距离等于点 P 到焦点 F 的距离，从而点 P 到 y 轴的距离等于到焦点 F 的距离减 $\frac{p}{2}$ 等于1。过焦点 F 作直线 $x-y+4=0$ 的垂线，此时 $d_1+d_2=|PF|+d_2-1$ 最小，由于 F 为(1,0)，故 $|PF|+d_2=\frac{|1-0+4|}{\sqrt{1+1}}=\frac{5\sqrt{2}}{2}$，所以 d_1+d_2 的最小值为 $\frac{5\sqrt{2}}{2}-1$。

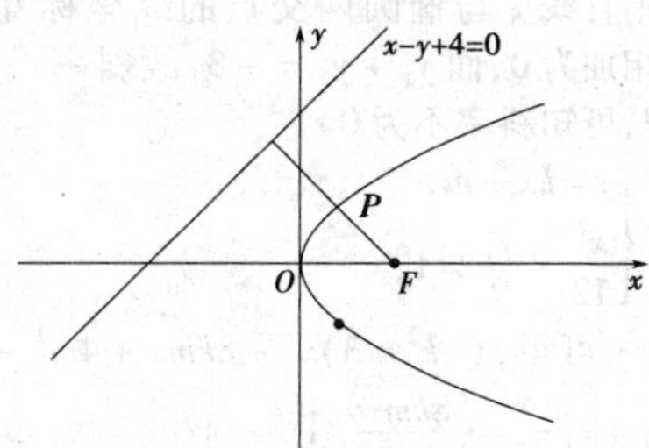

7. D 【解析】本题考查数学期望与方差。$E[X(X+Y-2)]=E(X^2+XY-2X)=E(X^2)+E(XY)-2E(X)=D(X)+(EX)^2+E(X)E(Y)-2E(X)=3+2\times2+2\times1-2\times2=5$。

8. D 【解析】本题考查三角函数图象的平移。由题意得，$f(0)=f\left(-\frac{\pi}{2}\right)$，$\therefore \lambda=-1$，$\therefore f(x)=\sin x-\cos x=\sqrt{2}\sin\left(x-\frac{\pi}{4}\right)$，$g(x)=\sqrt{2}\sin\left[\frac{1}{2}\left(x-\frac{\pi}{3}\right)-\frac{\pi}{4}\right]=\sqrt{2}\sin\left(\frac{1}{2}x-\frac{5\pi}{12}\right)$，$\therefore$ 函数 $g(x)$ 的对称轴方程为 $\frac{1}{2}x-\frac{5\pi}{12}=k\pi+\frac{\pi}{2}$，解得 $x=2k\pi+\frac{11\pi}{6}(k\in\mathbf{R})$，当 $k=0$ 时，对称轴的方程为 $x=\frac{11\pi}{6}$。

9. B 【解析】本题考查等差数列的性质。$\because \frac{S_n}{T_n}=\frac{2n+2}{n+3}$，$\therefore \frac{S_{29}}{T_{29}}=\frac{2\times29+2}{29+3}=\frac{15}{8}$，$\because S_{29}=\frac{29}{2}(a_1+a_{29})=29a_{15}$，$T_{29}=\frac{29}{2}(b_1+b_{29})=29b_{15}$，$\therefore \frac{S_{29}}{T_{29}}=\frac{a_{15}}{b_{15}}=\frac{15}{8}$。

10. B 【解析】本题考查函数与方程的根的综合应用。令 $-1<x<0$，则 $0<x+1<1$，从而有 $f(x+1)=\frac{x+1}{2}$，故 $f(x)=\begin{cases}\frac{2}{x+1}-1,-1<x<0,\\\frac{x}{2},0\leqslant x<1,\end{cases}$ 由 $f(x)-2ax=a-1$ 得 $f(x)=a(2x+1)-1$，如图所示，函数 $y=a(2x+1)-1$ 恒过点 $A\left(-\frac{1}{2},-1\right)$，由 $B\left(1,\frac{1}{2}\right)$，$C(0,1)$ 可得 $k_{AB}=\frac{\frac{1}{2}+1}{1+\frac{1}{2}}=1$，$k_{OA}=2$，$k_{AC}=\frac{1+1}{\frac{1}{2}}=4$，若方程 $f(x)-2ax=a-1$ 有唯一

解，则 $1<2a\leqslant2$ 或 $2a>4$，即 $\frac{1}{2}<a\leqslant1$ 或 $a>2$；

当 $2ax+a-1=\frac{2}{x+1}-1$，即图象相切时，有 $\Delta=0$，即 $9a^2-8a(a-2)=0$，解得 $a=-16$ 或 $a=0$（舍去）。则 a 的取值范围是 $\{-16\}\cup\left(\frac{1}{2},1\right]\cup(2,+\infty)$。故选 B。

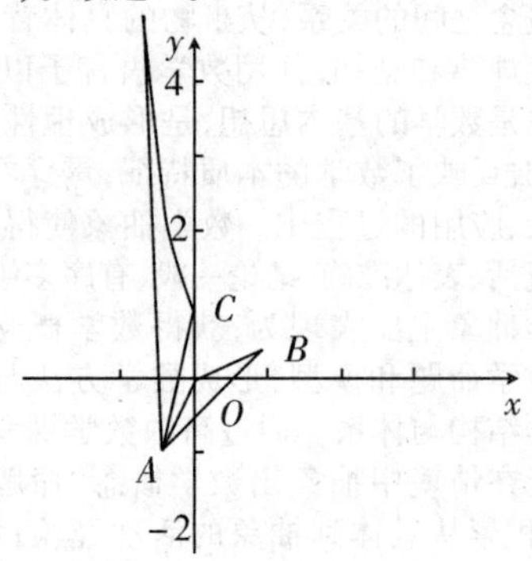

二、填空题

11. $3-2\log_2 3$

【解析】本题考查反函数以及周期函数和偶函数的性质。$\because f(x-1)=f(x+3)$，$\therefore f(x)=f(x+4)$，$\therefore$ 函数的周期为 $T=4$，$\therefore x\in[0,2]$ 时，$x+4\in[4,6]$，$\therefore f(x)=f(x+4)=2^{x+4}+1$，$\because$ 函数 $f(x)$ 为偶函数，$\therefore x\in[-2,0]$ 时，$-x\in[0,2]$，则 $f(x)=f(-x)=2^{-x+4}+1$，令 $f(x)=2^{-x+4}+1=19$，解得 $x=4-\log_2 18=3-2\log_2 3$，从而 $f^{-1}(19)=3-2\log_2 3$。

12. $\frac{5}{2}$

【解析】本题考查线性规划的应用。根据不等式组画出可行域，如图所示，目标函数可写为 $y=-\frac{1}{m}x+\frac{z}{m}$，因为 $m>1$，所以 $-1<-\frac{1}{m}<0$，将函数 $y=-\frac{1}{m}x$ 的图象平移经过可行域时，在点 $G(\frac{1}{3},\frac{2}{3})$ 处 z 取最大值，此时 $z=2$，所以 $2=\frac{1}{3}+\frac{2m}{3}$，解得 $m=\frac{5}{2}$。

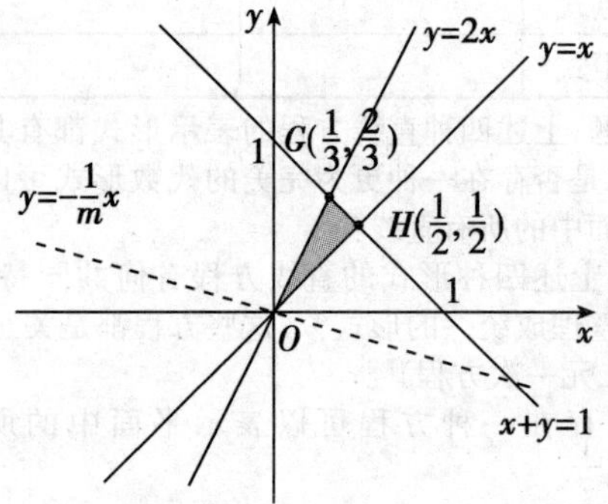

13. 125

【解析】本题考查二项式定理的应用。令 $x=0$，解得 $a_0=1$；令 $x=1$，得 $-2=a_0+a_1+a_2+\cdots+a_8$，即 $a_1+a_2+\cdots+a_8=-3$，$\because a_8=(-2)^7C_7^7=-128$，$\therefore a_1+a_2+\cdots+a_7=-3-a_8=125$。

14. 4

【解析】本题考查均值不等式的应用。$\left(x+\frac{1}{2y}\right)^2+\left(y+\frac{1}{2x}\right)^2\geqslant2\left(x+\frac{1}{2y}\right)\left(y+\frac{1}{2x}\right)\geqslant8\sqrt{x\cdot\frac{1}{2y}}\sqrt{y\cdot\frac{1}{2x}}=4$，当且仅当 $\begin{cases}x+\frac{1}{2y}=y+\frac{1}{2x},\\x=\frac{1}{2y},\\y=\frac{1}{2x},\end{cases}$ 即 $x=y=\frac{\sqrt{2}}{2}$ 时，等号成立。故 $\left(x+\frac{1}{2y}\right)^2+\left(y+\frac{1}{2x}\right)^2$ 的最小值是 4。

15. $\sqrt{2}+1$

【解析】本题考查双曲线与抛物线的综合。设双曲线 C_1 的左焦点为 $F'(-c,0)$，由题意得 $F(c,0)$，$c=\frac{p}{2}$，$A\left(\frac{p}{2},p\right)$，$B\left(\frac{p}{2},-p\right)$，即 $A(c,2c)$，$B(c,-2c)$，又 $|AF'|-|AF|=2a$，$|AF'|=\sqrt{|F'F|^2+|AF|^2}=\sqrt{(2c)^2+(2c)^2}=2\sqrt{2}c$，$\therefore 2\sqrt{2}c-2c=2a$，$\therefore e=\frac{c}{a}=\frac{1}{\sqrt{2}-1}=\sqrt{2}+1$。

16. 必要不充分

【解析】本题考查充分、必要条件的判断，以及不等式性质的应用。当 $a>b,c=0$ 时，$a\ln(c^2+1)=b\ln(c^2+1)=0$，所以“$a>b$”推不出“$a\ln(c^2+1)>b\ln(c^2+1)$”；当 $a\ln(c^2+1)>b\ln(c^2+1)$ 时，$\ln(c^2+1)>0$，所以 $a>b$，所以“$a\ln(c^2+1)>b\ln(c^2+1)$”能推出“$a>b$”。所以“$a>b$”是“$a\ln(c^2+1)>b\ln(c^2+1)$”的必要不充分条件。

三、解答题

17.【解析】本题考查解三角形的应用。(1) 由 $\frac{2\tan B}{\tan A+\tan B}=\frac{b}{c}$ 及正弦定理可知，$\frac{2\sin B}{\cos B}\cdot\frac{\cos A\cdot\cos B}{\sin(A+B)}=\frac{\sin B}{\sin C}$，化简得 $2\cos A=1$，又 $\angle A\in(0,\pi)$，故 $\angle A=\frac{\pi}{3}$。

(2) 由余弦定理 $a^2=b^2+c^2-2bc\cos A$，得 $13=9+c^2-3c$，所以 $c^2-3c-4=0$，

即 $(c-4)(c+1)=0$，所以 $c=4$（负值舍去），从而 $S_{\triangle ABC}=\frac{1}{2}bc\sin A=\frac{1}{2}\times3\times4\times\frac{\sqrt{3}}{2}=3\sqrt{3}$。

18.【解析】本题考查数列的通项公式与数列求和的应用。证明：(1) $\because a_{n+1}=3a_n+1$，

$\therefore a_{n+1}+\frac{1}{2}=3(a_n+\frac{1}{2})$，又$\because a_1+\frac{1}{2}=\frac{3}{2}\neq 0$，$\therefore$ 数列 $\left\{a_n+\frac{1}{2}\right\}$是首项为 $\frac{3}{2}$，公比为3 的等比数列，

$\therefore a_n+\frac{1}{2}=\frac{3}{2}\times 3^{n-1}=\frac{1}{2}\times 3^n$，$\therefore a_n=\frac{3^n-1}{2}$。

(2)由(1)知 $\frac{1}{a_n}=\frac{2}{3^n-1}$，

当 $n=1$ 时，$\frac{1}{a_1}=1$；

当 $n\geqslant 2$ 时，$3^n-1>2\times 3^{n-1}$，即 $\frac{2}{3^n-1}<\frac{2}{2\times 3^{n-1}}=\frac{1}{3^{n-1}}$，

$\therefore \frac{1}{a_1}+\frac{1}{a_2}+\cdots+\frac{1}{a_n}<1+\frac{1}{3}+\frac{1}{3^2}+\cdots+\frac{1}{3^{n-1}}=\frac{1-\left(\frac{1}{3}\right)^n}{1-\frac{1}{3}}=\frac{3}{2}\left(1-\frac{1}{3^n}\right)<\frac{3}{2}$，

故当 $n\in\mathbf{N}^*$ 时，$\frac{1}{a_1}+\frac{1}{a_2}+\cdots+\frac{1}{a_n}<\frac{3}{2}$成立。

19.【解析】本题考查函数与导数的综合应用。

(1)$f'(x)=-1+\frac{a}{x}=\frac{a-x}{x}(x>0)$，①当 $a\leqslant 0$ 时，$a-x<0$，$f'(x)<0$，此时$f(x)$在$(0,+\infty)$单调递减；②当$a>0$时，令$f'(x)=0$，解得$x=a$，在区间$(0,a)$上，$f'(x)>0$，在区间$(a,+\infty)$上，$f'(x)<0$，

$\therefore$ 函数 $f(x)$ 在 $(0,a)$ 上单调递增，在区间 $(a,+\infty)$上单调递减。

综上所述，当 $a\leqslant 0$ 时，$f(x)$在$(0,+\infty)$上单调递减；当$a>0$时，函数$f(x)$在$(0,a)$上单调递增，在区间$(a,+\infty)$上单调递减。

(2)对任意$x_1\in(0,+\infty)$，都存在$x_2\in[0,1]$，使得$f(x_1)<g(x_2)$成立$\Leftrightarrow$在相应区间上，$f(x)_{\max}<g(x)_{\max}$，

$\because$ 在区间$[0,1]$上$g'(x)=2x-2\leqslant 0$，

$\therefore g(x)$在区间$[0,1]$上单调递减，$g(x)_{\max}=g(0)=2a$。

由(1)得，当$a<0$时，$f(x)$在区间$(0,+\infty)$上递减，值域是$\mathbf{R}$，不符合题意；

当$a=0$时，$f(x)=-x<0=g(x)_{\max}$，符合题意；

当$a>0$时，$f(x)$在区间$(0,a)$上递增，在区间$(a,+\infty)$上递减，

$f(x)_{\max}=f(a)=-a+a\ln a$，

$\therefore 2a>-a+a\ln a$，解得$0<a<e^3$。

综上，实数 a 的取值范围是$[0,e^3)$。

四、简述题

20.【参考答案】本题考查数学抽象的概念与表现。数学抽象是指通过对数量关系与空间形式的抽象，得到数学研究对象的素养。主要包括：从数量与数量关系、图形与图形关系中抽象出数学概念及概念之间的关系，从事物的具体背景中抽象出一般规律和结构，并用数学语言予以表征。数学抽象是数学的基本思想，是形成理性思维的重要基础，反映了数学的本质特征，贯穿在数学产生、发展、应用的过程中。数学抽象使得数学成为高度概括、表达准确、结论一般、有序多级的系统。

数学抽象主要表现为：获得数学概念和规则，提出数学命题和模型，形成数学方法与思想，认识数学结构与体系。通过高中数学课程的学习，学生能在情境中抽象出数学概念、命题、方法和体系，积累从具体到抽象的活动经验；养成在日常生活和实践中一般性思考问题的习惯，把握事物的本质，以简驭繁；运用数学抽象的思维方式思考并解决问题。

21.【参考答案】本题考查教学设计。(1)教学目标：

①明确直线方程一般式的形式特征；会把直线方程的点斜式、两点式化为一般式；会把直线方程的一般式化为斜截式，进而求斜率与截距。

②学会用分类讨论的思想方法解决问题。

③认识事物之间的普遍联系与相互转化，用联系的观点看问题，培养创新意识。

(2)教学重点：对直线方程一般式的理解及直线方程各种形式的互化。

教学难点：对直线方程一般式与二元一次方程关系的深入理解及直线方程一般式的应用。

(3)创设情境，导入新课：

①复习：写出前面学过的直线方程的各种不同形式，并指出其局限性。

直线方程	形式	限制条件
点斜式		
斜截式		
两点式		
截距式		

②问题：上述四种直线方程的表示形式都有其局限性，是否存在一种更为完美的代数形式可以表示平面中的所有直线？

提示：上述四种形式的直线方程有何共同特征？能否整理成统一的形式？（这些方程都是关于 x，y 的二元一次方程）

猜测：存在一种方程可以表示平面中的所有直线。

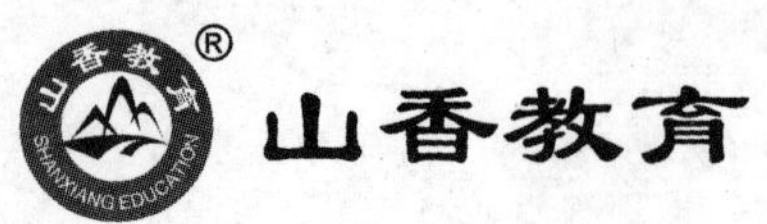

浙江省
中小学教师招聘考试
历年真题解析及预测试卷
数 学

山香教师招聘考试命题研究中心　主编

图书在版编目(CIP)数据

浙江省中小学教师招聘考试历年真题解析及预测试卷. 数学 / 山香教师招聘考试命题研究中心主编. -- 北京：首都师范大学出版社，2022.9

ISBN 978-7-5656-7162-3

Ⅰ. ①浙… Ⅱ. ①山… Ⅲ. ①数学课－教学法－中小学－教师－聘用－资格考试－习题集 Ⅳ. ①G451.1-44

中国版本图书馆 CIP 数据核字(2022)第 170473 号

浙江省中小学教师招聘考试历年真题解析及预测试卷
SHUXUE
数学
山香教师招聘考试命题研究中心　主编

策划编辑　张文强
责任编辑　孙　琳　曹亮亮　　封面设计　山香教育
首都师范大学出版社出版发行
地　址　北京市海淀区西三环北路 105 号
邮　编　100048
咨询电话　010－68418523(总编室)　010－68982468(发行部)
网　址　http://cnupn.cnu.edu.cn
印　刷　河南黎阳印务有限公司
经　销　全国新华书店
版　次　2022 年 9 月第 1 版
印　次　2022 年 11 月第 1 次印刷
开　本　787mm×1092mm　1/16
印　张　11
字　数　270 千
定　价　42.00 元

前 言

近年来，国家扩大和补充教师队伍的政策力度不断加大，教育部指出：“深化教师队伍补充机制改革，确保教师聘用质量。全面推行新任教师公开招聘制度，形成长效机制。”这意味着教师招聘考试各方面将日益规范和深入。对每一位立志成为人民教师的考生来说，这既是新的契机，也将是巨大的挑战。教师招聘考试（教师入编考试，简称招教考试）是我国公开招聘教师的选拔性考试，其目的是为教育行政部门录用优秀教师提供参考。各地依据考生笔试成绩，结合面试情况，按已确定的招聘计划择优录取。

考生如何在严峻的教师招聘考试中脱颖而出呢？除了要具备扎实的专业知识外，短时间内系统、针对性地复习和训练也是必需的。为了让更多的考生有针对性地备考，使复习有方向、有条理，作为国内研究开发教师招聘考试辅导教材的专业机构，山香教育专门为有志于教育事业、需要通过教师招聘考试实现人生理想的广大浙江考生朋友推出了本套试卷。2022年，我们根据新的招教考试文件和考试精神，结合历年真题，编写了《浙江省中小学教师招聘考试历年真题解析及预测试卷·数学》。

本试卷具有以下特点：

第一，真题新。本套试卷精选了浙江省教师招聘考试中具有代表性的真题，知识点涵盖全面且题型丰富，体现了课程标准和考试大纲的要点，揭示了浙江省教师招聘考试的命题规律与趋势。

第二，内容精。真题及预测试卷内容注重对考生思想和方法的考查，注重对考生能力的考查，同时兼顾试题的基础性、综合性和现实性，重视试题间的层次性与科学性，通过多角度、多层次的考查练习，充分体现科学考查考生综合素养的招教考试要求。

衷心希望这套试卷能为考生顺利通过招教考试提供实在且有效的帮助。

编者对试卷相关题目涉及到的教材敏感图片已做技术处理（以不影响做题为前提），不当之处敬请指正。

编 者

目 录

注：标星的试卷涵盖《义务教育数学课程标准》（2022 年版）的预测考点

参考答案及解析单独成册

2022年6月浙江省杭州市教育系统公开教师招聘考试真题试卷(一)

中小学数学

(时间:120分钟　总分:100分)

本套试卷共27小题,包括单项选择题(10小题),填空题(6小题),解答题分为小学必做A组题目(6小题)与中学必做B组题目(5小题)。

一、单项选择题(本大题共10小题,每小题3分,共30分)

1. 下面算式中,结果最大的是(　　)

A. $\frac{1}{7}+\frac{1}{13}$　　B. $\frac{1}{17}+\frac{1}{29}$　　C. $\frac{1}{31}+\frac{1}{37}$　　D. $\frac{1}{41}+\frac{1}{47}$

2. 函数 $f(x)=\sin\left(2x+\frac{\pi}{4}\right),x\in\mathbf{R}$ 的最小正周期是(　　)(常考)

A. 2π　　B. π　　C. $\frac{\pi}{2}$　　D. $\frac{\pi}{4}$

3. 将一个正方体的表面涂成红色,然后把它切成27个小正方体,那么三面红色的小正方体有(　　)个。(易混)

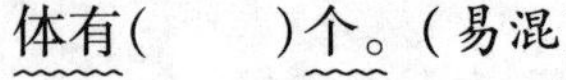

第3题

A. 12　　B. 8　　C. 6　　D. 4

4. 计算一组数据的平均数和方差时,若将原数据每一个数都减去某个相同的正数,然后对所得的新数据进行统计分析,新数据与原数据相比(　　)

A. 平均数不变,方差减小　　B. 平均数增加,方差增加

C. 平均数减小,方差不变　　D. 平均数减小,方差减小

5. 每个学校有1个校长,1个书记,开会时只需去一位校长或书记,但不能缺席。已知最近三次会议每校只有一人参会(如下表:●出席;○没出席)。

	赵	钱	孙	李	王	陈
1	○	●	●	●	○	○
2	●	○	●	○	○	●
3	○	○	○	●	●	●

如果一所学校的校长是钱,那么这所学校的书记是(　　)

A. 赵　　B. 李　　C. 王　　D. 陈

6. 一个不透明的布袋中装有除颜色外,其他都相同的三个小球,把它们分别标号1,2,3,随机摸出一个小球记下数字后放回,再随机摸出一个小球记下数字,两次摸出的小球标号的和为5的概率为(　　)

A. $\frac{1}{9}$　　B. $\frac{2}{9}$　　C. $\frac{1}{3}$　　D. $\frac{2}{3}$

7. 有一个破表,每小时比标准时间快4分钟,在标准时间中午12点时将这只破表校准,那么这只破表指向16点时,标准时间是(　　)(易错)

第7题

A. 15:44　　B. 15:45　　C. 15:42　　D. 16:16

8. 已知 $(-1,y_1),(1,m),(2,y_2),(3,n),(4,y_3)$ 在二次函数 $y=x^2+ax$(a为常数)的图象上,若 $mn<0$,则(　　)

第8题

A. $y_2<y_1<y_3$　　B. $y_2<y_3<y_1$　　C. $y_3<y_2<y_1$　　D. $y_1<y_2<y_3$

9. 平行四边形 $ABCD$ 中,$1<\frac{AB}{BC}<2$,$\angle DAB$ 与 $\angle ABC$ 的角平分线 AE,BF 交于点 G,若 $DF=\frac{3}{2}EF$,则 $S_{四边形BCEG}:S_{\triangle ABG}=$(　　)

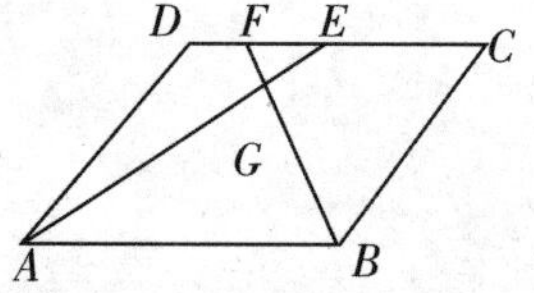

A. $\frac{3}{4}$　　B. $\frac{11}{16}$

C. $\frac{23}{32}$　　D. $\frac{45}{64}$

10. 已知 A,B,C 为球 O 的球面上的三个点,圆 O_1 为 $\triangle ABC$ 的外接圆,若圆 O_1 的面积为 4π,$AB=BC=AC=OO_1$,则球 O 的表面积为(　　)

A. 64π　　B. 48π　　C. 36π　　D. 32π

二、填空题(本大题共6小题,每小题4分,共24分)

11. 已知 $f(x)=\begin{cases}2x+3,x<1,\\ \ln(\sqrt{1+x^2}-x),x\geqslant1,\end{cases}$ 则 $f(-2)=$________。

12. 有一块直径为16 cm的半圆形木板,现将它沿直线从Ⅰ号位无滑动地向右翻滚到Ⅲ号位,如图。在这一过程中,点 O 走过的路程是________cm。(结果请用最简的含有 π 的式子表示)

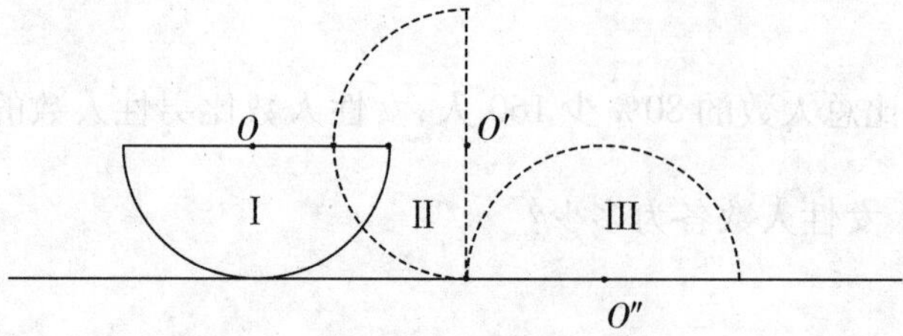

13. 已知 $x^2-7x+1=0$ 两根 x_1,x_2,则 $x_1{}^2+x_2{}^2=$________。

14. 已知 N 是 $1,2,3,4,\cdots,2019,2020,2021,2022$ 的最小公倍数,如果 $N=2^x\cdot M$,且 M 为奇数,那么 $x=$________。

15. 如图，三角形纸片 ABC，点 D 在 AB 上，E 在 BC 上，把 $\triangle BDE$ 沿 DE 折叠，使 B，C 重合，连结 AE，若 $\angle ABC=45°$，$AD=1$，$BD=4$，则 $AE=$________。（常考）

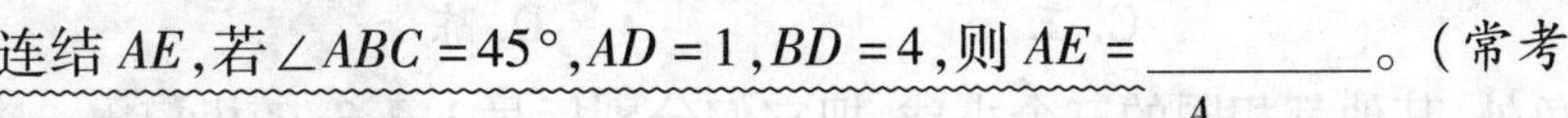

第 15 题

16. 在 $\triangle ABC$ 中，$BC=2$，$\angle BAC=60°$，则 $S_{\triangle ABC}$ 最大为________。

三、解答题

（小学必做）A 组：

（本大题共 6 小题，第 17，18 题每小题 6 分，第 19，20 题每小题 7 分，第 21 小题 8 分，第 22 小题 12 分，共 46 分）

17. 房间的门框上的门是折叠门，由相同两片组成，每片宽 50 cm，门框下有轨道，供 B 滑动，完全打开时，两片重叠，位于左边且与门框垂直，图 1→图 3 反映了门从完全打开到完全闭合的过程，那么，当门关闭了一半时，B 点与 C 点运动过的路程总和是多少？（π 取 3）

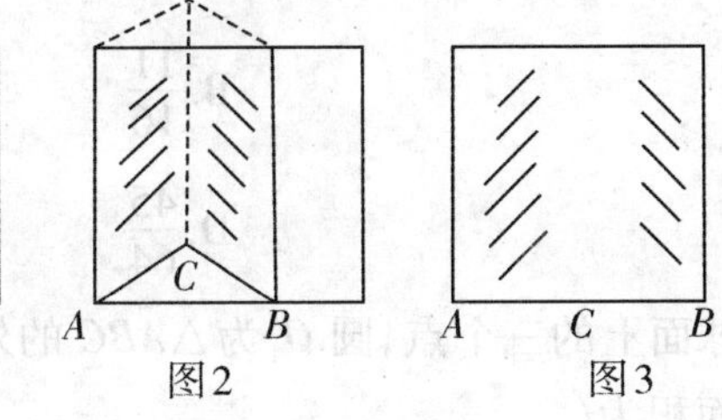

图1　　图2　　图3

18. 一次活动中，男性人数比总人数的 80% 少 160 人，女性人数比男性人数的 $\frac{3}{5}$ 多 18 人，那么这次活动的总人数、男性人数、女性人数各为多少？

19. 如图，圆的面积与长方形的面积相等，圆的半径与长方形的宽相等，已知阴影部分的周长比圆的周长多 6. 28cm，求阴影部分的面积和周长。（π 取 3. 14）

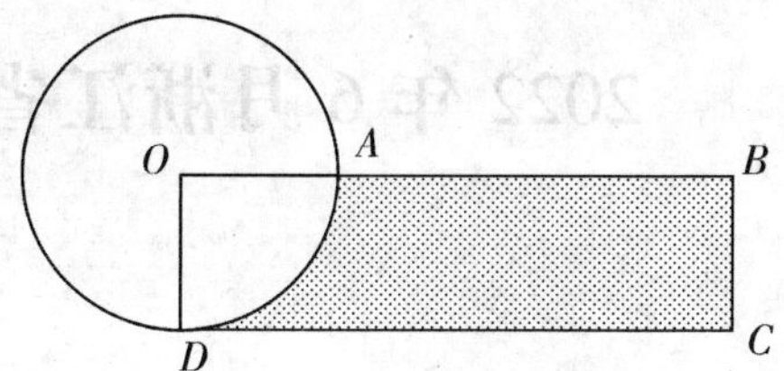

20. 有 n 张数字卡片，其上写的数是从 1 开始的从小到大排列的连续自然数，小明拿走其中 1 张，算得剩下的平均数为 $22\frac{1}{7}$，则小明拿走的那张写着数字几？

第 20 题

21. 以下是李老师在教学二年级《克与千克》“建立 1 克的质量标准”时的教学环节，分析此环节的教学目标、设计意图和教法特点。

建立 1 克的质量标准

1. 自主探究

师：生活中你们见过重约 1 克的物品吗？

生：纽扣、羽毛、铅笔。

师：老师带来了一些东西，1 克到底可以是哪些物品，让我们一起用天平来发现这里的 1 克吧。

（课中出示以下活动内容和要求）

活动一：使用天平，发现 1 克。

学习任务：1 克可以是……

学习材料：2 分硬币、一小盒黄豆、回形针、小面包、橡皮泥（学生每组都有）。

学习方法：称一称，说一说，贴一贴（把重 1 克的物品粘贴在作业单上）。教师给大家 4 分钟时间。

2. 汇报交流

师：同学们称出了这么多“1 克”，请把这些“1 克”介绍给同学听一听。

学生上台展示以下作业单并介绍。

师：这些“1 克”有什么相同和不同的地方？

生：它们都很轻，都是 1 克。

生：它们的大小和数量不一样。

师：刚才我们称出了这么多“1 克”，老师这里还有很多生活中的物品，你能快速找到这些材料里的“1 克”吗？可以用刚才称出的“1 克”去掂一掂，感受一下，每组挑两个最有手感的同学上来，带着你称出的“1 克”来找“1 克”。

师：请找对的最强手感王介绍一下经验！

生：我一手拿着 2 分硬币，一手拿着 2 粒花生，掂了掂发现差不多重。

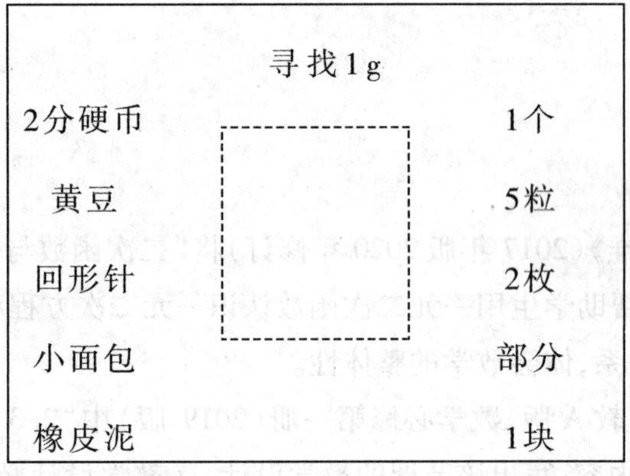

寻找1g

2分硬币	1个
黄豆	5粒
回形针	2枚
小面包	部分
橡皮泥	1块

22. 下面是人教版五年级下册第六单元“异分母分数加、减法”的教学内容，完成本节课的教学设计（必须有教学目标、重难点和简要教学过程部分）。

2. 异分母分数加、减法

1 人们在日常生活中产生的垃圾叫做生活垃圾。

（1）纸张和废金属等是垃圾回收的主要对象，它们在生活垃圾中共占几分之几？

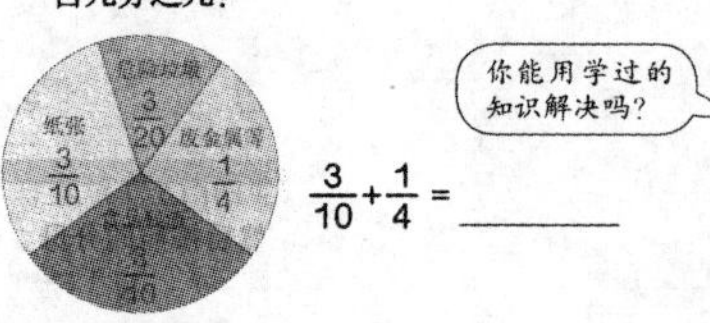

$\frac{3}{10}+\frac{1}{4}=$ ________

$\frac{3}{10}$和$\frac{1}{4}$的分母不同，也就是分数单位不同，不能直接相加。怎么办呢？

我们可以把它们通分，转化为同分母分数再相加。

分母不同的分数，要先通分才能相加。

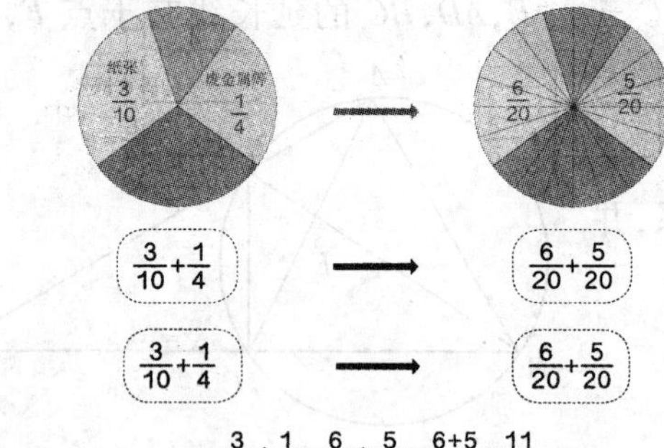

$$\frac{3}{10}+\frac{1}{4}=\frac{6}{20}+\frac{5}{20}=\frac{6+5}{20}=\frac{11}{20}$$

做一做

计算。

$\frac{5}{8}+\frac{1}{3}=$ $\frac{1}{4}+\frac{3}{8}=$ $\frac{3}{4}+\frac{1}{7}=$ $\frac{1}{5}+\frac{1}{8}=$

（2）危险垃圾多还是食品残渣多？它们的差占生活垃圾总量的几分之几？

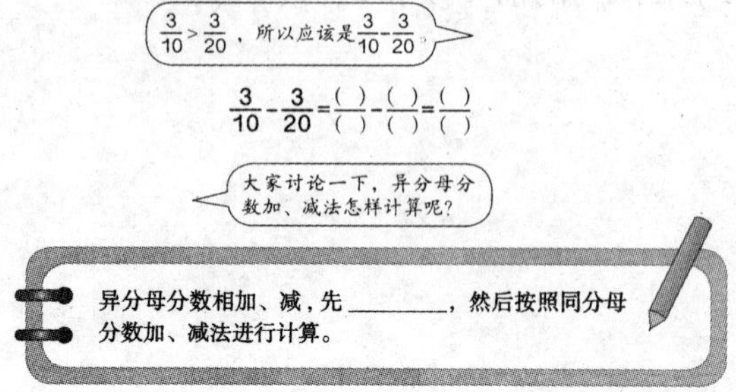

异分母分数相加、减，先________，然后按照同分母分数加、减法进行计算。

做一做

1. 先计算，然后任选两题进行验算。

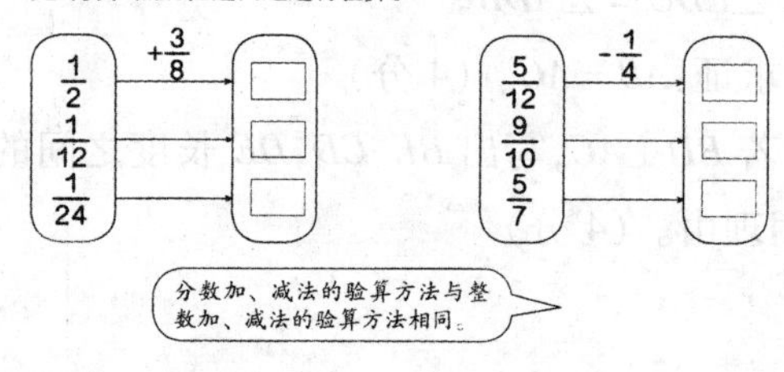

2. 妈妈用黄豆面和玉米面做面饼。玉米面用了$\frac{4}{5}$kg，黄豆面用了$\frac{3}{4}$kg，用的玉米面比黄豆面多多少千克？玉米面和黄豆面一共用了多少千克？

（中学必做）B组：

（本大题共5小题，第17,18题每小题8分，第19～21题每小题10分，共46分）

17. 已知$\{a_n\}$为等差数列，$\{b_n\}$为等比数列，且$b_2=3,b_3=9,a_1=b_1,a_{14}=b_4$。

(1)求$\{b_n\}$的通项公式；(4分)

(2)求$\{a_n\}$的前n项和S_n。(4分)

18. 锐角$\triangle ABC$内接于圆，点D在弧AC上，连结BD，交AC于点E，AD，BC的延长线交于点F，连结CD，$\angle FDC=\angle ADB$。

(1)求证：$AB=AC$。(4分)

(2)若$BD\perp AC$，写出BE，CD，DE长度之间的等量关系，并说明理由。(4分)

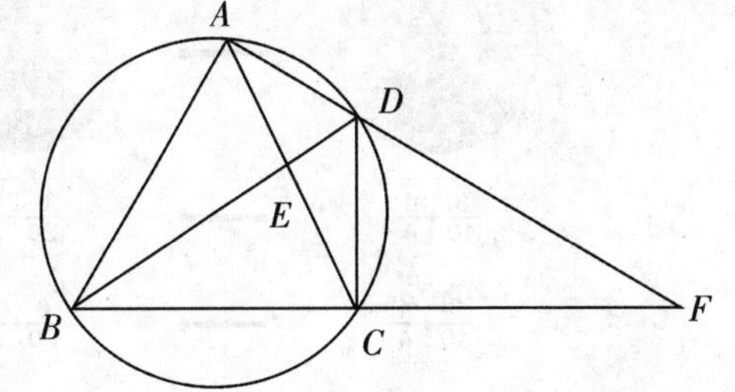

19. 已知函数$f(x)=2e^x+2ax-a^2,a\in\mathbf{R}$。

(1)若$a<0$，求$f(x)$的单调区间；(4分)

(2)若$x\geqslant0$时，$f(x)\geqslant x^2-3$恒成立，求实数a的取值范围。(6分)

20.《普通高中数学课程标准》(2017年版2020年修订)中的基本理念之一是“学生发展为本，立德树人，提升素养”，请简述：

(1)你对这一基本理念的认识；(5分)

(2)在教学中如何实践这一基本理念。(5分)

21.《普通高中数学课程标准》(2017年版2020年修订)将“二次函数与一元二次方程、不等式”作为高中数学预备知识，旨在帮助学生用一元二次函数认识一元二次方程和一元二次不等式，理解函数、方程和不等式之间的联系，体会数学的整体性。

请你针对高中教科书人教A版，数学必修第一册(2019版)中“2.3 二次函数与一元二次方程、不等式”第一课时的教学内容，写出该节课的教学设计。(教学设计必须有教学目标、重难点和简要教学过程部分)

2021年5月浙江省杭州市教师招聘考试真题试卷(二)

小学数学

(时间:120分钟　总分:100分)

本套试卷共24小题,包括填空题(10小题),单项选择题(8小题),解答题(6小题)。

一、填空题(本大题共10小题,每小题3分,共30分)

1. 已知图形○△□☆○△□☆…,第2021个图形是________。

2. 如图是长16米,宽6米的迷宫,路宽1米,小明从A处走到B处,共走了________米。

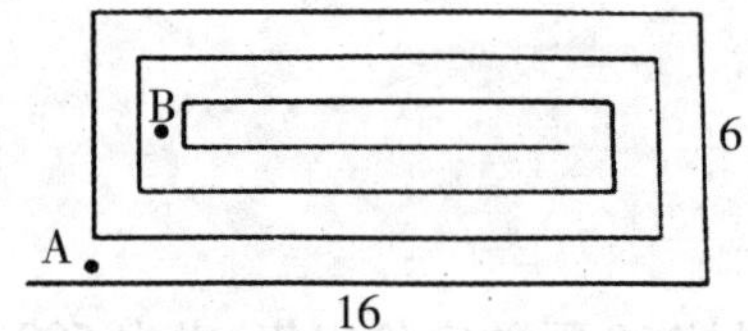

3. 已知a,b是两个自然数,分解质因数后得到$a=2^2\times3\times m$,$b=3\times7\times m$,如果a,b的最小公倍数是924,那么a,b的最大公因数是________。

4. 六年级学生分毕业纪念卡片,如果平均分给每个人,那么每人分到12张,如果只分给女生,每人可分到20张,如果只分给男生,每人可分到________张。(常考)

5. 如图,大环长5厘米,小环长2厘米,连接处长5毫米,由这样的大小环间隔分布的铁链长119厘米,则大环有________个,小环有________个。

6. 甲、乙两个商店以同一价格购进同一种商品,乙商店购进的件数比甲商店少$\frac{1}{8}$,而甲、乙两店分别按获利75%和80%的定价出售,两商店全部售完后,甲商店比乙商店多获得一部分利润。这部分利润恰好够甲商店再购进这种商品4件,那么甲商店两次共购进这种商品________件。

7. 如图,$\triangle ABC$,$\triangle DEC$都是等腰直角三角形,四边形$EFGH$是正方形,且$S_{\triangle ABC}=54$,则$S_{\triangle DEC}=$________。

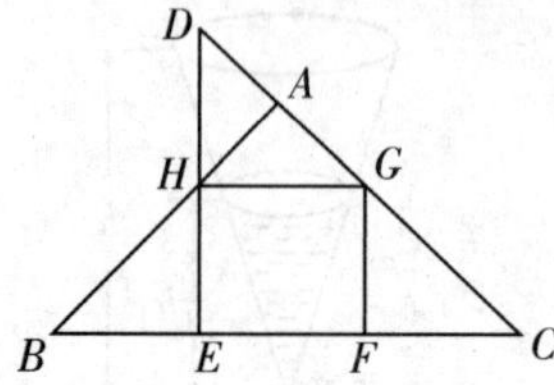

8. 如图,正方体$ABCD-EFGH$中距离最远的两个顶点之间的距离为a,已知AF上有一点M,$AM=2MF$,BG上有一点N,$GN=2BN$,则$MN=$________。

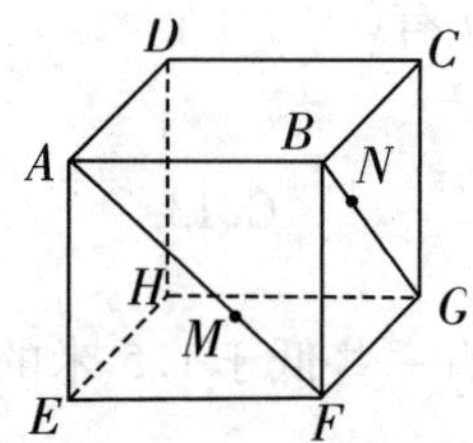

9. 某人畅游长江,逆流而上,在A处丢失一只水壶,又游了18分钟才发现丢失了水壶,于是立即返回寻找,在距离A处2.4千米的地方追回,则水流速度是________千米/小时。(易错)

10. 有甲、乙两块含铜率不同的合金,甲块重6千克,乙块重4千克,现在从甲、乙两块合金上各切下重量相等的一部分,将甲块上切下的部分与乙块剩余的部分一起熔炼,再将乙块上切下的部分与甲块剩余的部分一起熔炼,得到的两块新合金的含铜率相同,则切下的重量为________千克。

二、单项选择题(本大题共8小题,每小题3分,共24分)

11. 25个8岁的小朋友中至少有(　　)个小朋友是同一个月出生。(常考)

A. 2　　B. 3　　C. 4　　D. 5

12. 王老师为班级里学习进步的学生买了4件奖品,其中最贵的一件是26元,最便宜的一件是22元,估一估这4件奖品总价大约在(　　)元之间。

A. 70～80　　B. 80～90

C. 90～100　　D. 100～110

13. 甲、乙两人各从 A、B、C 三个餐厅中任选一个用餐，那么甲、乙在同一个餐厅用餐的概率是(　　)

A. $\frac{1}{2}$　　B. $\frac{4}{9}$　　C. $\frac{1}{3}$　　D. $\frac{1}{6}$

14. 如图，圆锥形容器中装有 5 升水，水面高度正好是圆锥高度的一半，这个容器还能装(　　)升水。(常考)

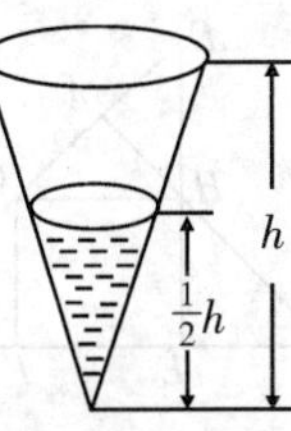

A. 15　　B. 30　　C. 35　　D. 40

15. 满足不等式 $\frac{7}{18} < \frac{n}{5} < \frac{20}{7}$ 的自然数 n 有(　　)个。

A. 11　　B. 12　　C. 13　　D. 14

16. 18 个同学的平均身高为 1.5 米，其中有一些低于 1.5 米的同学平均身高为 1.2 米，另一些高于 1.5 米的同学平均身高为 1.7 米，那么最少有(　　)个学生的身高恰好是 1.5 米。

A. 3　　B. 5　　C. 8　　D. 13

17. 长途汽车在两地之间行驶，每辆车经过 4 小时行完全程，从上午 6 点开始，每隔 1 小时从甲、乙两站同时发出一辆长途汽车，最后一班车在下午 4 点出发，那么，从甲站发车的司机最多能看到(　　)辆迎面驶来的同路长途汽车(含进出站)。

A. 9　　B. 8　　C. 7　　D. 6

18. 一支轻骑摩托小分队奉命把一份重要文件送到距驻地很远的指挥部，每辆摩托车装满油最多能行 180 千米，且途中没有加油站。由于一辆摩托车无法完成任务，队长决定派三辆摩托车执行任务，其中一辆摩托车负责把文件送到指挥部，另外两辆则在中途供给油料后安全返回驻地，则指挥部距小分队驻地最远是(　　)千米。

A. 240　　B. 260　　C. 270　　D. 300

三、解答题(本大题共 6 小题，其中第 19 ~ 22 小题，每小题 6 分，第 23 小题 8 分，第 24 小题 14 分，共46 分)

19. 将 20 张边长为 10 厘米的正方形纸片，按顺序一张一张地摆放在地板上，摆的时候，要求后摆的纸片，须有一个顶点与前一张纸片的中心重合(下图表示已经摆好的 5 张)。则地板被 20 张纸片所覆盖的面积是多少？

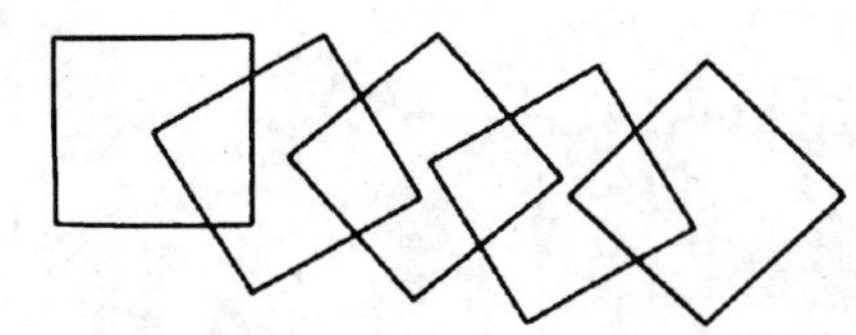

20. 一种商品进货单价为 40 元，如果按 50 元的定价出售，卖出 500 个后本地市场就将饱和，同时市场调查表明此种商品单价每涨 1 元，其销售量就减少 10 个。为了能赚取最多的利润，售价应定为多少元？

21. 如图，在$\triangle ABC$中，$AD \perp BC$，阴影部分面积为$6.3\ cm^2$，$BD=3\ cm$，$CD=2\ cm$，其中$\angle BAC=45°$，求剩余空白部分的面积。

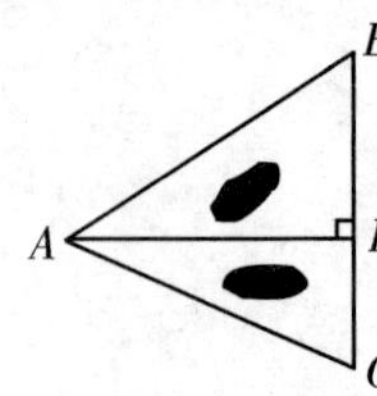

22. 甲、乙两班学生同时从A地到B地，两班的步行速度都是4千米/小时，学校只有一辆客车，这辆车恰好能坐一个班的学生，它载满学生时速度是40千米/小时，空载时速度是50千米/小时，为了使两班的学生在最短的时间内同时到达B地，甲班需步行全程的几分之几？

23. 模型思想是重要的数学能力和素养，也是课程标准的核心概念之一。建立和求解模型，有哪些步骤？下图是人教版“三年级下册长方形、正方形面积的计算”例4，运用数学模型思想，写出教材的教学设计流程。

长方形、正方形面积的计算

4 （1）一个长方形长5厘米、宽3厘米。你能求出它的面积吗？

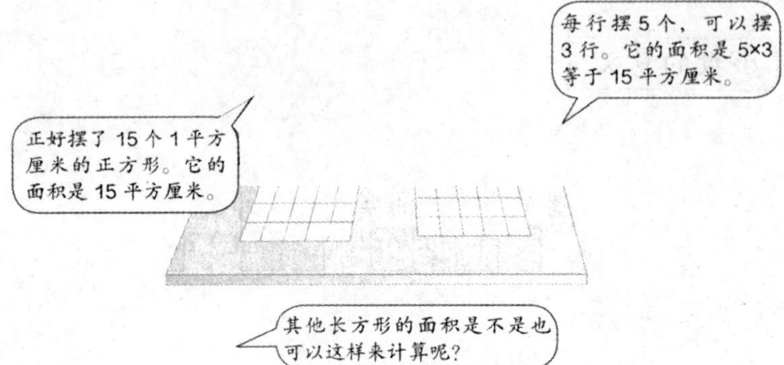

（2）任取几个1平方厘米的正方形，拼成不同的长方形。边操作，边填表。

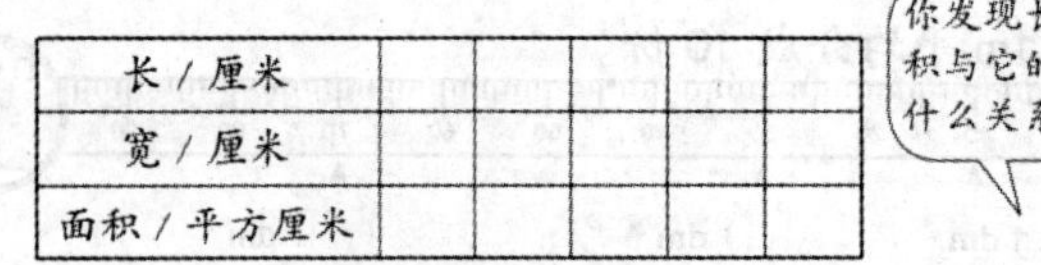

长/厘米					
宽/厘米					
面积/平方厘米					

你发现长方形的面积与它的长和宽有什么关系吗？

长方形的面积 = 长 × 宽

（3）先量一量，再计算它们的面积。

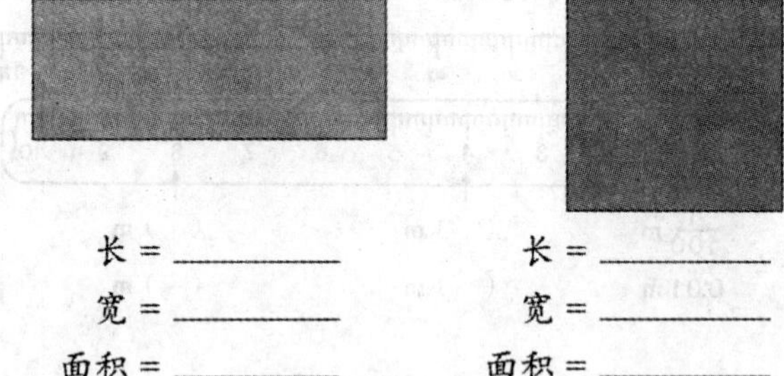

24. 下面是人教版义务教育教科书四年级下册“小数的意义和性质”的教学内容。请根据该教学内容设计一份教案。

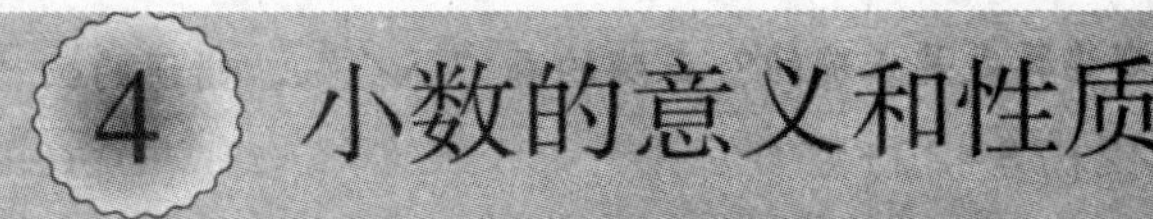

1. 小数的意义和读写法

小数的意义

在进行测量和计算时，往往不能正好得到整数的结果，这时常用小数来表示。

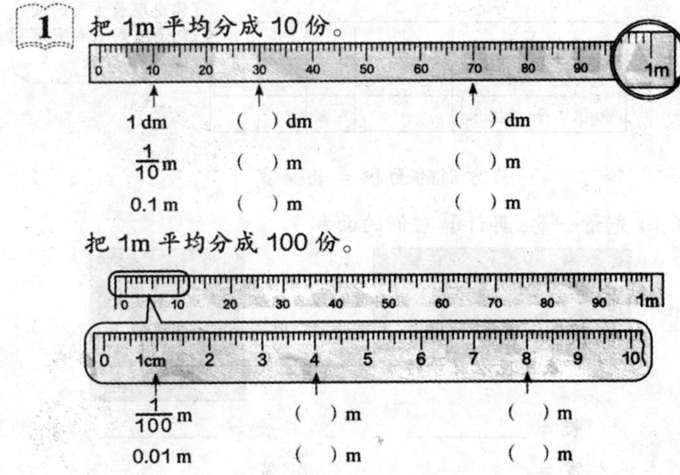

把 1m 平均分成 1000 份。

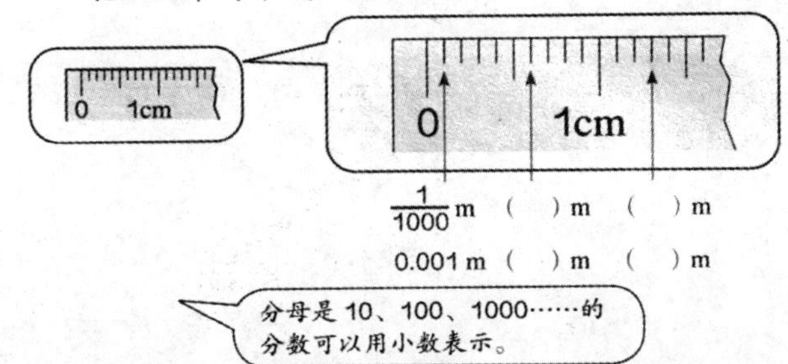

分母是 10、100、1000……的分数可以用小数表示。

小数的计数单位是十分之一、百分之一、千分之一……分别写作 0.1、0.01、0.001……

每相邻两个计数单位之间的进率是（ ）。

做一做

分数：______ ______ ______

小数：______ ______ ______

你知道吗？

小数是我国最早提出和使用的。

在公元 3 世纪，我国数学家刘徽就提出把整数个位以下无法标出名称的部分称为微数。

到了公元 13 世纪，我国元代数学家朱世杰提出了小数的名称。

2021 年 4 月浙江省金华市、绍兴市诸暨市教师招聘考试真题试卷(精编)(三)

小学数学

(时间:100 分钟　总分:80 分)

本套试卷目前已收录 20 小题,包括单项选择题(10 小题),填空题(5 小题),论述题(1 小题),解答题(4 小题)。

一、单项选择题(本大题共 10 小题,每小题 3 分,共 30 分)

1. 已知集合 $A=\{x\mid x^2-3x-4<0\}$,$B=\{x\mid y=\sqrt{2-x}\}$,则 $A\cap B=$(　　)

A. $\{x\mid -4<x<1\}$　　B. $\{x\mid -1<x\leqslant 2\}$

C. $\{x\mid -1<x<4\}$　　D. $\{x\mid 0\leqslant x<4\}$

2. 已知 $m,n\in\mathbf{R}$,$(m-\mathrm{i})(1-2\mathrm{i})=-3+n\mathrm{i}$,则 $|m+n\mathrm{i}|=$(　　)

A. 1　　B. $\sqrt{2}$　　C. $\sqrt{3}$　　D. 2

3. 已知函数 $f(x)$ 在 $(-\infty,+\infty)$ 内连续,$f(0)=1$,$F(x)=\int_0^x f(-t)\mathrm{d}t$,则 $F(x)$ 的导函数是(　　)(易错)

第 3 题

A. 0　　B. $-f(-x)$　　C. $f(-x)$　　D. $f(x)$

4. 函数 $y=\dfrac{(x-2)(x^2+1)}{x(x-2)}$ 是(　　)

A. 奇函数　　B. 偶函数

C. 既是奇函数又是偶函数　　D. 既不是奇函数,又不是偶函数

5. 在 $\triangle ABC$ 中,$\overrightarrow{AD}=2\overrightarrow{DB}$,$P$ 为 CD 上一点,且 $\overrightarrow{AP}=\dfrac{1}{3}\overrightarrow{AB}+m\overrightarrow{AC}$,则 $m=$(　　)

A. $\dfrac{1}{5}$　　B. $\dfrac{1}{4}$　　C. $\dfrac{1}{3}$　　D. $\dfrac{1}{2}$

6. 如果直线 $y=kx+2$ 与函数 $y=x(x^2-1)$ 相切,那么实数 $k=$(　　)(常考)

A. 2　　B. -1　　C. 1　　D. 4

7. 如图,在 Rt$\triangle ABC$ 中,两条直角边分别为 6 和 8,则 $\triangle ABC$ 的外接圆的半径与内切圆的半径的差为(　　)

A. 1　　B. 2　　C. 3　　D. 4

8. 如图,已知点 E 在正方形 $ABCD$ 的边上,且 $DE=5$,直线 $MN\perp DE$,若正方形的边长为 $\dfrac{3\sqrt{10}}{2}$,则 MN 的长为(　　)

第 8 题

A. 4　　B. $3\sqrt{10}$

C. $2\sqrt{10}$　　D. 5

9. 小红早上选择吐司的概率为 0.85,吃面包的概率为 0.15,在吃吐司的条件下,吃果酱的概率是 0.8;在吃面包的条件下,吃果酱的概率是 p,已知当小红早上没吃果酱的条件下,她吃了吐司的概率为 $\dfrac{10}{13}$,则 p 的数值为(　　)

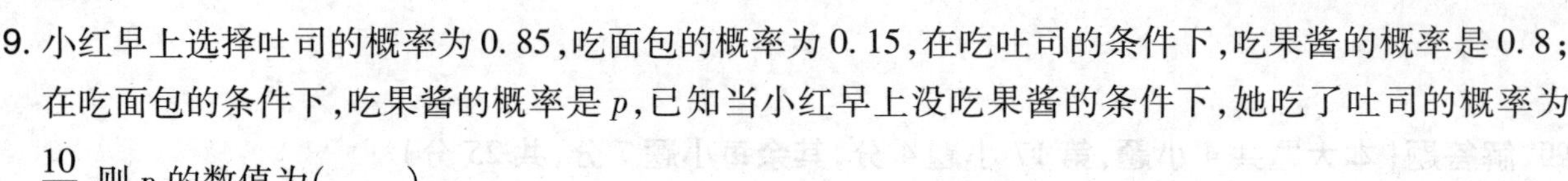

A. 0.66　　B. 0.34　　C. 0.3　　D. 0.7

10. 若保持函数 $f(x)=\sin\left(x-\dfrac{\pi}{6}\right)$ 图象上的所有点的纵坐标不变,横坐标变为原来的 $w(w>0)$ 倍,得到函数 $h(x)$ 的函数图象,若 $h(x)$ 在 $[0,\pi]$ 上有且仅有 2 个零点,下列结论正确的是(　　)(易错)

第 10 题

A. 实数 w 的取值范围为 $\dfrac{6}{13}<w\leqslant\dfrac{6}{7}$

B. 若 $w=\dfrac{3}{4}$,则直线 $x=\dfrac{8\pi}{9}$ 是函数 $h(x)$ 的一条对称轴

C. 若 $w=\dfrac{3}{4}$,则函数 $h(x)$ 的图象关于点 $\left(\dfrac{2\pi}{9},0\right)$ 对称

D. 函数 $h(x)$ 在 $[0,\pi]$ 上有 2 个极大值点

二、填空题(本大题共 5 小题,每小题 3 分,共 15 分)

11. 函数 $f(x)$ 在定义域 $\mathbf{R}$ 上恒有 $f(x)=f'(x)$,满足 $f(0)=1$,则 $f(x)=$________。

12. 已知角 $\alpha\in\left(-\dfrac{\pi}{2},0\right)$,$\sin\left(\alpha+\dfrac{\pi}{4}\right)=\dfrac{1}{3}$,则 $\cos2\alpha=$________。

13. 若 $\left(1+\dfrac{1}{x^2}\right)(2+ax)^6$ 展开式中 x^2 的系数为 300,则 $a=$________。(常考)

第 13 题

14. 如图,菱形 $ABCD$ 中,$AC=4$,$BD=6$,M,N 分别为 AD,CD 的中点,则 $PM+PN$ 的最小值为________。

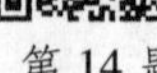

第 14 题

15. 等比数列$\{a_n\}$中,$a_1=1,S_3=3a_3$,则 $a_3=$________。

三、论述题(本大题共 10 分)

16. 论述在教学中应该如何引导学生探索,培养学生的创新思维能力。

四、解答题(本大题共 4 小题,第 17 小题 4 分,其余每小题 7 分,共 25 分)

17. 在三棱柱 $ABC-A_1B_1C_1$ 中,$AB\perp BC$,四边形 BCC_1B_1 为正方形,$BC=4$,$AB=2$, D_1 是 B_1C_1 的中点,求异面直线 AD_1 与 A_1C_1 所成角的余弦值。

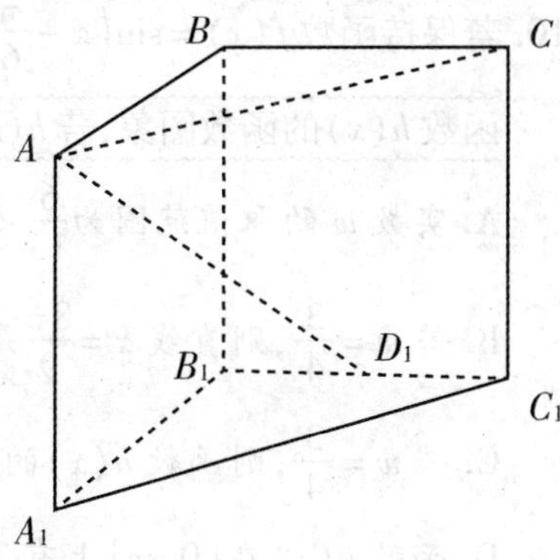

18. 在$\triangle ABC$ 中,内角 A,B,C 所对的边分别为 a,b,c,且 $b\cos C+2a\cos A+c\cos B=0$。

(1)求角 A;(3 分)

(2)若$\angle B=\frac{\pi}{4}$,$\angle A$ 的角平分线交 BC 于点 D,且 $BD=\sqrt{6}$,求 CD 的长。(4 分)

19. 已知函数$f(x)=\ln x-ax^2+3(a\in\mathbf{R}$ 且 $a\neq0)$。

(1)求 $f(x)$的单调递增区间;(3 分)

(2)若 $g(x)=f'(x)+\ln x-\frac{1}{x}+a$ 有两个零点,求 a 的取值范围。(4 分)

20. 已知椭圆 $C:\frac{x^2}{a^2}+\frac{y^2}{b^2}=1(a>b>0)$的一个焦点到相应准线的距离为$\frac{\sqrt{3}}{3}$,且与双曲线$\frac{x^2}{2}-y^2=1$ 具有相等的焦距。

(1)求椭圆 C 的方程。(3 分)

(2)过点 $P(4,0)$的直线 l 交椭圆于 A,B 两点,点 B 关于 x 轴的对称点为 E,求证:直线 AE 恒过定点。(4 分)

2021 年 1 月浙江省杭州市教师招聘考试真题试卷(四)

小学数学

(时间:120 分钟　总分:100 分)

本套试卷共 24 小题,包括填空题(10 小题),单项选择题(8 小题),解答题(6 小题)。

一、填空题(本大题共 10 小题,每小题 3 分,共 30 分)

1. $(0.5+0.25+0.125)\div(0.5\times0.25\times0.125)\times\dfrac{\dfrac{7}{18}\times\dfrac{9}{2}+\dfrac{1}{6}}{13\dfrac{1}{3}-\dfrac{15}{4}\times\dfrac{16}{5}}=$________。(常考)

2. 从 2020 枚棋子中依次取出 1 枚、3 枚、5 枚、7 枚、…、$(2n-1)$枚,则 n 的最大值是________。

3. 一个两位数,其个位数与十位数之和为 12,若将这个两位数的十位数与个位数对调,得到的新数比原来的数大 36,则原来的两位数是________。

4. 师父二人共同加工 170 个零件,师父加工零件个数的$\frac{1}{3}$比徒弟加工零件个数的$\frac{1}{4}$还多 10 个,那么师父加工了________个零件。

5. 在一张方格纸上,每个方格边长为 1cm,按如图所示的规律,取点 $A_1,A_2,A_3,A_4,\cdots$,把点 A_1,A_2,A_3连成三角形 S_1,把点 A_2,A_3,A_4连成三角形 S_2,……,这样不断连下去,其中三角形 S_x 的面积为 625 平方厘米,那么$x=$________。

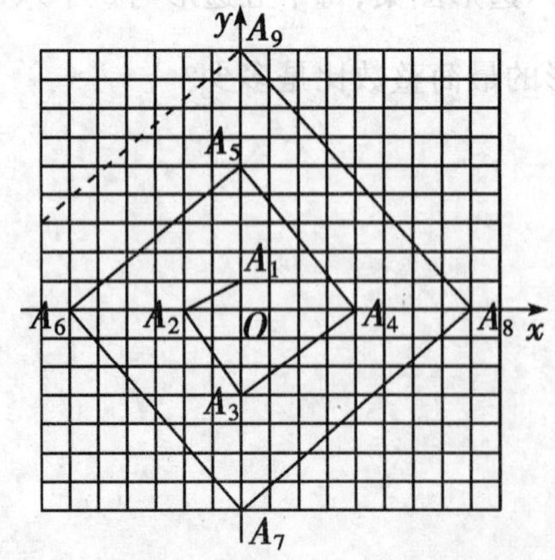

6. 如图是一个钉子板,共有 25 个钉子,横竖均以相同的间距排列,若用橡皮筋在此板上围成正方形,则共能围出________种面积不同的正方形。

7. 小明有 5 个面包,小林有 3 个面包,来了两个路人,大家把面包平分吃了,最后两个路人各留下了 8 元,小明应该分到________元。(常考)

8. 一组少先队员要为两条公路旁的树木浇水,第一条公路旁的树木是第二条公路的一半。上午全组的人都在第二条公路上浇水;下午一半的人留在第二条公路上浇水,到收工时正好浇完;另外一半人在第一条公路上浇水,收工时还剩一小部分的树木未浇,需由四个人浇一天才能完成。如果每人的工作效率相同,这组少先队员共有________人。

9. 用一些棱长为 3cm 的小正方体构成一个立体图形,下面各图是这个立体图形的正视图、左视图、俯视图,这个立体图形的体积最小是________立方厘米。

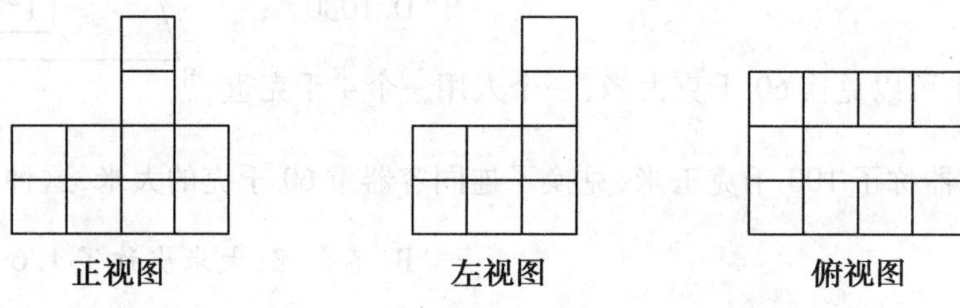

正视图　　左视图　　俯视图

10. A 码头在 B 码头的上游,遥控舰模从 A 码头出发,在两个码头之间往返航行。已知舰模在静水中的速度是每分钟 200 米,水流的速度是每分钟 40 米。出发 20 分钟后,舰模位于 A 码头下游 960 米处,并向 B 码头行驶。则 A 码头和 B 码头之间的距离为________米。

二、单项选择题(本大题共 8 小题,每小题 3 分,共 24 分)

11. 有甲、乙两瓶盐水,甲瓶盐水的浓度为 8%,乙瓶盐水的浓度为 5%,两瓶盐水混合后浓度为 6.2%。那么,四分之一的甲瓶盐水和六分之一的乙瓶盐水混合后的浓度为(　　)

A. 7.5%　　B. 5.5%　　C. 6%　　D. 6.5%

12. 已知 n 是一个两位数,它的各个数位上的数字之和为 a,当 n 分别乘 3,5,7,9 后得到四个乘积,如果其每一个乘积的各个数位上的数字之和仍为 a,那么这样的两位数 n 有(　　)

A. 3 个　　B. 5 个　　C. 7 个　　D. 9 个

13. 有 50 个女孩,她们的肤色是白色或浅黑色的,眼睛是蓝色或褐色的,如果 14 个女孩是蓝色眼睛白皮肤,31 个女孩是浅黑肤色的,18 个女孩是褐色眼睛的,那么褐色眼睛且浅黑皮肤的女孩有

(　　)个。

A. 13　　B. 12　　C. 14　　D. 11

14. 如图所示,在平行四边形 $ABCD$ 中,P 为 BC 的中点,过点 P 作 BD 的平行线交 CD 于点 Q,连结 PA,PD,QA,QB,则图中与 $\triangle ABP$ 面积相等的三角形的个数为(　　)(易混)

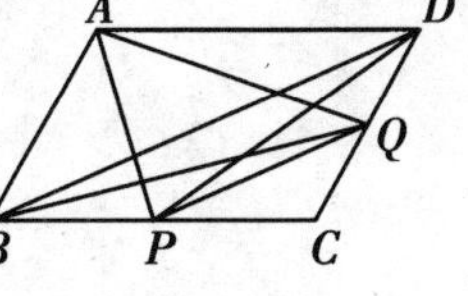

A. 3　　B. 4　　C. 5　　D. 6

15. 四张完全相同的卡片上,分别画有圆、平行四边形、等边三角形、等腰梯形,现从中随机抽取一张,卡片上画的是中心对称图形的概率为(　　)

A. $\frac{1}{4}$　　B. $\frac{1}{2}$　　C. $\frac{3}{4}$　　D. 1

16. 如图,标有记号的十个角度数之和是(　　)度。(易错)

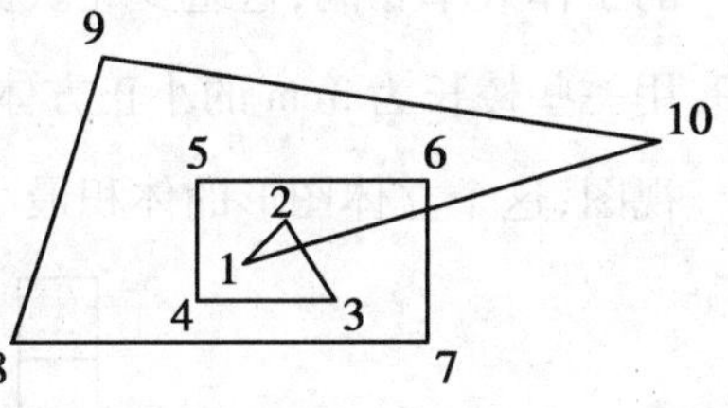

A. 540　　B. 720

C. 900　　D. 1080

17. 用 100 千克玉米可以兑换 60 千克大米,一个人用一个 4 千克重的容器,连同容器称了 100 千克玉米,兑换了连同容器重 60 千克的大米,这种兑换方式(　　)

A. 合理　　B. 不合理,大米少称了 1.6 千克

C. 不合理,玉米多称了 1.6 千克　　D. 不合理,大米多称了 1.6 千克

18. A、B、C 三项工程的工作量之比为 1:2:3,由甲、乙、丙三个工程队分别承担,同时开工,若干天后,甲完成的工作量是乙未完成工作量的二分之一,乙完成的工作量是丙未完成的工作量的三分之一,丙完成的工作量等于甲未完成的工作量,则甲、乙、丙三个队的工作效率之比为(　　)

A. 1:2:3　　B. 2:4:3　　C. 5:6:3　　D. 4:6:3

三、解答题(本大题共 6 小题,其中第 19 ~ 23 小题,每小题 6 分,第 24 小题 16 分,共 46 分)

19. 如图,圆的周长是 18.84 厘米,圆的面积等于长方形的面积,则阴影部分的周长是多少厘米?(π 取3.14)

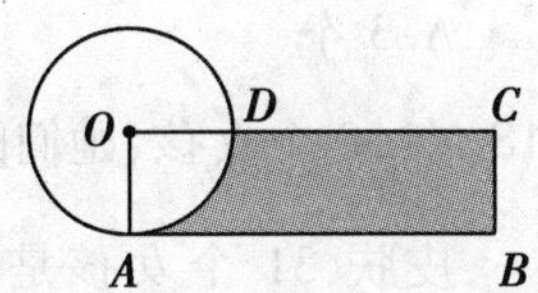

20. 某公园每张个人票 5 元,供 1 人入园。每张团体票 30 元,供不超过 10 人的团体入园。买 10 张或者更多团体票可优惠 10%。某单位秋游,原来准备的钱刚好够 145 人的门票用,临时又增加了两个人,这两个人每人带来了 m 元钱,结果 147 人刚好都能入园,则 m 的值最小是多少?

21. 一个棱长为 9 分米的正方体,沿每条棱的$\frac{1}{3}$处截去 8 个顶点,得到一个新的几何体,求这个几何体的棱长总和与体积。

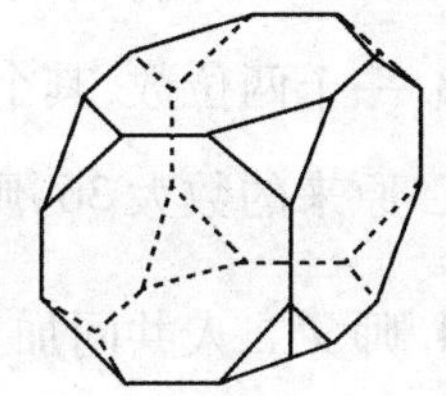

22. 如图,在足球表面有五边形和六边形图案,每个五边形与 5 个六边形相连,每个六边形与 3 个五边形相连。那么五边形和六边形的最简整数比是多少?

23. 数据分析观念是学生重要的数学能力和素养，也是《义务教育数学课程标准》(2011 年版)的核心概念之一。请阐述数据分析观念包括哪些内容，下面是人教版义务教育五年级上册“可能性”单元例题的教学内容，请围绕发展学生数据分析观念的概念，设计教学目标。

3 小组活动：在装有红、黄两种颜色小球的盒子里摸球，每个小组的盒子里装的球都一样。每次摸出一个球，记下颜色，再放回去摇匀，重复20次。

下面是八个小组的统计情况。

小组	1	2	3	4	5	6	7	8	合计
摸出●的次数	15	16	12	18	15	16	14	17	123
摸出○的次数	5	4	8	2	5	4	6	3	37

盒子里可能是●多还是○多？

做一做

1. 从右面的盒子里摸出一个棋子，可能是什么颜色？猜一猜：摸出哪种颜色棋子的可能性最大？摸出哪种颜色棋子的可能性最小？

2. 

全班每人掷一次。

掷出(1)朝上的有________人，

掷出○朝上的有________人。

24. 下面是人教版义务教育三年级上册“倍的认识”的教学内容，简要叙述本单元例 1、例 2 的教学内容，再依据例 3 设计一篇教案。

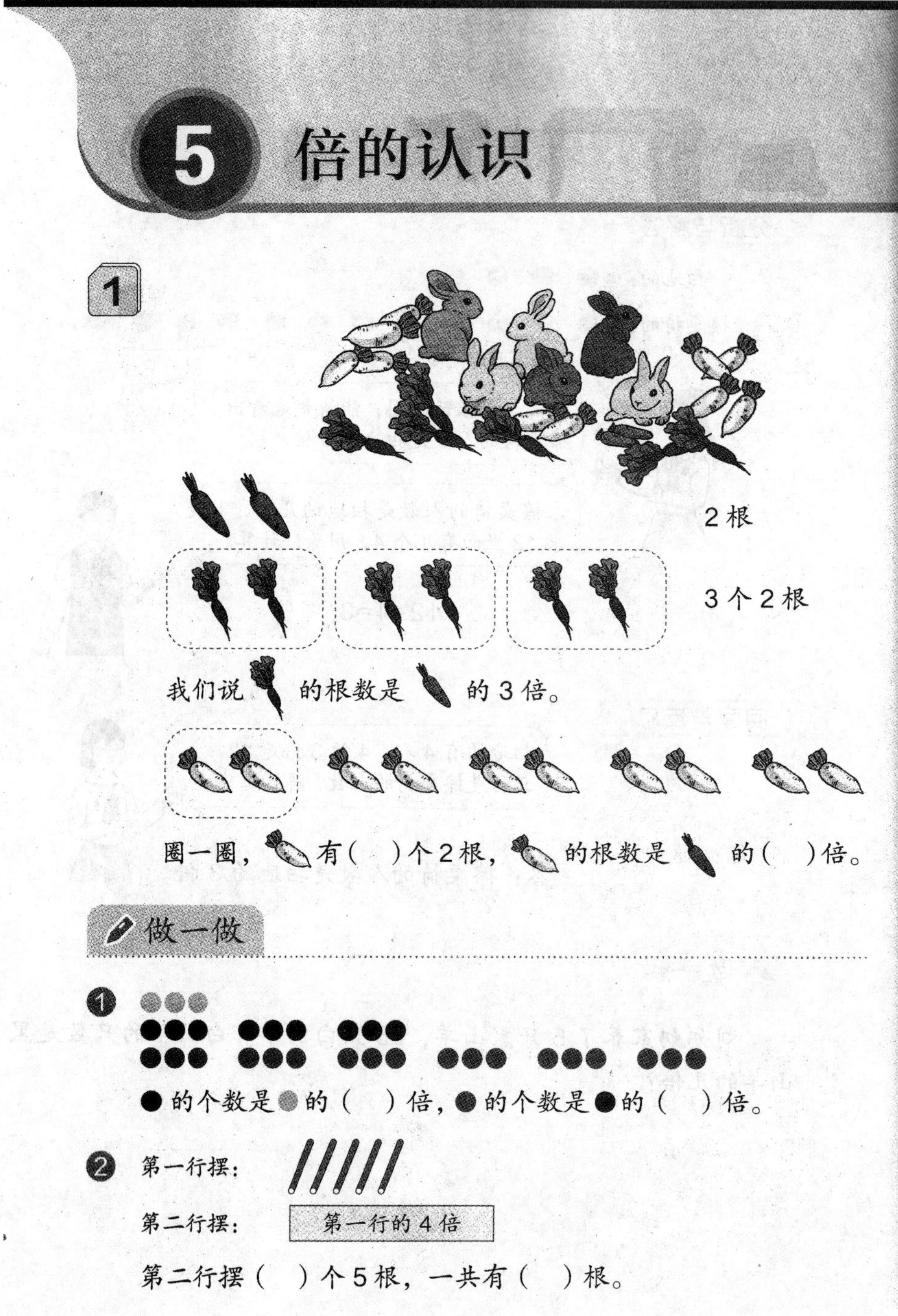

5 倍的认识

1

2 根

3 个 2 根

我们说 的根数是 的 3 倍。

圈一圈， 有(　)个 2 根， 的根数是 的(　)倍。

做一做

1. ● 的个数是 ● 的(　)倍，● 的个数是 ● 的(　)倍。

2. 第一行摆：

第二行摆： 第一行的 4 倍

第二行摆(　)个 5 根，一共有(　)根。

2 教室里扫地的有4人，擦桌椅的有12人。擦桌椅的人数是扫地的几倍？

做一做

刘奶奶家养了5只黑山羊，25只白山羊。白山羊的只数是黑山羊的几倍？

3

跳棋的价钱是8元，象棋的价钱是跳棋的4倍。象棋的价钱是多少元？

做一做

从北京乘坐高铁到济南大约需要2小时，到广州的时间是到济南的4倍。从北京乘坐高铁到广州大约需要几小时？

2021年浙江省宁波市教师招聘考试真题试卷(精编)(五)

中小学数学

(时间:120分钟　总分:100分)

本套试卷共31小题,包括判断题(10小题),单项选择题(10小题),填空题(5小题),解答题(5小题),教学设计题(1小题)。目前收集到24小题。

一、判断题(本大题共10小题,每小题1分,共10分)

1. $(a+b)(1-m)=a+b-am-bm$。　(　　)

2. 已知集合$P\supseteq Q$,则$x\in P$是$x\in Q$的充分条件。　(　　)

3. 已知函数$f(x)=\ln(\sqrt{1+x^2}-x)+1$,则$f(\lg 5)+f(\lg\frac{1}{5})=2$。　(　　)

4. 函数$y=\sqrt[3]{x^4-x^3}$和函数$y=x\cdot\sqrt[3]{x-1}$不能表示同一个函数。(易混)　(　　)

第4题

5. 已知$\boldsymbol{a},\boldsymbol{b}$为不共线的向量,则$2\boldsymbol{a}-3\boldsymbol{b}$,$4\boldsymbol{a}-6\boldsymbol{b}$可以作为平面向量的一组基底。　(　　)

6. 随机变量X,Y互相独立,则$D(X+Y)=D(X)+D(Y)$。　(　　)

7. 已知空间直角坐标系中的曲面方程为$x^2+y^2+z^2=a$,则球心为$(0,0,0)$,球的半径为a。　(　　)

8. 已知$\frac{a}{\cos A}=\frac{b}{\cos B}=\frac{c}{\cos C}$,则$\triangle ABC$是等边三角形。　(　　)

9. 如果直线l上有一点P到圆心O的距离为5,则直线与圆相切。　(　　)

10. 已知第一象限上有点$P(-m,m+4)$,过点P作$PA\perp x$轴于点A,作$PB\perp y$轴于点B,则四边形$PAOB$的周长为8。　(　　)

二、单项选择题(本大题共6小题,每小题2分,共12分)

11. 已知$a+b=\sqrt{5}$,则代数式$a^2+b^2+1+2ab$的值是(　　)(常考)

A. 5　　B. 6　　C. 7　　D. 8

12. 已知分式方程$\frac{k}{x+4}+\frac{1}{x-4}=\frac{k+3}{x^2-16}$无解,则$k$的值为(　　)(易错)

第12题

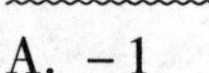

A. -1　　B. 5

C. $-\frac{1}{3}$　　D. -1或5或$-\frac{1}{3}$

13. 已知函数$f(x)=\begin{cases}3^{x+1},x\leqslant 0,\\ \log_2 x,x>0,\end{cases}$若$f(t)>3$,则$t$的取值范围是(　　)

A. $\varnothing$　　B. $(-\infty,8)$　　C. $[8,+\infty)$　　D. $(8,+\infty)$

14. 如图,正三棱柱的底面边长为1,侧棱长为2,其中E是AA'的中点,则棱锥$E-BB'C'C$的体积是(　　)

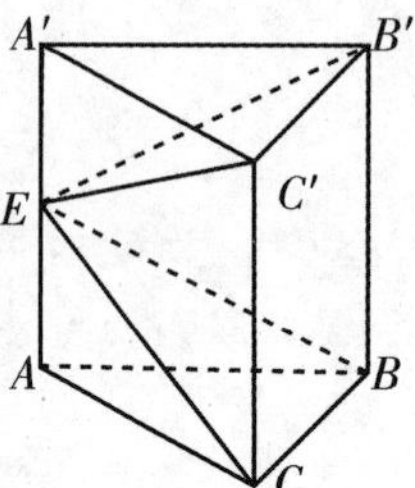

A. $\frac{\sqrt{3}}{3}$　　B. $\frac{\sqrt{3}}{6}$　　C. $\frac{\sqrt{3}}{9}$　　D. $\sqrt{3}$

15. 已知$ABCD$是平行四边形,E是线段AD的中点,延长BC到点F,使$BC=2CF$,$\sin B=\frac{4}{5}$,$AB=5$,$AD=8$,则DF的长度是(　　)(常考)

第15题

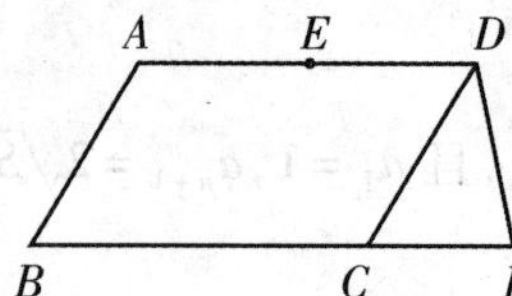

A. $\sqrt{10}$　　B. $\sqrt{15}$　　C. $\sqrt{17}$　　D. $2\sqrt{5}$

16. 已知点Q是双曲线$\frac{x^2}{9}-\frac{y^2}{16}=1$上的点,$F_1,F_2$是双曲线的焦点,且$|QF_1|=3$,则$|QF_2|=$(　　)

A. 6　　B. 9　　C. 12　　D. 3

三、填空题(本大题共5小题,每小题2分,共10分)

17. 已知集合$P=\{0,1,2\}$,$Q=\{0,2\}$,则$P\cap Q=$________。

18. 已知$|2m+1-n|+\sqrt{m+n+5}=0$,则$(m-n)^{2015}=$________。

19. 函数$y=\sqrt{x^2+1}+\sqrt{(x+4)^2+4}$的最小值是________。

20. 已知$f(x)=|\log_2 x|$,正实数a,b满足$f(a)=f(b)$,且$a<b$,若函数$f(x)$在区间$[a^2,b]$上存在最大值2,则$a+b=$________。

第20题

21. 已知直线 $y=x+k$ 和圆 $x^2+y^2-6x-6y+14=0$ 交于 A,B 两点，当 $\triangle OAB$ 面积最大时，$k=$______。

第 21 题

四、解答题(本大题共 3 小题，每小题 8 分，共 24 分)

22. 已知 $f(x)=-2x+1-\frac{3}{x}(x>0)$，问当 x 取何值时，$f(x)$ 取到最值。

23. 已知等差数列 $\{a_n\}$ 的前 n 项和为 S_n，且 $a_1=1$，$a_{n+1}=2\sqrt{S_n}+1$，求数列 $\{a_n\}$ 的通项公式。

24. 如图，已知抛物线为 $y=ax^2-5ax+4$，点 C 是抛物线与 y 轴的交点，点 A 是抛物线与 x 轴的交点，抛物线上一点 B 满足 $BC\,/\!/\,x$ 轴，且 BA 是 $\angle CAO$ 的角平分线。

(1)求 a 的值；(2 分)

(2) E 是线段 AB 上一点(点 E 与 A,B 不重合)，$EH\perp x$ 轴于点 H，$EF\,/\!/\,x$ 轴交抛物线于点 F，$FG\perp x$ 轴于点 G，点 E 的横坐标为 m，点 F 的横坐标为 n，写出用 n 来表示 m 的表达式；(3 分)

(3)若矩形 $EFGH$ 为正方形，求 n 的值。(3 分)

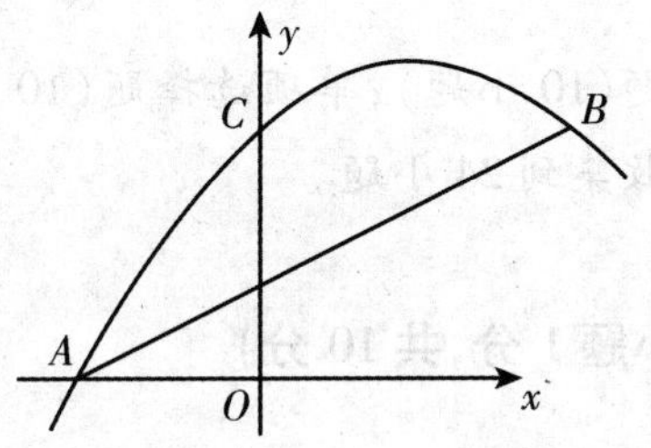

2021年浙江省台州市(天台、仙居、三门、临海)教师招聘考试真题试卷(精编)(六)

数　学

(时间:120分　总分:100分)

本套试卷共31小题,包括单项选择题(15小题),填空题(10小题),解答题(3小题),论述题(1小题),案例分析题(1小题),教学设计题(1小题)。目前收集到30小题。

一、单项选择题(本大题共15小题,每小题1.6分,共24分)

1. 甲数的$\frac{5}{6}$等于乙数的$\frac{5}{12}$,则甲数与乙数的比是(　　)

A. 1∶2　　B. 2∶1　　C. 5∶12　　D. 6∶5

2. 某制衣车间需要加工一批童装,第一天加工了25%,第二天加工了$\frac{2}{5}$,两天一共加工了325件,则该制衣车间一共需要加工(　　)件童装。

A. 425　　B. 450　　C. 500　　D. 550

3. 某学校六年级中女生人数比六年级总人数的$\frac{3}{5}$多90人,男生人数是女生人数的$\frac{1}{3}$,则该学校六年级共有(　　)人。

A. 360　　B. 400　　C. 450　　D. 600

4. 已知今年小田的年龄是妈妈年龄的$\frac{2}{9}$,5年前小田的年龄是妈妈年龄的$\frac{1}{8}$,则妈妈今年(　　)岁。(常考)

A. 36　　B. 40　　C. 45　　D. 72

5. 黄老师准备购买若干本笔记本奖励甲、乙、丙、丁四位同学,若四位同学每人被奖励的笔记本数量不少于2本,其中任意三位同学被奖励的笔记本总数量不少于8本,则黄老师至少需要购买(　　)本笔记本。

A. 10　　B. 11　　C. 12　　D. 13

6. 某学校五、六年级共有学生152人,已知五年级男同学与女同学人数之比为2∶3,六年级男同学与女同学人数之比为5∶7,若五年级男同学人数比六年级男同学人数多2人,则该学校五、六年级共有女同学(　　)人。

第6题

A. 48　　B. 62　　C. 86　　D. 90

7. 在某次单元测试中,已知小江全部做对的概率为$\frac{4}{5}$,小伍全部做对的概率为$\frac{3}{4}$,则在这次数学单元测试中,小江和小伍两人中只有一人全部做对的概率为(　　)

A. $\frac{3}{5}$　　B. $\frac{7}{20}$

C. $\frac{1}{5}$　　D. $\frac{3}{20}$

8. 某班共有学生52人,已知喜欢数学的有25人,喜欢语文的有40人。其中既喜欢数学又喜欢语文的至少有(　　)人。(易混)

第8题

A. 10　　B. 11　　C. 13　　D. 15

9. 甲、乙、丙三辆车同时从A地出发到B地,甲、乙、丙三辆车的速度分别为24千米/时、20千米/时、19千米/时。若甲、乙、丙三辆车沿同一条公路追赶一辆正在行驶的大巴车,甲车追上大巴车用了6小时,乙车追上大巴车用了10小时,则丙车追上大巴车需要用(　　)小时。

A. 11　　B. 12　　C. 14　　D. 15

10. 已知集合$A=\{x\mid \log_4 x<1\}$,$B=\left\{x\left|\frac{x-2}{x+3}<0\right.\right\}$,则$A\cap B=$(　　)(易错)

第10题

A. $(0,2)$　　B. $(-3,2)$

C. $(0,4)$　　D. $(-3,4)$

11. 已知实数a,b,c满足$a=4^{\frac{1}{3}}$,$b=2^{\frac{2}{5}}$,$c=\sqrt[3]{16}$,则(　　)

A. $a<b<c$　　B. $b<a<c$　　C. $a<c<b$　　D. $c<a<b$

12. 将函数$y=\sin 2x$的图象向左平移$\frac{\pi}{6}$个单位长度,所得图象对应的函数解析式是(　　)

A. $y=\sin 2x+\frac{\pi}{6}$　　B. $y=\sin 2x-\frac{\pi}{6}$

C. $y=\sin\left(2x-\frac{\pi}{3}\right)$　　D. $y=\sin\left(2x+\frac{\pi}{3}\right)$

13. 已知函数$f(x)=\log_2(x^2-ax+2)$,$a\in\mathbf{R}$,若函数$f(x)$是偶函数,则$f(x)$的值域是(　　)

A. $(-\infty,-1)$　　B. $[1,+\infty)$　　C. $\left(\frac{3}{2},+\infty\right)$　　D. $\left(\frac{5}{3},+\infty\right)$

14. 已知椭圆$C:\frac{x^2}{a^2}+\frac{y^2}{b^2}=1(a>b>0)$过点$A\left(-1,\frac{3}{2}\right)$,且椭圆$C$的右焦点为$F(1,0)$,过点$F$的直线$l$交椭圆$C$于$M,N$两点,$MN$的中垂线交$x$轴于点$B$,则$\frac{|BF|}{|MN|}=$(　　)

A. $\frac{1}{4}$　　B. $\frac{1}{3}$　　C. $\frac{1}{2}$　　D. $\frac{2}{3}$

15. $\int_0^1(e^x+2x)\mathrm{d}x=$(　　)

A. 1　　B. $\frac{1}{e}$　　C. e　　D. $e-1$

二、填空题(本大题共10小题,每小题2分,共20分)

16. $\frac{362+548\times361}{362\times548-186}=$______。

17. 某商场内一台电风扇打七五折后的售价是 315 元，则这台电风扇的原价是________元。

18. 某餐厅在“母亲节”这天的营业额是 9.45 万元，比 4 月份全月的营业额还多 5%，则该餐厅 4 月份的营业额是________万元。

19. 已知某快递中转站计划 5 小时完成 3600 件快递的分拣工作，由于引进了一款分拣机器人，实际每小时比原计划多完成 280 件，实际需要________小时完成任务。

20. 已知实验室有甲、乙两瓶糖水，甲瓶糖水的浓度是 10%，乙瓶糖水的浓度是 6%，甲、乙两瓶糖水混合后的浓度是 7.6%，则 $\frac{1}{5}$ 甲瓶糖水和 $\frac{1}{3}$ 乙瓶糖水混合后的浓度是________%。（结果保留两位小数）

第 20 题

21. 已知向量 $\boldsymbol{a}=(2,4)$，$\boldsymbol{b}=(m,-6)$，若 $(2\boldsymbol{a}+\boldsymbol{b})\perp\boldsymbol{a}$，则实数 m 的值为________。

22. $\left(\sqrt{x}-\frac{1}{2x}\right)^6$ 的展开式中常数项为________。

23. 已知定义在 $\mathbf{R}$ 上的函数 $f(x)$ 对任意的 x 都满足 $f(x+1)=f(x)+1$，若 $f(1)=2$，则 $f(2021)=$________。

24. 函数 $f(x)=1-3\sin x$ 在区间 $\left(-2\pi,\frac{5\pi}{6}\right)$ 上的零点个数为________。（常考）

第 24 题

25. 已知函数 $f(x)=\mathrm{e}^x-(x+a)\ln(x+a)+x$，若直线 $x-y+1=0$ 是函数 $f(x)$ 的切线，则实数 a 的值为________。

三、解答题（本大题共 2 小题，每小题 10 分，共 20 分）

26. 已知数列 $\{a_n\}$ 是正项数列，其前 n 项和为 S_n，且满足 $4S_n=a_n^2+2a_n-3$。

(1)求数列 $\{a_n\}$ 的通项公式；(5 分)

(2)设 $b_n=(-1)^n a_n$，求数列 $\{b_n\}$ 的前 n 项和 T_n。(5 分)

27. 在 $\triangle ABC$ 中，a,b,c 分别为其内角 A,B,C 所对的边，已知 $\frac{(a+b+c)(b-a-c)}{2ac}=\frac{\cos(A+C)+\sin2(B+C)}{\sin2A}$，且 $\angle B\neq\frac{\pi}{2}$。

(1)求角 A 的大小；(5 分)

(2)若 $a=2\sqrt{5}$，$\angle B=\frac{\pi}{6}$，求 $\triangle ABC$ 的面积。(5 分)

四、论述题（本大题共 7 分）

28. 新课程标准强调作为一名教师在教学中应关注学生数学的应用意识和应用能力的培养，让学生感到数学有趣、数学合理、数学有用。在小学数学课堂中应如何培养学生的应用意识和应用能力？

五、案例分析题（本大题共 8 分）

29. 案例：刘老师在教学长方形的性质的课堂上出现了下面一个教学片段：

刘老师在介绍完长方形的概念后，布置了一个操作探究活动。

刘老师：大家把手中的数学棒摆成一个长方形，然后在这个长方形上摆满 1 平方厘米的方格，通过这个活动，同学们可以得到哪些和长方形有关的结论？

学生正准备动手操作，小李举起了手。

小李：我不动手操作也知道结论。

刘老师：你知道什么结论？

小李：长方形的面积等于长乘宽。

刘老师没想到会出现这个情况，脸冷了下来：你怎么知道？

小李：昨天预习了，书上这么说的。

刘老师：你聪明，坐下！后面的教学是在沉闷的气氛中进行的，学生操作完成后再也不敢举手发言了。

问题：

(1)结合案例中刘老师的教学过程，简要做出评析；(4 分)

(2)结合实际情况，谈谈如何处理好课堂上的意外情况。(4 分)

六、教学设计题(本大题共 15 分)

30. 针对小学数学“扇形统计图”的教学内容进行分析,写出教学设计简案。(要求包括教学目标、教学重点、教学难点和简单的教学过程等步骤)

六（1）班同学最喜欢的运动项目的人数情况如下表。你能算出每种运动最喜欢的人数各占全班人数的百分之多少吗？

项目	乒乓球	足球	跳绳	踢毽子	其他
人数	12	8	5	6	9
百分比					

12+8+5+6+9=40（人）

12÷40=0.3=30％

最喜欢乒乓球的人数占全班人数的 30％。

我们可以用扇形统计图来表示各部分数量与总量之间的关系。

六（1）班同学最喜欢运动项目的人数情况统计图

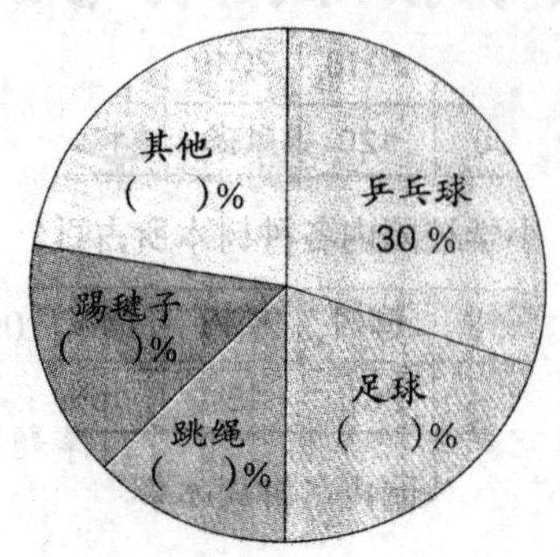

上图中的整个圆表示什么？用这样的统计图有什么好处？

各个扇形的大小与什么有关系？

你还能提出什么数学问题？

做一做

牛奶里含有丰富的营养成分，各种营养成分所占百分比如下。

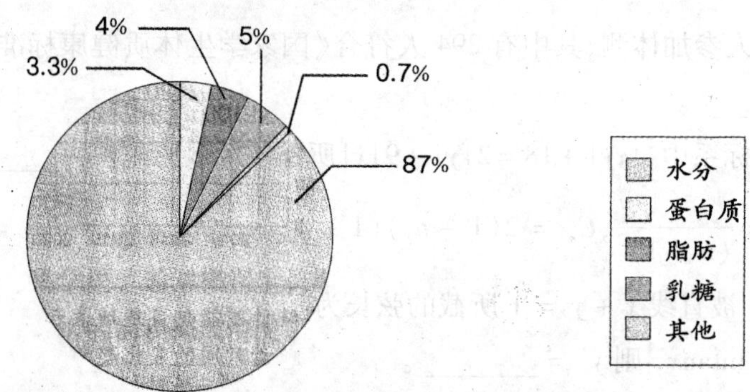

每天喝一袋 250 g 的牛奶，能补充每种营养成分各多少克？

2021 年浙江省绍兴市教师招聘考试真题试卷(精编)(七)

数　学

(时间:120 分钟　总分:100 分)

本套试卷共 28 小题,包括填空题(10 小题),单项选择题(10 小题),解答题(8 小题)。目前已收录 27 小题。

一、填空题(本大题共 10 小题,每小题 3 分,共 30 分)

1. 上虞区的陆地面积是 14 亿零 168 万平方米,写作________平方米;把亿之后的数省掉,写作________亿平方米。

第 1 题

2. 0.7 平方厘米 = ________平方毫米,5030 千克 = ________吨。

3. 已知苹果价格 a 元每千克,买了 5 千克苹果,一共需要付________元;妈妈给了 100 元,可以找回________元。

4. 已知有下列四个数:3.4%,$\frac{1}{3}$,0.33,$\frac{3}{10}$,其中最大的数是________,最小的数是________。

5. 六年级有 300 人参加体测,其中有 294 人符合《国家学生体质健康标准》,则达标率为________,不达标率为________。

6. 在平面直角坐标系中,$|xy|+18=2|y|+9|x|$ 所围成区域的面积为________。

7. 已知数列 $a_n=\frac{1}{(n+1)^2}$,$C_n=2(1-a_1)(1-a_2)\cdots(1-a_n)$,则 $C_3=$ ________。

8. 圆 $x^2+y^2=4$ 被直线 $x+y=1$ 所截的弦长为________。

9. 已知函数 $y=\ln\tan x$,则 $y'=$ ________。

10. $\lim\limits_{x\to+\infty}\dfrac{\frac{\pi}{2}-\arctan x}{\frac{1}{x}}=$ ________。(常考)

第 10 题

二、单项选择题(本大题共 10 小题,每小题 3 分,共 30 分)

11. 大拇指指甲盖的面积约为 2(　　)

A. 平方米　　B. 平方分米　　C. 平方厘米　　D. 平方毫米

12. 3 和 6 的公因数有(　　)。

A. 1 个　　B. 2 个　　C. 3 个　　D. 无数个

13. 计算 1.68 ÷ 0.3,下列各式与原式结果不相等的是(　　)

A. 168 ÷ 3　　B. 168 ÷ 30

C. 16.8 ÷ 3　　D. 0.168 ÷ 0.03

14. 有上面分别标有 1 ~ 9 的数字卡片,反扣在桌上,如果每次摸出两张卡片,同时摸出(　　)的概率最大。

A. 质数　　B. 合数　　C. 偶数　　D. 奇数

15. 一根绳子剪成两段,第一段占全长的 $\frac{1}{4}$,第二段绳子是 $\frac{1}{4}$ 米,那么(　　)

A. 第一段长　　B. 第二段长

C. 两段一样长　　D. 无法比较

第 16 题

16. 已知 $y=4^x-2^{x+1}+b$ 在 $[-1,1]$ 上的最大值 $M=3$,则 $b=$(　　)

A. 1　　B. 2　　C. 3　　D. 4

17. 商店本月的计划销售额是 20 万元,由于开展了促销活动,上半月完成了计划的 60%,若全月要超额完成计划的 25%,则下半月应完成销售额(　　)

A. 12 万元　　B. 13 万元　　C. 14 万元　　D. 15 万元

18. 用 0,1,2,3,4,5 组成没有重复数字的四位数,其中千位数字大于百位数字,且百位数字大于十位数字的四位数的个数是(　　)

A. 36　　B. 60　　C. 72　　D. 300

第 18 题

19. 一名同学先后投掷一枚骰子两次,第一次向上的点数记为 x,第二次向上的点数记为 y,在直角坐标系中,以 (x,y) 为坐标的点落在直线 $y=\frac{1}{2}x$ 上方的概率为(　　)(常考)

A. $\frac{1}{2}$　　B. $\frac{1}{4}$　　C. $\frac{3}{4}$　　D. $\frac{5}{6}$

20. 设 x,y 满足约束条件 $\begin{cases}x-y+1\geqslant 0,\\ x-2y\leqslant 0,\\ x+2y-2\leqslant 0,\end{cases}$ 则 $z=x+y$ 的最大值为(　　)

A. $\frac{3}{2}$　　B. $\frac{1}{2}$　　C. 2　　D. 3

三、解答题(本大题共 7 小题,每小题 5 分,共 35 分)

21. 解比例:$\frac{1}{4}:x=4:1$。

22. 甲、乙两港的水路长 208 千米,某船从甲港开往乙港,顺水 8 小时到达,从乙港开到甲港,逆水 13 小时到达,求船在静水中的速度和水流速度。

第 22 题

23. 已知抛物线 $y^2 = 2px(p > 0)$ 的焦点为 F,过点 F 且与 x 轴垂直的直线交抛物线于 A,B 两点,$|AB| = 4$ 。

(1)求抛物线的方程;(2 分)

(2)过点 F 的直线 l 交抛物线于 P,Q 两点,若 $\triangle OPQ$ 的面积为4,求直线 l 的斜率。(其中 O 为坐标原点)(3 分)

24. 计算 $\int xe^x\mathrm{d}x$ 。

25. 在计算 $200 + 20 \div 10$ 时,一位同学算成了 $200 + 20 \div 10 = 22$,分析他错误的原因。

26. 数感通常表现为对数与数量、数量关系、运算结果的估计等的感悟。在小学数学的教学工作中,教师应采取什么策略培养学生的数感?

27. 在“平行与相交”的教学中,教材结合生活情境教学两直线之间的位置关系,试论述这样安排的好处。

2020年浙江省绍兴市(三区)教师招聘考试真题试卷(八)

小学数学

(时间:120 分钟　总分:100 分)

本套试卷共26小题,包括单项选择题(10小题),填空题(10小题),解答题(5小题),论述或案例设计题(1小题)。

一、单项选择题(本大题共10小题,每小题3分,共30分)

1. 正在建设中的北京大兴国际机场计划建设面积约1 400 000平方米的航站楼,数据1 400 000用科学计数法应表示为(　　)

A. 0.14×10^7　　B. 14×10^5　　C. 1.4×10^6　　D. 都正确

2. 双曲线$\frac{x^2}{16}-\frac{y^2}{9}=1$的焦点坐标是(　　)

A. $(0,5),(0,-5)$　　B. $(5,0),(-5,0)$

C. $(0,\sqrt{7}),(0,-\sqrt{7})$　　D. $(\sqrt{7},0),(-\sqrt{7},0)$

3. 两地的实际距离是80千米,在地图上是4厘米,这幅地图的比例尺是(　　)

A. 2 000 000∶1　　B. 1∶20 000　　C. 1∶2 000 000　　D. 2 000∶1

4. 函数$y=\log_2(ax^2+3x+1)$的值域为$\mathbf{R}$,则实数a的取值范围是(　　)

A. $a\geqslant\frac{9}{4}$　　B. $0\leqslant a\leqslant\frac{9}{4}$　　C. $a>\frac{9}{4}$　　D. $0\leqslant a<\frac{9}{4}$

5. $\lim\limits_{x\to0}\frac{e^x\sin x-x(1+x)}{x^2\arctan x}=$(　　)(易错)

A. $\frac{1}{2}$　　B. $\frac{1}{3}$　　C. $\frac{1}{6}$　　D. $\frac{1}{8}$

6. 在$\left(\frac{\sqrt{x}}{2}-\frac{2}{\sqrt{x}}\right)^6$的二项展开式中,$x^2$的系数为(　　)

A. $-\frac{15}{4}$　　B. $\frac{15}{4}$　　C. $-\frac{3}{8}$　　D. $\frac{1}{8}$

7. 点$x=1$是函数$f(x)=\frac{x^2-1}{x^2-3x+2}$的(　　)(易混)

A. 第一类可去间断点　　B. 第二类间断点

C. 第一类但不可去间断点　　D. 连续点

8. 已知实数x,y满足$2x>y>0$,且$\frac{1}{2x-y}+\frac{1}{x+2y}=1$,则$x+y$的最小值是(　　)(易混)

A. $\frac{3+2\sqrt{3}}{5}$　　B. $\frac{4+2\sqrt{3}}{5}$　　C. $\frac{2+4\sqrt{3}}{5}$　　D. $\frac{3+4\sqrt{3}}{5}$

9. 在同一直角坐标系中,函数$f(x)=\frac{1}{a^x}$与$g(x)=\lg\frac{a}{x}$的图象可能是(　　)

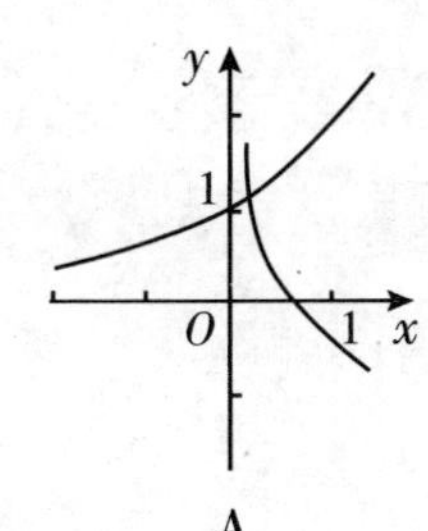

A

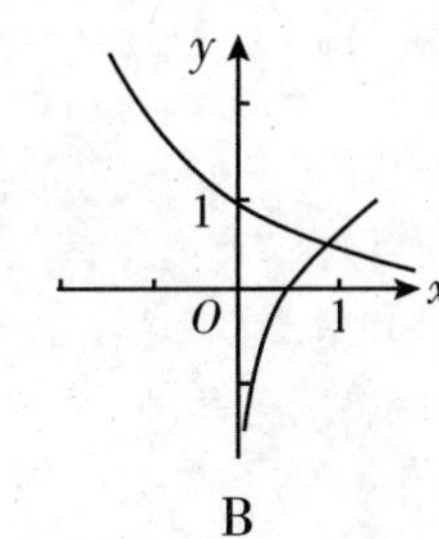

B

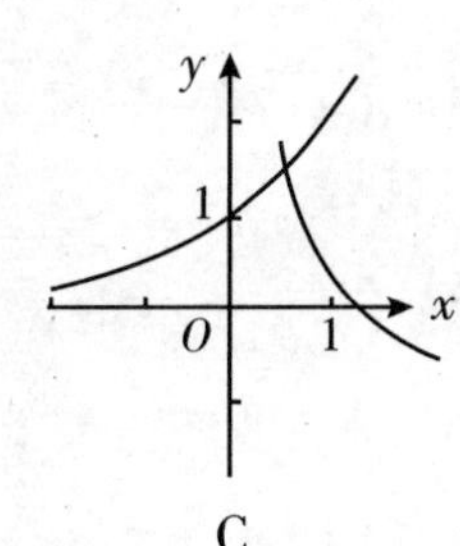

C

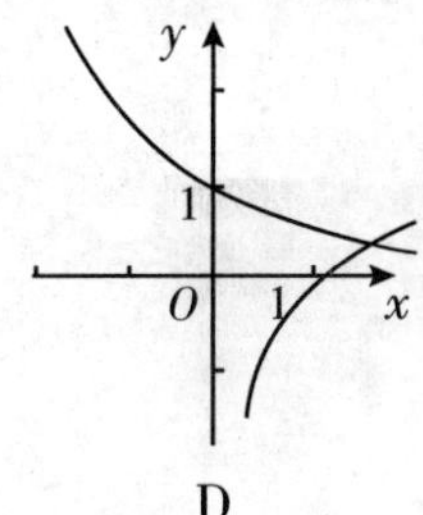

D

10. 三角形与梯形这两个概念从外延上看是(　　)

A. 并列关系　　B. 交叉关系　　C. 矛盾关系　　D. 反对关系

二、填空题(本大题共10小题,每小题2分,共20分)

11. 去年我国化学废渣的排放量为1 303 080吨,这个数读作________。

12. 一个数除以9余8,除以6余5,这个数加上1就能被5整除,则符合条件的最小自然数是______。(常考)

13. 最早将圆周率精确到小数点后第7位的数学家是________。

14. 已知扇形的圆心角为150°,它所对应的弧长为20π cm,则此扇形的半径是________cm。

15. 已知全集$U=\{-2,-1,0,1,2\}$,集合$A=\{-1,0,1\}$,集合$B=\{0,1,2\}$,则$\complement_U(A\cap B)=$______。

16. 有10个相同的小球,现全部分给甲、乙、丙3人,若甲至少得1个球,乙至少得2个球,丙至少得3

个球，则他们所得的球数的不同情况有________种。

17. 曲线 $y=\sin x(0\leqslant x\leqslant\pi)$ 与 x 轴围成的图形绕 x 轴旋转一周所得旋转体的体积是________。

18. 函数 $f(x)=\frac{1}{3}x^3+2x^2-1$，则此函数的图象在点 $(1,\frac{4}{3})$ 处的切线方程是________。

19. 已知 i 为虚数单位，复数 z 满足 $\frac{z+1}{1+\mathrm{i}}=1-2\mathrm{i}$，则 $z=$________，$|z|=$________。

20. 已知实数 x,y 满足 $\begin{cases}3x+y+1\geqslant0,\\2x+3y-4\leqslant0,\\x-2y-2\leqslant0,\end{cases}$ 则 $2x+y$ 的最小值是________。

三、解答题（本大题共 5 小题，每小题 6 分，共 30 分）

21. 自然数乘法满足分配律，证明：$(a+b)c=ac+bc$。

22. 有一片草场，草每天的生长速度相同，若 14 头牛 30 天可将草吃完，70 只羊 16 天也可将草吃完（4 只羊一天的吃草量相当于 1 头牛一天的吃草量）。那么 17 头牛和 20 只羊多少天可将这片草场吃完？

23. 若函数 $f(x)=\begin{cases}b(1+\sin x)+a+2,x\geqslant0,\\e^{ax}-1,x<0\end{cases}$ 处处可微，求 a,b 的值。

24. 在三棱锥 $O-ABC$ 中，已知 OA,OB,OC 两两垂直，$OA=2,OB=\sqrt{6}$，直线 AC 与平面 OBC 所成的角为 $45°$。

(1)求证：$OB\perp AC$。(3 分)

(2)求二面角 $O-AC-B$ 的大小。(3 分)

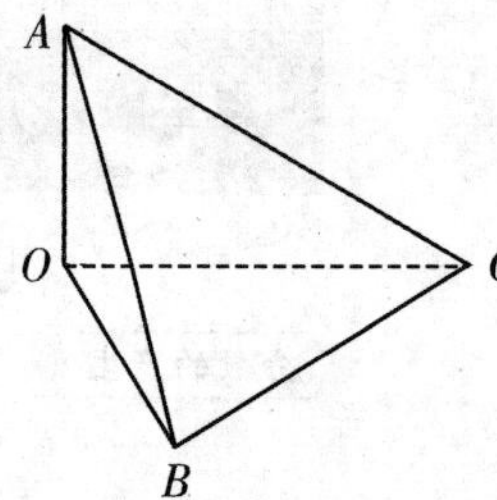

25. 设正项数列$\{a_n\}$的前 n 项和满足 $S_n=\frac{1}{4}(a_n+1)^2$，求数列$\{a_n\}$的通项公式。

四、论述或案例设计题(本大题共 20 分)

26. 阅读材料：分数意义(人教版小学数学五年级下册第 45 ~46 页)。

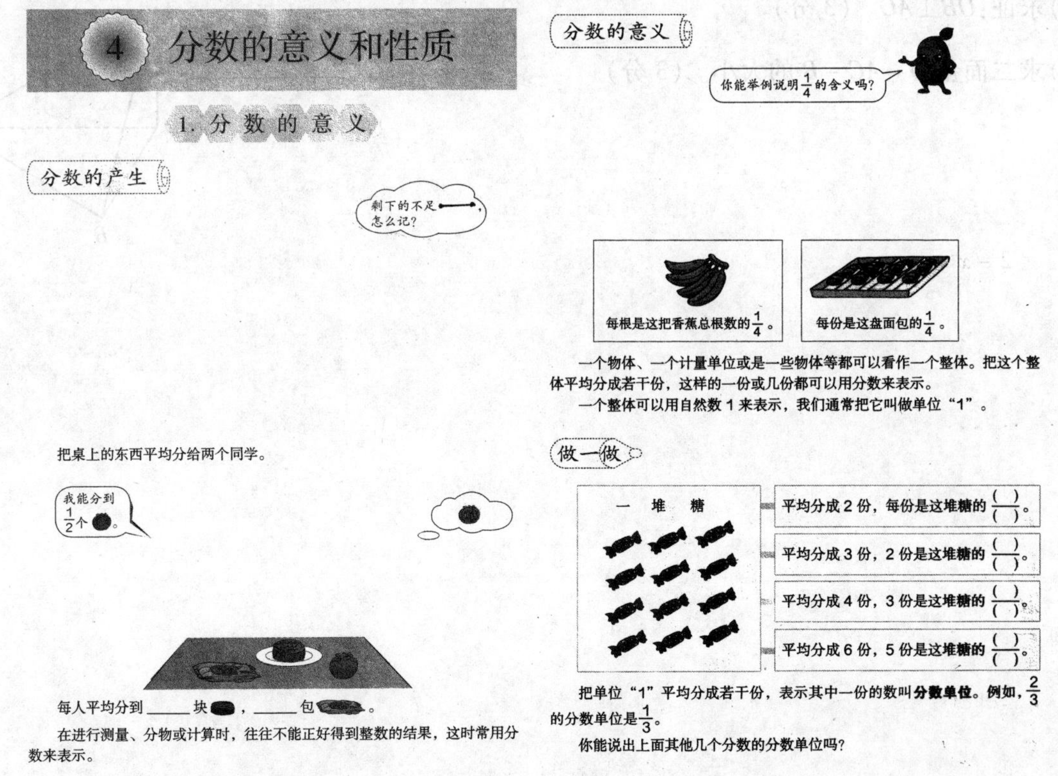

4 分数的意义和性质

1. 分数的意义

分数的产生

把桌上的东西平均分给两个同学。

每人平均分到______块，______包。

在进行测量、分物或计算时，往往不能正好得到整数的结果，这时常用分数来表示。

分数的意义

每根是这把香蕉总根数的 $\frac{1}{4}$。　每份是这盘面包的 $\frac{1}{4}$。

一个物体、一个计量单位或是一些物体等都可以看作一个整体。把这个整体平均分成若干份，这样的一份或几份都可以用分数来表示。

一个整体可以用自然数 1 来表示，我们通常把它叫做单位“1”。

做一做

一堆糖

平均分成 2 份，每份是这堆糖的$\frac{(\ )}{(\ )}$。

平均分成 3 份，2 份是这堆糖的$\frac{(\ )}{(\ )}$。

平均分成 4 份，3 份是这堆糖的$\frac{(\ )}{(\ )}$。

平均分成 6 份，5 份是这堆糖的$\frac{(\ )}{(\ )}$。

把单位“1”平均分成若干份，表示其中一份的数叫**分数单位**。例如，$\frac{2}{3}$的分数单位是$\frac{1}{3}$。

你能说出上面其他几个分数的分数单位吗?

(1)请分析主题图的编写意图。(4 分)

(2)请结合主题图的编写意图对本节课设计导入。(5 分)

(3)分数和除法有什么关系?(3 分)

(4)本节课的教学难点是什么?(2 分)以本节课为例阐述如何帮助学生理解数学概念。(6 分)

2020年浙江省杭州市教师招聘考试真题试卷(九)

中学数学

(时间:120分钟 总分:100分)

本套试卷共21小题,包括单项选择题(10小题),填空题(6小题),解答题(3小题),简述题(2小题)。

一、单项选择题(本大题共10小题,每小题3分,共30分)

1. 设集合 $S=\{x|(x-2)(x-3)\geqslant 0\}$,$T=\{x|x>0\}$,则 $S\cap T=($　　$)$

A. $[2,3]$　　B. $(-\infty,2]\cup[3,+\infty)$

C. $[3,+\infty)$　　D. $(0,2]\cup[3,+\infty)$

2. 点点同学对数据26,36,46,5■,52进行统计分析,发现其中一个两位数的个位数被污渍挡住看不到了,则计算结果不受影响的是(　　)

A. 平均数　　B. 中位数　　C. 方差　　D. 众数

3. 已知$\{a_n\}$是等差数列,公差 d 不为0,前 n 项和是 S_n,若 a_3,a_4,a_8 是等比数列,则(　　)

A. $a_1d>0,dS_4>0$　　B. $a_1d<0,dS_4<0$

C. $a_1d>0,dS_4<0$　　D. $a_1d<0,dS_4>0$

4. 已知$\triangle ABC$中,角 A,B,C 的对边分别是 a,b,c,若 $b=c,a^2=2b^2(1-\sin A)$,则$\angle A=($　　$)$

A. $\frac{3\pi}{4}$　　B. $\frac{\pi}{3}$　　C. $\frac{\pi}{4}$　　D. $\frac{\pi}{6}$

5. 从分别标有1,2,…,9的9张卡片中不放回地抽取2次,每次抽取1张,则抽到的2张卡片上的数的奇偶性不同的概率是(　　)(常考)

A. $\frac{5}{18}$　　B. $\frac{4}{9}$　　C. $\frac{5}{9}$　　D. $\frac{7}{9}$

6. 已知 a,b 是两个不相等的实数,设函数 $y=(x+a)(x+b)$ 的图象与 x 轴有 M 个交点,函数 $y=(ax+1)(bx+1)$ 的图象与 x 轴有 N 个交点,则(　　)

A. $M=N$ 或 $M=N+1$　　B. $M=N$ 或 $M=N-1$

C. $M=N-1$ 或 $M=N+1$　　D. $M=N-1$ 或 $M=N+2$

7. 存在函数 $f(x)$ 满足:对于任意 $x\in\mathbf{R}$,都有(　　)(易错)

A. $f(\sin 2x)=\sin x$　　B. $f(\sin 2x)=x^2+x$

C. $f(x^2+1)=|x+1|$　　D. $f(x^2+2x)=|x+1|$

8. 已知正方体的棱长为1,每条棱所在直线与平面 α 所成的角都相等,则 α 截正方体所得截面面积的最大值为(　　)

A. $\frac{3\sqrt{3}}{4}$　　B. $\frac{2\sqrt{3}}{3}$　　C. $\frac{3\sqrt{2}}{4}$　　D. $\frac{\sqrt{3}}{2}$

9. 已知 $a\in\mathbf{R}$,设函数 $f(x)=\begin{cases}x^2-2ax+2a,x\leqslant 1,\\x-a\ln x,x>1,\end{cases}$ 若关于 x 的不等式 $f(x)\geqslant 0$ 在 $\mathbf{R}$ 上恒成立,则 a 的取值范围为(　　)

A. $[0,1]$　　B. $[0,2]$　　C. $[0,e]$　　D. $[1,e]$

10. 函数 $f(x)=\frac{\sqrt{2}\sin x+\cos x}{\sin x+\sqrt{1-\sin x}}(0\leqslant x\leqslant\pi)$ 的最大值为(　　)

A. 1　　B. $\sqrt{2}$　　C. $\sqrt{3}$　　D. 2

二、填空题(本大题共6小题,每小题3分,共18分)

11. 已知$(2-x^2)(1+ax)^3$的展开式的所有项系数之和为27,则实数 $a=$________。(易错)

12. 在Rt$\triangle ABC$中,$\angle C$是直角,设 $BC=a,AC=b,AB=c,\angle A=\alpha$,则 $\tan\frac{\alpha}{2}=$________。(用含 a,b,c 的代数式表示)

13. 已知椭圆 $C:\frac{x^2}{a^2}+\frac{y^2}{b^2}=1(a>b>0)$ 的左、右顶点分别为 A_1,A_2,且以线段 A_1A_2 为直径的圆与直线 $bx-ay+2ab=0$ 相切,则椭圆 C 的离心率为________。

14. 整数2可写成三个非0整数的立方和,即 $2=$________。

15. 满足条件 $AB=2,AC=\sqrt{2}BC$ 的$\triangle ABC$的面积的最大值是________。

16. 正四面体 $ABCD$ 的棱长为2,空间动点 P 满足 $|\overrightarrow{PB}+\overrightarrow{PC}|=2$,则 $\overrightarrow{AP}\cdot\overrightarrow{AD}$ 的取值范围是________。

三、解答题(本大题共 3 小题,第 17,18 小题每小题 10 分,第 19 小题 12 分,共 32 分)

17. 已知函数 $f(x)=\left[2\sin\left(x+\frac{\pi}{3}\right)+\sin x\right]\cos x-\sqrt{3}\sin^2x,x\in\mathbf{R}$。

(1)求函数 $f(x)$ 的最小正周期;(4 分)

(2)若 $x\in\left[0,\frac{5\pi}{12}\right]$,求函数 $f(x)$ 的最小值。(6 分)

18. 已知 AD 为锐角三角形 ABC 的高,$DE\perp AB$ 于 E,F 为 ED 延长线上一点,$CF\perp AF$。

(1)证明:$\frac{AF^2}{CF^2}=\frac{AE}{BE}$。(4 分)

(2)若 $AB=13,BC=14,AC=15$,求$\triangle ADF$ 的面积。(6 分)

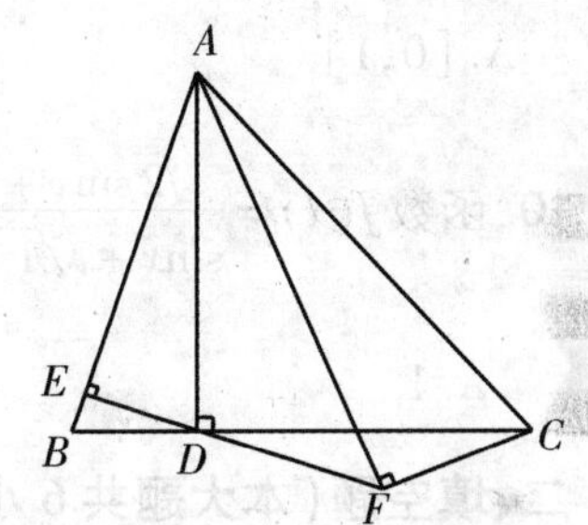

19. 设函数 $f(x)=(x-a)^2\ln x,a\in\mathbf{R}$。

(1)若 $x=e$ 为 $y=f(x)$ 的极值点,求实数 a 的值;(6 分)

(2)求实数 a 的取值范围,使得对任意 $x\in(0,3e]$,恒有 $f(x)\leqslant 4e^2$ 成立。(6 分)

四、简述题(本大题共 2 小题,每小题 10 分,共 20 分)

20.《普通高中数学课程标准》(2017 年版)指出,“数学学科核心素养包括:数学抽象、逻辑推理、数学建模、直观想象、数学运算和数据分析。”请简述:

(1)你对“数学建模”这一核心素养的认识;(5 分)

(2)在数学中如何落实“数学建模”这一核心素养。(5 分)

21. 指数函数是基本初等函数之一,请你针对高中教材人教 A 版数学必修 1 中 2.1.2 节“指数函数及其性质(第一课时)”这一教学内容,写出教学设计中的教学目标、重点、难点和引入部分(不需整堂课的设计)。

2020年浙江省丽水市缙云县教师招聘考试真题试卷(十)

中小学数学

(时间:120分钟 总分:100分)

本套试卷共52小题,包括教育基础知识和数学学科专业知识两部分。教育基础知识部分包括不定项选择题(10小题),判断题(10小题);数学学科专业知识部分包括单项选择题(20小题),填空题(7小题),解答题(2小题),简答题(3小题)。

第一部分 教育基础知识

一、不定项选择题(本大题共10小题,每小题1分,共10分)

1. 截至目前(编者注:考试时间为2020年8月9日),全球累计确诊新冠肺炎病例正不断逼近( )万。

A. 500　B. 1000　C. 1500　D. 2000

2. 2020年7月23日12时41分,我国在海南文昌航天发射场,使用长征五号遥四运载火箭将中国首次火星探测任务( )探测器发射升空,开启了火星探测之旅,迈出了中国自主开展行星探测的第一步。

A. 玉兔一号　B. 天问一号　C. 天河一号　D. 嫦娥一号

3. "老师是人类灵魂的工程师,再穷也不能穷老师,再穷也要对未来投资""我希望从青少年开始,就不要单纯就是数理化,应该有全面的思想发展,奠定一个广阔的文化基础""国家的未来就是教育"。——转录自央视《面对面》栏目对某位名人的专访,这位名人是( )

A. 马云　B. 袁隆平　C. 于漪　D. 任正非

4. 从省城某知名高中校长岗位退下来后,有民办学校许下重金礼聘,但他最终选择远赴贵州,在黔东南苗族侗族自治州的国家级贫困县从事支教工作。他是( )

A. 张桂梅　B. 蔻桂梅　C. 陈立群　D. 李金战

5. 国家规定每年十二月四日为( )

A. 国家宪法日　B. 中国农民丰收节　C. 中国人民警察节　D. 烈士纪念日

6. 中国古代最早出现的专门论述教育问题的著作《学记》提出了"学不躐等"的教育主张。与该主张相一致的教育思想有( )。

A. 因材施教　B. 不陵节而施　C. 循序渐进　D. 长善救失

7. 保护未成年人的工作,应当遵循( )原则。

A. 适应未成年人身心发展的规律和特点　B. 教育与保护相结合

C. 不得批评未成年人　D. 尊重未成年人的人格尊严

8. 学生品德发展的重要标志是其具有( )

A. 自我教育能力　B. 爱国热情　C. 吃苦耐劳精神　D. 公民意识

9. 心理辅导老师设身处地地去体会受辅导学生的内心感受,进入他的内心世界。这种辅导方法被称为( )

A. 内化　B. 同感　C. 系统脱敏法　D. 自我控制法

10. 以下是部分国家教育家与其代表性论著,连线配对正确的有( )

A. 苏霍姆林斯基(苏)——《给教师的一百条建议》

B. 杜威(美)——《民主主义与教育》

C. 卢梭(法)——《大教学论》

D. 赫尔巴特(德)——《普通教学论》

二、判断题(本大题共10小题,每小题1分,共10分)

11. 党的教育方针是引领教育发展的思想旗帜和行动指南。新时代党的教育方针,在教育培养目标方面提出,把"努力培养担当民族复兴大任的时代新人,培养德智体美劳全面发展的社会主义建设者和接班人"作为根本目标。( )

12. 习近平总书记强调,"全社会都要行动起来,共同呵护好孩子的眼睛,让他们拥有一个光明的未来"。近视一旦发生,不可逆转。( )

13.《中华人民共和国香港特别行政区维护国家安全法》于2020年6月30日由第十三届全国人民代表大会常务委员会第二十次会议通过,迈出了建立健全香港特别行政区维护国家安全的法律制度和执行机制的重要一步。( )

14. 教育现代化最重要的是教育硬件设施现代化。( )

15. 培养学生的创新精神和实践能力是实施素质教育的重点和核心。( )

16. 教师的期望或明或暗地传送给学生,学生会按照教师所期望的方向来塑造自己的行为,这种现象被称为罗森塔尔效应。( )

17. 教育的"三贴近"原则是指贴近实际、贴近生活、贴近教材。( )

18. 教师在日常教育教学管理中,有采取适当方式对学生进行批评教育的权利。( )

19. 受教育权是学生在学校各项权利中最基本的权利。（　　）

20. 师生关系在人格上是一种管理与被管理的关系。（　　）

第二部分　数学学科专业知识

一、单项选择题（本大题共 20 小题，每小题 2 分，共 40 分）

1. 下列是世界各国银行的图标中的几个，其中不是轴对称图形的是（　　）

A　　B　　C　　D

2. 将长为 12 的线段截成长度为整数的三段，使它们成为一个三角形的三边，则构成的三角形（　　）

A. 不可能是等腰三角形　　B. 不可能是直角三角形

C. 不可能是等边三角形　　D. 不可能是钝角三角形

3. 飞机飞行时，最慢的时候是每小时 510 千米，最快的时候是每小时 760 千米，王老师出差回来，坐了 4 小时的飞机，大约飞行了（　　）千米。

A. 2000　　B. 2600　　C. 3100　　D. 3500

4. 下列说法正确的是（　　）

A. 2 既不是质数也不是合数

B. 式子 $3x-4y=0$ 中，x 与 y 成反比例

C. 5cm，5cm，12cm 的小棒可以拼成一个等腰三角形

D. 2，5，9，11，7 中，7 是中位数

5. 如图，从图中选择一个点，让它和 A,B,C 顺次连结成为一个梯形，共有（　　）种不同的选择。

A　B　C

A. 3　　B. 4　　C. 5　　D. 6

6. 六边形的内角和是（　　）

A. 540°　　B. 720°　　C. 900°　　D. 1080°

7. 在本埠投寄平信，每封信质量不超过 20 g 时付邮费 0.80 元。超过 20 g 而不超过 40 g 时付邮费 1.60 元，依次类推，每增加 20 g 需增加邮费 0.80 元（信的质量在 100 g 以内），如果所寄一封信的质量为 72.5 g，那么应付邮费（　　）

A. 2.4 元　　B. 2.8 元　　C. 3 元　　D. 3.2 元

8. 如果用□表示一个立方体，用▨表示两个立方体叠加，用■表示三个立方体叠加，那么下图是由 8 个立方体叠加的几何体，从正面观察，可画出的平面图形是（　　）

A.　　B.　　C.　　D.

9. 某兴趣班中女生占全班人数的 $\frac{3}{8}$，后又来女生 4 人，此时女生占 $\frac{4}{9}$，则全班原有（　　）人。（常考）

A. 24　　B. 30　　C. 32　　D. 40

10. 从 1 到 3998 这 3998 个自然数中，有（　　）个数能被 4 整除。

A. 1000　　B. 999　　C. 500　　D. 498

11. 钟面上的 1～12 这 12 个数字把圆周 12 等分，以其中任意 4 个等分点为顶点作四边形，其中矩形的个数是（　　）

A. 10　　B. 14　　C. 15　　D. 30

12. 关于 x 的一元二次方程 $x^2-3x+m=0$ 有两个不相等的实数根，则实数 m 的取值范围是（　　）

A. $m<\frac{9}{4}$　　B. $m\leqslant\frac{9}{4}$　　C. $m>\frac{9}{4}$　　D. $m\geqslant\frac{9}{4}$

13. 小明把他喜欢的书依次进行编号，编号为 1，2，3，…，已知所有书的编号之和是 100 的倍数，且小于 1000，编号中最大的数是（　　）

A. 20　　B. 21　　C. 23　　D. 24

14. 某店为了搞促销，将一商品降价 30% 处理，后又提价 30%，现价（　　）

A. 提高了　　B. 不变　　C. 降低了　　D. 无法确定

15. 已知 $\sqrt{a-b}+|b-1|=0$，则 $a+1=$（　　）

A. 0　　B. 1　　C. 2　　D. 3

16. 瓶身为圆柱形的酒精瓶容积为 26.4π cm³，正放、倒放数据如图，则瓶内有酒精（　　）cm³。

2　6

A. 17.8π　　B. 19.8π　　C. 20.8π　　D. 21.8π

17. 从一副扑克牌（52 张，不含大小王）中任意取牌，至少要取（　　）张才能保证有两张点数相同。

A. 13　　B. 14　　C. 15　　D. 16

18. 把球放在长方体盒内,球的一部分露出盒外,其截面如图所示,测得 $EF=CD=16$ cm,则球的半径长为(　　)

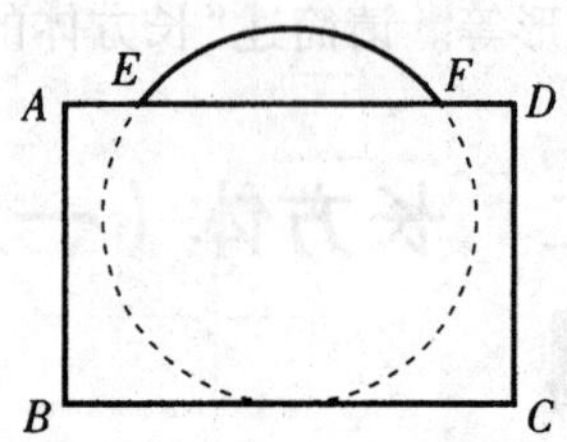

A. 8 cm　　　　B. 9 cm　　　　C. 10 cm　　　　D. 11 cm

19. 甲、乙、丙三个人在操场跑道上步行,甲、乙、丙每分钟分别走 80 米,120 米,70 米。已知操场跑道周长为 400 米,如果三个人同时同向从同一地点出发,经过(　　)分钟后,三个人可以第一次相遇。(常考)

A. 20　　　　B. 30　　　　C. 40　　　　D. 50

20. 下图是水滴进玻璃容器的示意图(滴水速度相同),下列选项中,正确表示容器中水的高度随滴水时间变化的情况(图中刻度、单位都相同)的是(　　)

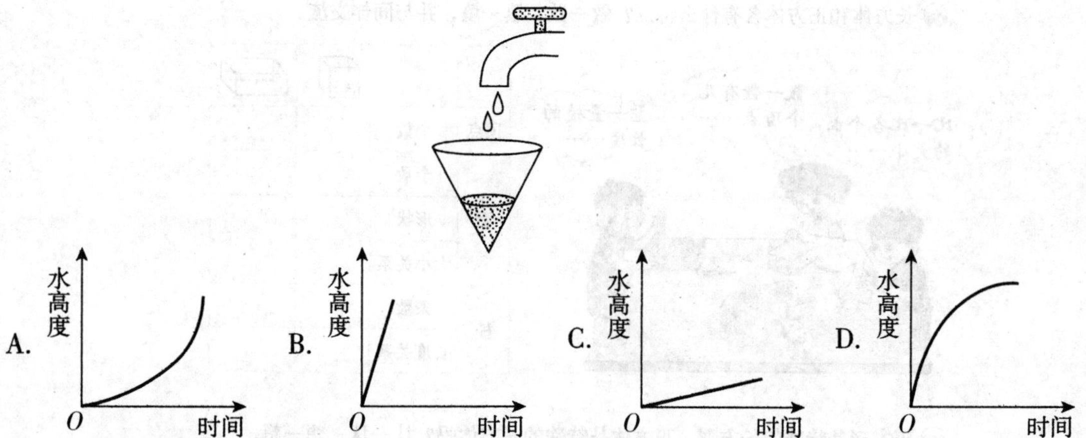

二、填空题(本大题共 7 小题,每空 1 分,共 12 分)

21. 如果用一个 5 倍的放大镜看一个 12 度的角,那么看到的角是________度。

22. 点 A,B,C 分别表示 $-1,-\sqrt{2},-\sqrt{3}$,则 A,B,C 中最小的数是________,$|AB|=$________。

23. 1 亩≈________平方米(取整数);4.15 吨=________公斤;
3000 毫升=________立方分米;5 公顷=________平方米。

24. $1\times2\times3\times\cdots\times500$ 的积的末尾一共有________个 0。

25. 有 28 个大小相同的球,其中有一个是次品,已知次品比其他球稍重一些。现给你一架没有砝码的天平,你至少称________次,才能确定这个次品球。

26. 用 3,5,7,9 四个数字做 24 点游戏(使用给出的数字,利用加减乘除算出 24,且每个数字只用一次),初中方法式子为________,高中方法式子为________。(写出一个式子即可)

27. 不超过 100 的自然数中,将凡是 3 或 5 的倍数相加,其和为________。

三、解答题(本大题共 2 小题,每小题 5 分,共 10 分)

28. (1)下图中,利用最少的步骤,移动最少的图形(不能利用整体图形旋转)使左图变成右图,并重新标出数字。(2 分)

(2)如果 2,3,8 三个圆都表示"好"这个字,5,6,9 三个圆都表示"数"这个字,那么 1,4,7 三个圆都表示哪个字才能使△ABC 中边 AB,AC,BC 连成同样一句话?写出这句话。(3 分)

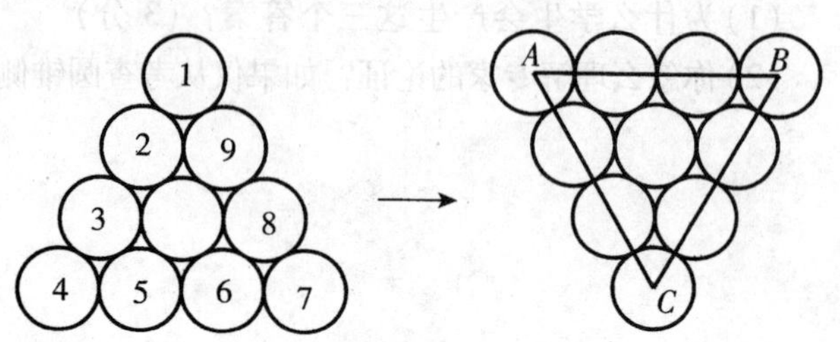

29. 如图,将一块三角板和半圆形量角器按图中方式叠放,三角板一边与量角器零刻度线所在直线重合,重叠部分的量角器弧(AB)对应的圆心角(∠AOB)为 120°,OC 的长为 2 cm,则三角板和量角器重叠部分的面积为多少?(结果保留 π)

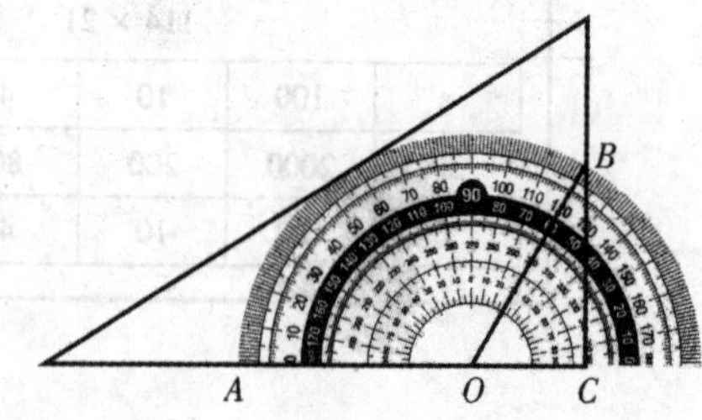

四、简答题（本大题共 3 小题，每小题 6 分，共 18 分）

30. 某地数学中考因一道计算圆锥侧面积的填空题引起了风波："已知圆锥的母线长为 12 cm，底面圆半径为 3 cm，则侧面积是________ cm^2（结果精确到个位数）。"官方一开始给出的参考答案是 113，后来说 113 和 112 都对，而答案为 36π 的得分减半，因此又引发了家长的抗议，最后经过专家论证，明确答案为 113 或 112，其余答案不得分。

（1）为什么学生会产生这三个答案？（3 分）

（2）你怎么理解专家的论证？如果仅从考查圆锥侧面积计算的角度，此题可以添加什么备注？（3 分）

31. 下面是在"两位数乘三位数"的教学中，学生通过自主探索、合作交流所呈现的四种方法，请撰写后续教学的教学片段。

<table>
<tr>
<td>114 × 20 = 2280
114 × 1 = 114
2280 + 114 = 2394</td>
<td>114 × 21
= 114 × 7 × 3
= 798 × 3
= 2394</td>
</tr>
<tr>
<td>114 × 21
<table><tr><td>×</td><td>100</td><td>10</td><td>4</td></tr><tr><td>20</td><td>2000</td><td>200</td><td>80</td></tr><tr><td>1</td><td>100</td><td>10</td><td>4</td></tr></table>2280
+ 114
2394</td>
<td>114
× 21
114 ……114 × 1
228 ……114 × 20
2394</td>
</tr>
</table>

32.《义务教育数学课程标准》（2011 年版）指出：空间观念主要是指根据物体特征抽象出几何图形，根据几何图形想象出所描述的实际物体；想象出物体的方位和相互之间的位置关系，描述图形的运动和变化，依据语言的描述画出图形等。请简述"长方体的认识"这一课如何渗透"空间观念"。

二 长方体（一）

长方体的认识

● 生活中哪些物体的形状是长方体或正方体？说一说，认一认。

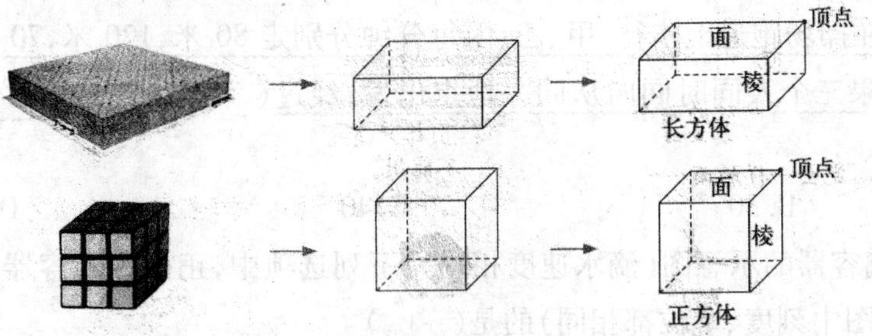

● 长方体和正方体各有什么特点？做一做，填一填，并与同伴交流。

		（正方体）	（长方体）
顶点	个数		
面	个数		
	形状		
	大小关系		
棱	条数		
	长度关系		

● 正方形是特殊的长方形，正方体是特殊的长方体吗？认一认，想一想。

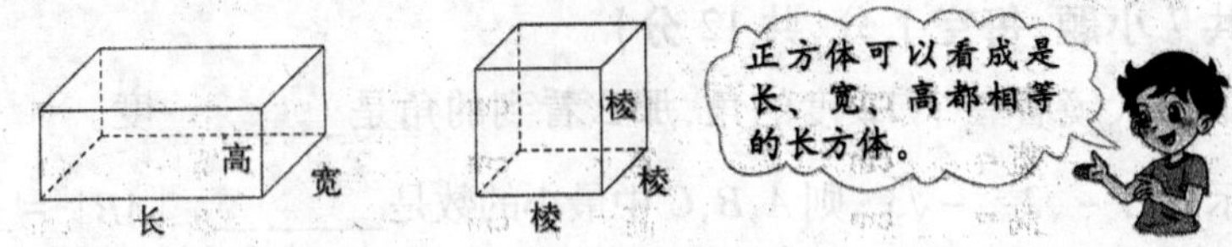

预测试卷

浙江省教师招聘考试预测试卷(一)

小学数学

(时间:120 分钟　总分:100 分)

本套试卷共 31 小题,包括单项选择题(15 小题),填空题(10 小题),解答题(3 小题),论述题(1 小题),案例分析题(1 小题),教学设计题(1 小题)。

一、单项选择题(本大题共 15 小题,每小题 1.6 分,共 24 分)

1. 两个自然数的差是 3,它们的最大公约数与最小公倍数的乘积为 180,这两个自然数是(　　)

A. 12,15　　B. 9,12　　C. 15,18　　D. 12,18

2. 有一个自然数,除 345 和 543 所得的余数相同,且商相差 33,这个数是(　　)

A. 9　　B. 4　　C. 7　　D. 6

3. $2\frac{5}{7}$用循环小数的形式表示,这个小数的小数点后面第 200 位数字是(　　)

A. 5　　B. 1　　C. 2　　D. 7

4. 若直线 $y=x+b$ 与曲线 $y=3-\sqrt{4x-x^2}$ 有公共点,则 b 的取值范围为(　　)

A. $[-1,1+2\sqrt{2}]$　　B. $[1-2\sqrt{2},1+2\sqrt{2}]$

C. $[1-2\sqrt{2},3]$　　D. $[1+2\sqrt{2},3]$

5. 甲、乙、丙三人同时分别在 3 个条件和工作量相同的仓库工作,搬完货物甲用 10 小时,乙用 12 小时,丙用 15 小时。第二天三人又到两个大仓库工作,这两个仓库的工作量相同。甲在 A 仓库,乙在 B 仓库,丙先帮甲后帮乙,用了 16 个小时将两个仓库同时搬完。丙在 A 仓库搬货物的时间为(　　)

A. 6 小时　　B. 4 小时　　C. 2 小时　　D. 8 小时

6. 已知向量 $\boldsymbol{a},\boldsymbol{b}$ 满足:$|\boldsymbol{a}|=1,|\boldsymbol{b}|=2,|\boldsymbol{a}-\boldsymbol{b}|=2$,则 $|\boldsymbol{a}+\boldsymbol{b}|=$(　　)

A. 1　　B. $\sqrt{2}$　　C. $\sqrt{5}$　　D. $\sqrt{6}$

7. 已知圆柱的高为 1,它的两个底面的圆周在直径为 2 的同一个球的球面上,则该圆柱的体积为(　　)

A. π　　B. $\frac{3\pi}{4}$　　C. $\frac{\pi}{2}$　　D. $\frac{\pi}{4}$

8. 当 $x\to 0$ 时,$e^x-\left(1+\frac{x}{2}\right)^2$ 与(　　)是同阶无穷小量。

A. x　　B. x^2　　C. x^3　　D. x^4

9. 已知 $f(1)=a+b+1=3,f'(1)=3a+b=0$,则 a,b 的值为(　　)

A. 1,2　　B. 1,0　　C. 2,3　　D. −1,3

10. 某次联欢会要安排 3 个歌舞类节目,2 个小品类节目和 1 个相声类节目的演出顺序,则同类节目不相邻的排法有(　　)种。

A. 72　　B. 144　　C. 168　　D. 120

11. 用若干台计算机同时录入一部书稿,计划若干小时完成。如果增加三台计算机,则只需用原定时间的 75%;如果减少三台计算机,则比原定时间多用$\frac{5}{6}$小时。那么原定完成录入这部书稿的时间是(　　)小时。

A. $\frac{5}{3}$　　B. $\frac{10}{3}$　　C. $\frac{6}{5}$　　D. $\frac{11}{6}$

12. 现有一种糖水,它的糖和水的质量比为 4∶1,另一种糖水,它的糖和水的质量比为 3∶4,如果将这两种糖水等质量混合,则混合后的糖和水的质量比为(　　)

A. 43∶27　　B. 28∶15　　C. 20∶7　　D. 27∶43

13. 点 M 在矩形 $ABCD$ 内运动,其中 $AB=2,BC=1$,则动点 M 到顶点 A 的距离 $|AM|\leqslant 1$ 的概率为(　　)

A. $\frac{1}{4}$　　B. $\frac{\pi}{8}$　　C. $\frac{\pi}{4}$　　D. $\frac{\pi}{6}$

14. 下列命题正确的有(　　)

(1)如图,梯形 $ABCD$ 中,$AD/\!/BC$,则 $\triangle AEB$ 的面积与 $\triangle CED$ 的面积相等;

(2)设一辆汽车从 A 地开到 B 地的平均速度是 v_1,从 B 地返回 A 地的平均速度是 v_2,则汽车往返一次的平均速度是 $(v_1+v_2)\div 2$;

(3)三角形的三条高的交点一定在三角形内部;

(4)一件商品的价格上升 5% 后又下降 5%,则该商品的价格下降了;

(5)一刀最多可以把平面切成 2 块,两刀最多可以把平面切成 4 块,则四刀最多可以把平面切成11 块;

(6)设等比数列 $\{a_n\}$ 满足 $a_2a_4=6$,则 $a_1a_3^2a_5=36$。

A. 2 个　　B. 3 个　　C. 4 个　　D. 5 个

15. 实施小学数学思想方法教学模式的一般流程是(　　)

A. 操作—引导—显现—领悟　　B. 操作—显现—引导—领悟

C. 引导—操作—显现—领悟　　D. 引导—操作—领悟—显现

二、填空题(本大题共 10 小题,每小题 2 分,共 20 分)

16. 三个连续自然数的乘积是 120,它们的和是________。

17. 若 $x=\dfrac{1}{\dfrac{1}{1980}+\dfrac{1}{1981}+\cdots+\dfrac{1}{1997}}$,则 x 的整数部分为________。

18. 在一桩谋杀案中,有两个嫌犯甲和乙,另有四个证人受到询问。

A 证人说:我知道甲是无罪的。

B 证人说:我知道乙是无罪的。

C 证人说:前面两个证词中至少有一个是真的。

D 证人说:我可以肯定 C 证人说的证词是假的。

通过调查,已证实 D 证人说了实话,则凶手是________。

19. 正三角形内有 n 个点,加上正三角形的三个顶点共有 $n+3$ 个点(每任意三点不在同一直线上),现将正三角形分割成以这 $n+3$ 个点为顶点的互不重叠的三角形,最多能分成________个三角形。

20. 设甲、乙两个圆柱的底面积分别为 S_1,S_2,体积分别为 V_1,V_2。若它们的侧面积相等且 $\dfrac{V_1}{V_2}=\dfrac{3}{2}$,则 $\dfrac{S_1}{S_2}$ 的值是________。

21. 设变量 x,y 满足约束条件 $\begin{cases}x-4y+3\leqslant 0,\\3x+5y-25\leqslant 0,\\x\geqslant 1,\end{cases}$ 则 $z=5x+2y$ 的最大值为________。

22. 已知椭圆 C 的中心在坐标原点,长轴在 x 轴上,离心率为 $\dfrac{\sqrt{3}}{2}$,且 C 上一点到 C 的两个焦点的距离之和为 12,则椭圆 C 的标准方程为________。

23. 若 $f(x)=\begin{cases}x\sin\dfrac{1}{x},x\neq 0,\\a+2,x=0\end{cases}$ 在 $x=0$ 处连续,则 $a=$________。

24. 直线 $x-2y+5=0$ 与圆 $x^2+y^2=8$ 相交于 A,B 两点,则 $|AB|=$________。

25. 抛物线 $y=-x^2+4x-3$ 及其在点 $(0,-3)$ 和 $(3,0)$ 处的切线所围成的图形的面积为________。

三、解答题(本大题共 3 小题,第 26 小题 6 分,第 27,28 小题每小题 10 分,共 26 分)

26. 某服装店的老板,在广州看到一种夏季衬衫,就用 8000 元购进若干件,以每件 58 元的价格出售,很快售完,又用 17 600 元购进同种衬衫,数量是第一次的 2 倍,但这次每件进价比第一次多 4 元,服装店仍按每件 58 元出售,全部售完。问:该服装店这笔生意是否盈利?若盈利,请你求出盈利多少元。

27. 一条斜率为 1 的直线 l 与离心率为 $\sqrt{3}$ 的双曲线 $\dfrac{x^2}{a^2}-\dfrac{y^2}{b^2}=1(a>0,b>0)$ 交于 P,Q 两点,直线 l 与 y 轴交于点 R,且 $\overrightarrow{OP}\cdot\overrightarrow{OQ}=-3$,$\overrightarrow{PR}=3\overrightarrow{RQ}$,求直线和双曲线的方程。

28. 已知数列 $\{a_n\}(n\in\mathbf{N}_+)$ 是递增的等差数列,$a_3=5$,且 a_1,a_7-a_5,a_3+a_6 成等比数列。

(1)求数列 $\{a_n\}$ 的通项公式;(3 分)

(2)若 $b_n=\dfrac{2}{a_na_{n+1}}$,数列 $\{b_n\}$ 的前 n 项和为 S_n,求满足 $S_n>\dfrac{24}{25}$ 的最小的 n 的值。(7 分)

四、论述题（本大题共 7 分）

29. 写出小学数学教材中的五大运算定律，并选其中的一个定律说明规则学习的一般过程。

五、案例分析题（本大题共 8 分）

30. 问题情境：学生在认识了射线的特征后，教师要求学生举生活中的例子。

师：我们把手电筒和太阳射出来的光线都看作射线，你还能举出一些射线的例子吗？

生：我认为手电筒和太阳射出来的光线不是射线，而是线段，因为它在发射的过程中被东西挡住了，我认为头发是射线。

（全班同学发出轰然的笑声）

师：同学们怎么看？

（大多数同学表示疑惑）

师：如果我们大胆地假定一下，假如你的头发都是朝着一端笔直地长，再假如你长生不老，而且永远不剪头发，那么你的头发就是射线。

（发言同学的脸上露出了微笑，听课同学若有所思地点头）

(1)分析上述教学片段，从数学课堂即兴评价角度谈谈你的看法。(3 分)

(2)你认为学生学习射线的难点是什么？学习射线的重点又是什么？(5 分)

六、教学设计题（本大题共 15 分）

31. 下面是《义务教育教科书数学三年级上册（人教版）》“分数的简单计算”一节，请根据教学内容设计一份教案。

2. 分数的简单计算

1 一个西瓜，哥哥吃了$\frac{2}{8}$，弟弟吃了$\frac{1}{8}$。兄弟俩一共吃了这个西瓜的几分之几？

$\frac{2}{8}+\frac{1}{8}=$______

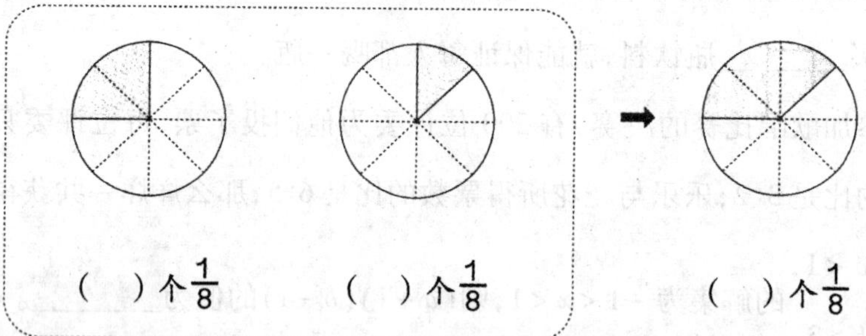

想：2 个$\frac{1}{8}$加 1 个$\frac{1}{8}$是 3 个$\frac{1}{8}$，就是$\frac{3}{8}$。

2 $\frac{5}{6}-\frac{2}{6}=$______

去掉( )个$\frac{1}{6}$。

( )个$\frac{1}{6}$　　( )个$\frac{1}{6}$

想：5 个$\frac{1}{6}$减去 2 个$\frac{1}{6}$，剩下 3 个$\frac{1}{6}$，就是$\frac{3}{6}$。

浙江省教师招聘考试预测试卷(二)

小学数学

(时间:120 分钟　总分:100 分)

本套试卷共 24 小题,包括填空题(10 小题),单项选择题(8 小题),解答题(6 小题)。

一、填空题(本大题共 10 小题,每小题 3 分,共 30 分)

1. 有 240 位同学去春游,需要准备一些饮料,商店"优惠告示"上写着:本店饮料,6 只空瓶可兑换一瓶饮料,240 人至少买________瓶饮料,就能保证每人都喝一瓶。

2. 烊烊、乐乐、花花参加歌唱比赛的决赛,有 200 位评委为他们投了票,每位评委只投一票,如果烊烊与乐乐所得票数的比是 3:2,乐乐与花花所得票数的比是 6:5,那么烊烊一共获得________张投票。

3. 若不等式组$\begin{cases}2x-a<1,\\x-2b>3\end{cases}$的解集为 $-1<x<1$,则$(a+1)(b-1)$的值为________。

4. 把一个长方体木块裁成两个完全一样的正方体,这两个正方体的棱长之和比原来长方体的棱长之和增加 40 厘米,则每个正方体的体积是________立方厘米。

5. 100 个自然数的和是 10000,且在这些数里,奇数比偶数多,那么,这些数里最多有________个偶数。

6. 客星球采用地球上的数与运算符号进行四则运算,下面是他们列的几个算式:$3+3=3$,$4\times4=4$,$43-8=8$,$6\times6\times6=5$,$46\div7=6$,$8-6=2$。从式子中看出,客星球的算术符号"+""-""×""÷""="与我们算术中的意义相同,进位也是十进制,只是每个数字虽然和我们写法相同,但代表的意义却不同,请你按照客星球的算术规则,计算:$46\times57=$________。

7. 在底面边长为 60 cm 的正方形的一个长方体的容器里,直立着一个长 1 m,且底面为正方形,边长为 15 cm 的四棱柱(实心)。这时容器里的水半米深,现在把四棱柱轻轻向上提起 24 cm,露出水面的四棱柱浸湿的部分的长是________ cm。

8. 移栽树苗若干棵,如果兄弟二人合栽 8 小时完成,先由哥哥栽了 3 小时后,又由弟弟栽了 1 小时,还剩总棵数的$\frac{11}{16}$没有栽,已知哥哥每小时比弟弟多栽 7 棵,则共要移栽________棵树苗。

9. 口袋里有同样大小和同样质地的红、黄、蓝三种颜色的小球各 10 个,一次最少摸出________个球,才能保证至少有 4 个球的颜色相同。

10. 如下图,在边长为 100 米的正三角形花坛的边上,甲、乙两人分别从两个顶点同时出发,按逆时针方向行走。已知甲的速度是 42 米/分,乙的速度是 34 米/分。出发后________分钟,甲、乙两人第一次走在同一条边上。

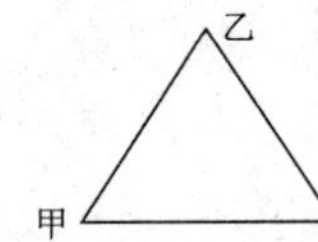

二、单项选择题(本大题共 8 小题,每小题 3 分,共 24 分)

11. A、B 两个商场,A 商场以"打九折"的优惠售货,B 商场以"满 200 元送 30 元"购物券形式促销,小明打算花掉 300 元,则他在(　　)商场购物更合算一些。

A. A　　B. B　　C. A、B 商场一样　　D. 无法确定

12. 有 4 名运动员参加一项比赛。赛前,甲说:"我肯定得最后一名。"乙说:"我不可能是第一名,也不可能是最后一名。"丙说:"我肯定得第一名。"丁说:"我绝对不会是最后一名。"赛后,发现他们 4 人的预测中只有一人是错误的。(　　)的预测是错误的。

A. 甲　　B. 乙　　C. 丙　　D. 丁

13. 用单位小正方体摆出立体图形,使得从前面、上面、侧面看到的图形分别如下图所示,则要摆出这样的图形至少需要(　　)个单位小正方体。

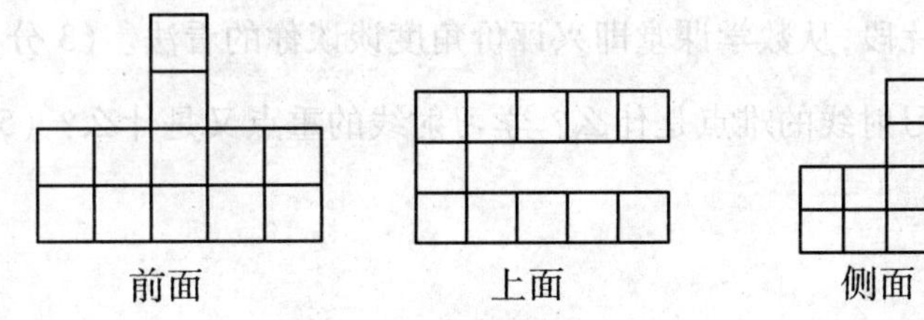

A. 16　　B. 18　　C. 20　　D. 22

14. 某次足球比赛的计分规则是:胜一场得 3 分,平一场得 1 分,负一场得 0 分。某球队参赛 15 场,累积 33 分,若不考虑比赛顺序,则该队胜、平、负的情况可能有(　　)种。

A. 15　　B. 11　　C. 5　　D. 3

15. 下图是一个正方形,涂色部分的宽度与空白部分的宽度相等,其中涂色部分面积比空白部分面积多(　　)%。

A. 28.6　　B. 30　　C. 40　　D. 50

16. 在一个棋盒中有 x 颗白色棋子和 y 颗黑色棋子,从中任意取出一颗棋子,取得白色棋子的概率为 $\frac{2}{5}$,放回后若再往盒中放入 3 颗黑色棋子,取得白色棋子的概率变为 $\frac{1}{4}$,则原来盒中有白色棋子(　　)颗。

A. 1　　B. 2　　C. 3　　D. 4

17. 如果有一个 3×3 的点阵,同一行(列)相邻两个点的距离均为 1,以点阵中的三个点为顶点构成三角形,其中面积为 1 的形状不同的三角形有(　　)种。

A. 1　　B. 2　　C. 3　　D. 4

18. 极限 $\lim\limits_{x\to\infty}\frac{(2x-3)^3(3x+2)^4}{(4x+1)^7}=$(　　)

A. 1　　B. $\frac{81}{16}$　　C. 0　　D. $\frac{81}{2048}$

三、解答题(本大题共 6 小题,其中第 19 ~ 21 小题,每小题 6 分,第 22 小题 8 分,第 23 小题 6 分,第 24 小题 14 分,共 46 分)

19. $\frac{a}{3}$,$\frac{b}{7}$都是真分数,且$\frac{a}{3}+\frac{b}{7}$的值用"四舍五入"法精确到 0.01 记作 1.38,那么分数$\frac{a}{b}$是多少?

20. 从甲站到乙站共有 800 千米,开始 400 千米是平路,接着 300 千米是上坡路,余下的是下坡路,已知火车在上坡路、平路、下坡路上的速度比是 3:4:5。

(1)若火车在甲乙两站间平路上的速度都是 80 千米/小时,那么它从甲站到乙站所用的时间比从乙站到甲站所用的时间多多少?(3 分)

(2)若要求火车来回所用的时间相等,那么火车从甲站到乙站在平路上的速度与从乙站到甲站在平路上的速度比是多少?(3 分)

21. 在等腰直角三角形 ABC 中,$AB=AC=4$,点 P 是边 AB 上异于 A,B 的一点,光线从点 P 出发,经 BC,AC 反射后又回到点 P(如图)。若光线 QR 经过△ABC 的重心,求 AP 的值。

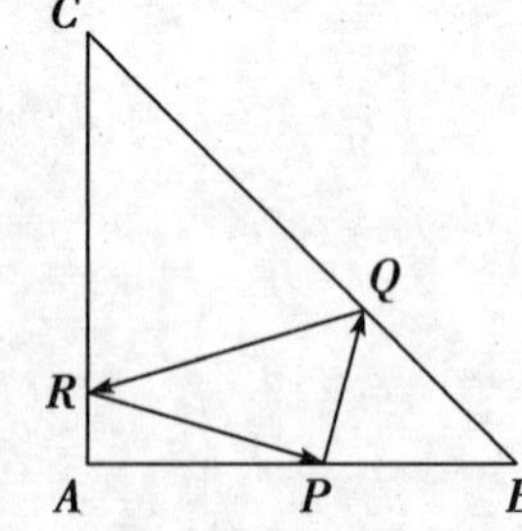

22. 如图,在一次数学课外实践活动中,要求测教学楼的高度 AB。小刚在 D 处用高 1.5 m 的测角仪 CD,测得教学楼顶端 A 的仰角为 $30°$,然后向教学楼前进 40 m 到达 E,又测得教学楼顶端 A 的仰角为 $60°$。求这幢教学楼的高度 AB。

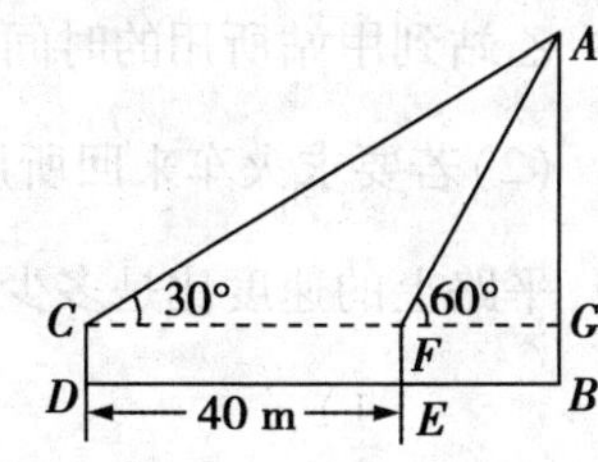

23.《义务教育数学课程标准》(2022 年版)中的课程理念是什么?请简要阐述。

24. 教学设计:请根据所给教材内容简要设计一份教案。

平行与垂直

1 在纸上任意画两条直线,会有哪几种情况?

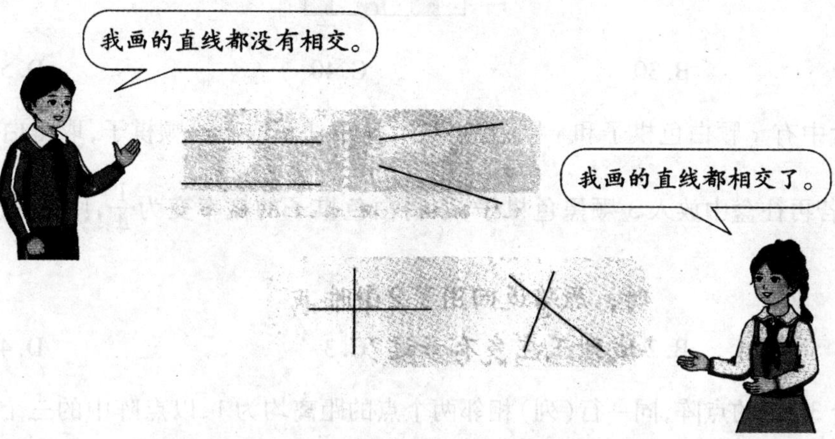

把没有相交的两条直线再画长一些会怎样?

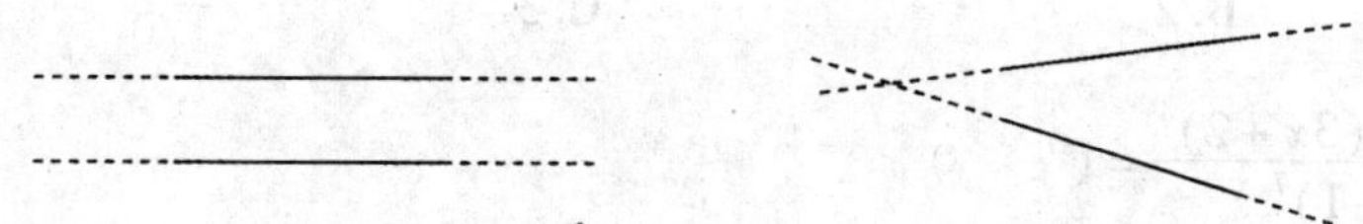

在同一个平面内不相交的两条直线叫作**平行线**,也可以说这两条直线**互相平行**。

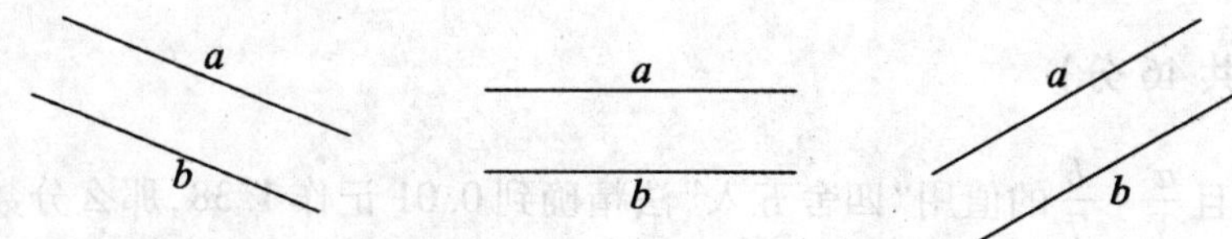

上图中 a 与 b 互相平行,记作 $a \parallel b$,读作 a 平行于 b。

浙江省教师招聘考试预测试卷(三)

小学数学

(时间:120 分钟　总分:100 分)

本套试卷共 20 小题,包括单项选择题(10 小题),填空题(5 小题),简答题(1 小题),解答题(4 小题)。

一、单项选择题(本大题共 10 小题,每小题 4 分,共 40 分)

1. 设两向量 $\boldsymbol{a}=(1,-2,2)$,$\boldsymbol{b}=(0,-3,4)$的夹角为 θ,则 $\sin 2\theta=$(　　)

A. $\frac{28}{225}$　　B. $\frac{\sqrt{29}}{225}$　　C. $\frac{28\sqrt{29}}{225}$　　D. $-\frac{28\sqrt{29}}{225}$

2. 已知 $f(x)$ 是定义在 $\mathbf{R}$ 上的函数,对任意两个不相等的正数 x,y 都有 $\frac{yf(x)-xf(y)}{x-y}>0$,记 $a=f(1)$,$b=\frac{f(2)}{2}$,$c=\frac{f(3)}{3}$,则(　　)

A. $a<b<c$　　B. $a<c<b$　　C. $c<b<a$　　D. $b<c<a$

3. 关于由四舍五入法得到的近似数 8.8×10^3,下列说法正确的是(　　)

A. 精确到十分位,有两位有效数字　　B. 精确到个位,有两位有效数字

C. 精确到百位,有两位有效数字　　D. 精确到千位,有四位有效数字

4. 有等底等高的一对圆柱与圆锥,现将圆锥的底面半径扩大到原来的 3 倍,高不变。在不改变圆柱底面的基础上,圆柱的高必须扩大为原来的(　　)倍才能使二者体积相等。

A. 3　　B. 4　　C. 8　　D. 9

5. 某人每天匀速开车去上班,可以准时到达单位。一日当他以正常速度行驶一半路程后,遇上拥堵,只能以正常速度的一半行驶了路程的 $\frac{1}{5}$。那么行驶完拥堵路段后,现在如果他不希望迟到,必须以正常速度的(　　)倍行驶完剩下的路程。

A. 2　　B. 3　　C. 4　　D. 5

6. 如果一个自然数的各个数位上的数字之积加上各个数位上的数字之和,正好等于这个自然数,我们就称这个自然数为"巧数"。例如,99 就是一个巧数,因为 $9\times9+(9+9)=99$。可以证明所有的巧数都是两位数,那么下列四个数中不是巧数的是(　　)

A. 19　　B. 29　　C. 39　　D. 48

7. 王先生售出所持有的甲、乙两种股票,卖出价均为 1200 元。相比买入价,甲股票盈利 20%,乙股票亏损 20%,王先生此次交易(　　)

A. 盈利 100 元　　B. 不赚不赔　　C. 亏损 100 元　　D. 无法计算

8. 已知等比数列 $\{a_n\}$ 满足 $a_n>0$,$n=1,2,3,\cdots$,且 $a_5\cdot a_{2n-5}=2^{2n}(n\geqslant3$,且 $n\in\mathbf{N}_+)$,则当 $n\geqslant1$ 时,$\log_2 a_1+\log_2 a_3+\cdots+\log_2 a_{2n-1}=$(　　)

A. $n(2n-1)$　　B. $(n+1)^2$　　C. n^2　　D. $(n-1)^2$

9. 若复数 z 满足 $z\cdot \mathrm{i}=1+\mathrm{i}$(i 是虚数单位),则 z 的共轭复数是(　　)

A. $-1-\mathrm{i}$　　B. $1+\mathrm{i}$　　C. $-1+\mathrm{i}$　　D. $1-\mathrm{i}$

10. 若集合 $A=\{x|2x-1>0\}$,$B=\{x||x|<1\}$,则 $A\cap B=$(　　)

A. $\left\{x\middle|\frac{1}{2}\leqslant x\leqslant1\right\}$　　B. $\left\{x\middle|\frac{1}{2}<x<1\right\}$　　C. $\left\{x\middle|\frac{1}{2}\leqslant x<1\right\}$　　D. $\left\{x\middle|\frac{1}{2}<x\leqslant1\right\}$

二、填空题(本大题共 5 小题,每小题 4 分,共 20 分)

11. 如图,一个 4×2 的矩形可用 3 种不同的方式分割成 2 或 5 或 8 个小正方形,那么一个 5×3 的矩形用不同的方式分割后,小正方形的个数可以是________。

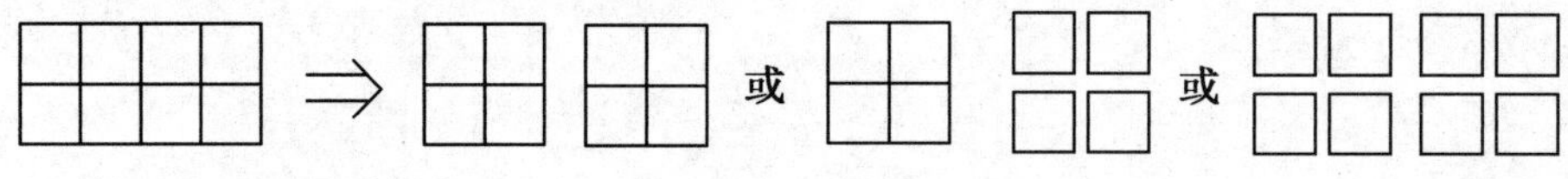

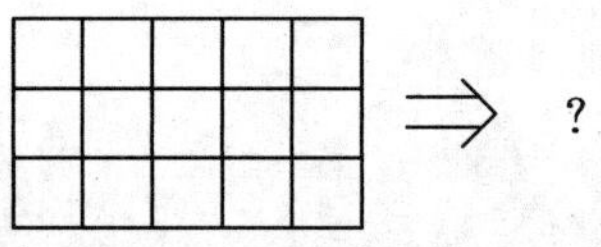

12. 正四面体 $O-ABC$ 中,D,E 分别是 BC,OC 的中点,则 OD 和 AE 所成角的余弦值是________。

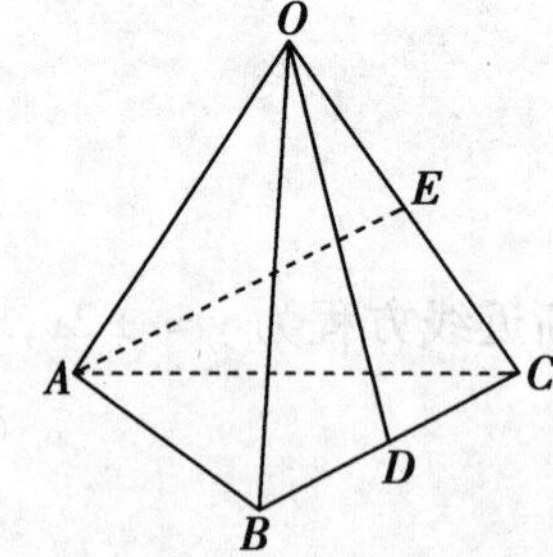

13. 函数 $f(x)=2\sqrt{3}\sin x\cos x-2\sin^2 x$ 的最小值为________。

14. 若函数 $f(x)=ax^3+bx^2+cx+2019$ 的导函数为 $f'(x)=x^2+1$,则 $a+b+c=$________。

15. $\left(\frac{2\sqrt{2}}{x}+x^2\right)^7$ 的展开式中 x^2 项的系数是________。

三、简答题(本大题共 10 分)

16. 较旧版课标,《义务教育数学课程标准》(2022 年版)“新”在哪里?

四、解答题(本大题共 4 小题,其中第 17 和 18 小题每小题 6 分,第 19 和 20 小题每小题 9 分,共 30 分)

17. 如图,有一个水平放置的透明无盖的正方体容器,容器高 8 cm,将一个球放在容器口,再向容器内注水,当球面恰好接触水面时测得水深 6 cm,如果不计容器的厚度,球的体积是多少?

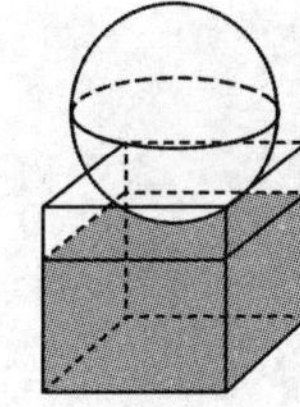

18. 设双曲线的一个焦点为$(0,-5)$,其渐近线方程为 $y=\pm 2x$,求双曲线的方程与离心率。

19. 设曲线 $C:y=\sqrt{x-1}$,求:

(1)过原点与曲线 C 相切的切线方程;(4 分)

(2)求这条切线、直线 $y=0$ 与曲线 C 所围成的平面图形的面积。(5 分)

20. 在$\triangle ABC$ 中,三个内角 A,B,C 对应的边分别记为 a,b,c。

(1)若$|a\sin A-b\sin B-4c\sin C|+|4\cos A+1|=0$,求$\frac{b}{c}$的值;(4 分)

(2)若$\triangle ABC$ 的面积为$\frac{a^2}{3\sin A}$,$6\cos B\cos C=1$,$a=6$,求$\triangle ABC$ 的周长。(5 分)

浙江省教师招聘考试预测试卷(四)

小学数学

(时间:120 分钟　总分:100 分)

本套试卷共28小题,包括单项选择题(10小题),填空题(10小题),解答题(4小题),分析题(1小题),论述题(1小题),案例分析题(2小题)。

一、单项选择题(本大题共10小题,每小题3分,共30分)

1. 比例的两个内项互为倒数,一个外项是9,另一个外项是(　　)

A. $\frac{1}{9}$　　B. 9　　C. 1　　D. 0

2. 某工程可由若干台机器在规定时间内完成,如果增加2台机器,则节省了$\frac{1}{8}$的时间,如果减少2台机器,就要推迟$\frac{2}{3}$小时做完,那么1台机器完成这个工程需要(　　)小时。

A. 56　　B. 60　　C. 58　　D. 42

3. 已知$\sqrt{x}+\sqrt{y}=\sqrt{72}$,且$0<x<y$,那么满足题中式子的整数对$(x,y)$有(　　)组。

A. 0　　B. 1　　C. 2　　D. 4

4. 某种商品的商标图案如右图中阴影部分所示,已知菱形$ABCD$的边长为4,$\angle A=60°$,$\overset{\frown}{BD}$是以A为圆心,AB长为半径的弧,$\overset{\frown}{CD}$是以B为圆心,CB长为半径的弧,则该商标图案的面积为(　　)

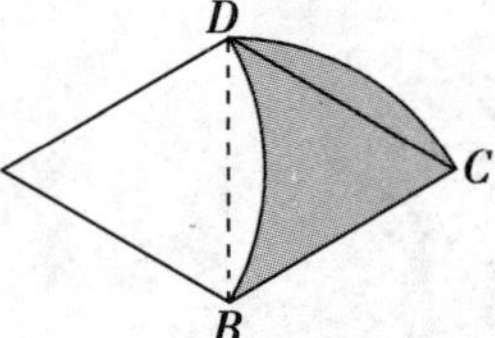

A. 4　　B. $2\sqrt{3}$

C. $8\sqrt{3}$　　D. $4\sqrt{3}$

5. 有甲、乙、丙三个油桶,各盛油若干千克。先将甲桶里的油倒入乙、丙两桶,使它们的油各增加一倍;再将乙桶里的油倒入丙、甲两桶,使它们的油各增加一倍;最后按同样的规律将丙桶里的油倒入甲、乙两桶。这时,各桶油都是16千克,则甲桶原有油(　　)千克。

A. 18　　B. 28　　C. 26　　D. 14

6. 将圆$x^2+y^2-2x-4y+1=0$平分的直线是(　　)

A. $x+y-1=0$　　B. $x+y+3=0$　　C. $x-y+1=0$　　D. $x-y+3=0$

7. 下列命题正确的是(　　)

A. 无穷小量的倒数是无穷大量　　B. 无穷小量是绝对值很小很小的数

C. 无穷小量是以零为极限的变量　　D. 无界变量一定是无穷大量

8. 如果一组数中每个数减去同一个非零常数a,则这一组数的(　　)

A. 平均数不变,方差不变　　B. 平均数改变,方差改变

C. 平均数不变,方差改变　　D. 平均数改变,方差不变

9. 某人午觉醒来,发现表停了,他打开收音机,想听电台整点报时,则他等待的时间不多于10分钟的概率为(　　)

A. $\frac{1}{3}$　　B. $\frac{2}{3}$　　C. $\frac{1}{6}$　　D. $\frac{5}{6}$

10. 已知函数$f(x)=\begin{cases}x+1, x\leqslant 0,\\ \log_2 x, x>0,\end{cases}$则函数$y=f(f(x))+1$的零点个数是(　　)

A. 4　　B. 3　　C. 2　　D. 1

二、填空题(本大题共10小题,每小题2分,共20分)

11. 数学教学应该是从学生的生活经验和________出发,向他们提供充分的从事数学活动和交流的机会,帮助他们在自主探索的过程中真正理解和掌握基本的________、________和________。

12. x,y,z为三个质数,如果$x+y=z$,则这三个质数中最小的数是________。

13. 某校为高一学生开设了三门选修课程,分别是文学与艺术、哲学初步、数学史。调查某班甲、乙、丙三名学生的三门选修课程的选修情况时,甲说:"我选修的课程比乙多,但没有选修哲学初步。"乙说:"我没有选修数学史。"丙说:"我们三人选修的课程中,有一门课程是相同的。"由此可以判断乙选修的课程为________。

14. 观察下列等式:

$1=1$,

$2+3+4=9$,

$3+4+5+6+7=25$,

$4+5+6+7+8+9+10=49$,

……

照此规律,第n个等式为________。

15. 已知关于 x 的不等式组 $\begin{cases}x-a\geqslant 0,\\ 5-2x>1\end{cases}$ 只有3个整数解，则实数 a 的取值范围是________。

16. 已知函数 $f(x)=\sin x\tan x$，给出下列结论：

①函数 $f(x)$ 是偶函数；

②函数 $f(x)$ 在区间 $\left(-\dfrac{\pi}{2},0\right)$ 上是增函数；

③函数 $f(x)$ 的最小正周期是 2π；

④函数 $f(x)$ 的图象关于直线 $x=\pi$ 对称。

其中正确结论的序号是________。

17. 有一个盒子里放了一些红球和白球，其中有5个红球，占总数的 $\dfrac{1}{10}$，再放进________个红球，可使红球占总数的 $\dfrac{1}{6}$。

18. 把19个棱长为3厘米的正方体重叠起来，拼成一个如右图所示的立体图形，则这个立体图形的表面积为________平方厘米。

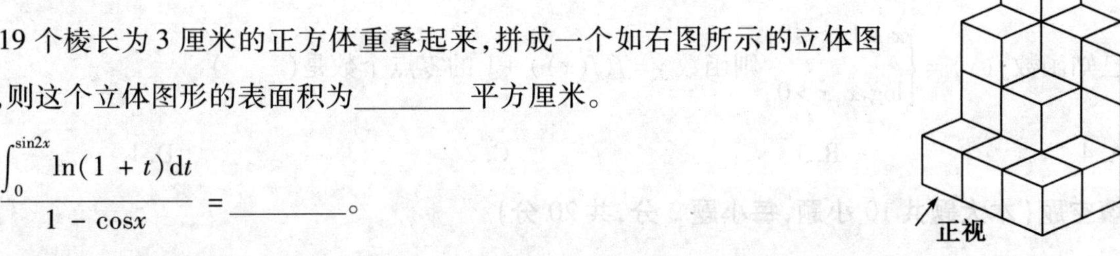

19. $\lim\limits_{x\to 0}\dfrac{\int_0^{\sin 2x}\ln(1+t)\,\mathrm{d}t}{1-\cos x}=$________。

20. 已知平面向量 $\boldsymbol{a},\boldsymbol{b}$ 满足 $|\boldsymbol{a}|=2,|\boldsymbol{b}|=1,\boldsymbol{a}$ 与 $\boldsymbol{b}$ 的夹角为 $60°$，则 $|\boldsymbol{a}+2\boldsymbol{b}|=$________。

三、解答题(本大题共4小题，每小题5分，共20分)

21. 一堆煤，第一天运走的吨数与总吨数的比是1∶4，第二天运走4.5吨后，两天正好运走了总数的 $\dfrac{1}{3}$，这堆煤有多少吨？

22. 已知数列 $\{a_n\}$ 满足 $a_{n+1}=a_n+3^n(n\geqslant 1,n\in\mathbf{N}_+)$，且 $a_1=1$，求：

(1) a_2,a_3 的值；(2分)

(2)数列 $\{a_n\}$ 的通项公式。(3分)

23. 计算：$\int_0^{\frac{\pi}{4}}\ln(1+\tan x)\,\mathrm{d}x$。

24. 如图，在三棱锥 $A-BCD$ 中，$AB\perp AD$，$BC\perp BD$，平面 $ABD\perp$ 平面 BCD，点 E，F（E 与 A，D 不重合）分别在棱 AD，BD 上，且 $EF\perp AD$。

求证：(1) $EF/\!/$ 平面 ABC；(2 分)

(2) $AD\perp AC$。(3 分)

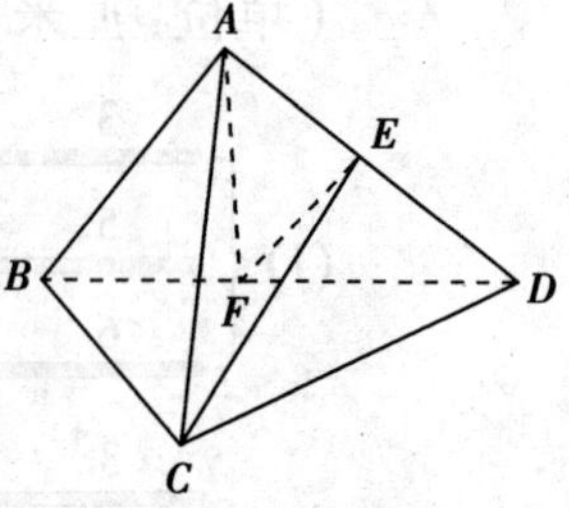

四、分析题（本大题共 5 分）

25. 简述小学数学运算中"头同尾合十"的计算过程，并结合计算过程分析小学数学规律探索问题的解题方法。

五、论述题（本大题共 5 分）

26. 在教学时，如何培养学生形成初步的空间观念？

六、案例分析题（本大题共 2 小题，每小题 10 分，共 20 分）

27. 下面是两位老师分别执教"接近整百、整千数加减法的简便计算"的教学片段，请你从数学思想方法的角度进行分析。

片段一：

张老师在甲班执教：

1. 做凑整（十、百）游戏。

2. 抛出算式 323 + 198 和 323 - 198，先让学生试算，再小组内部交流，班内汇报讨论，讨论的问题是：把 198 看作什么数能使计算简便？加上（或减去）200 后，接下去要怎么做？为什么？然后师生共同概括速算方法……练习反馈表明，学生错误率相当高。主要问题是：在"323 + 198 = 323 + 200 - 2"中，原来是加法计算，为什么要减 2？在"323 - 200 + 2"中，原来是减法计算，为什么要加 2？

片段二：

李老师执教乙班，给这类题目的速算方法找了一个合适的生活原型——实际生活中收付钱款时常

常发生的“付整找零”活动，以此展开教学活动。

1. 创设情境：王阿姨到财务室领奖金，她口袋里原有124元，这个月获奖金199元，现在她口袋里一共有多少元？

让学生来表演发奖金：先给王阿姨2张100元(200元)，王阿姨找还1元。

还表演：小刚带217元到商场购物，买一双运动鞋要付198元，他给营业员2张100元，营业员找还他2元。

2. 将上面发奖金的过程提炼为一道数学应用题：王阿姨原有124元，收入199元，现在共有多少元？

用算式表示：124+199=124+200-1，算出结果并检验结果是否正确。

3. 将上面买鞋的过程加工提炼成一道数学应用题：小刚原有217元，用了198元，现在还剩多少元？结合表演列式计算并检验。

4. 引导对比，小结算理，概括出速算的法则。

练习反馈表明，学生“知其然，也知其所以然”。

28. 仔细阅读以下材料。

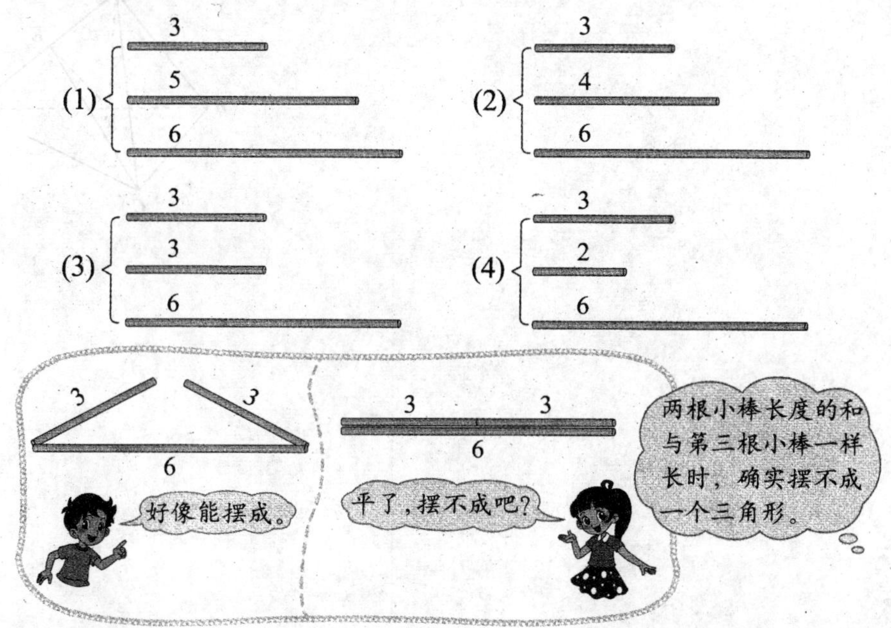

(1)本节课的教学内容是什么？(5分)

(2)请说明在教学中如何利用课堂活动设计引导学生构建概念，并根据新课标理念设计一个教学过程片段。(5分)

浙江省教师招聘考试预测试卷(五)

小学数学

(时间:120 分钟　总分:100 分)

本套试卷共 31 小题,包括判断题(10 小题),单项选择题(10 小题),填空题(5 小题),解答题(5 小题),教学设计题(1 小题)。

一、判断题(本大题共 10 小题,每小题 2 分,共 20 分)

1. $\triangle ABC$ 的边长分别是 $a=m^2-1,b=m^2+1,c=2m(m>0)$,则$\triangle ABC$ 是直角三角形。　(　　)

2. 将函数 $y=\cos 2x$ 的图象向右平移$\frac{\pi}{3}$个单位,得到 $y=\cos\left(2x-\frac{\pi}{6}\right)$的图象。　(　　)

3. 命题"若$|x|\geqslant 2$,则 $x\geqslant 2$ 或 $x\leqslant -2$"的否命题是"若$|x|<2$,则 $-2<x<2$"。　(　　)

4. 方程 $x^2+y^2+Dx+Ey+F=0$ 表示圆的充要条件是 $D^2+E^2-4F\geqslant 0$。　(　　)

5. 对于命题 $p:\exists x_0\in\mathbf{R}$,使得 $x_0^2+x_0+1<0$,则$\neg p:\forall x\in\mathbf{R}$,均有 $x^2+x+1\geqslant 0$。　(　　)

6. 设 $x\in(-5,0)$,则 $\sqrt{x^2+10x+25}-\sqrt{x^2}$化简后是 $10x+25$。　(　　)

7. 当 $x\to 0$ 时,函数 $e^{\sin x}-\cos x$ 是函数 $\sin x$ 的等价无穷小。　(　　)

8. 如图,梯形 $ABCD$ 中,$AD/\!/BC$,$S_{\triangle AEB}=16$ 平方厘米,$S_{\triangle AED}=12$ 平方厘米,则$\frac{BE}{ED}=\frac{4}{3}$。　(　　)

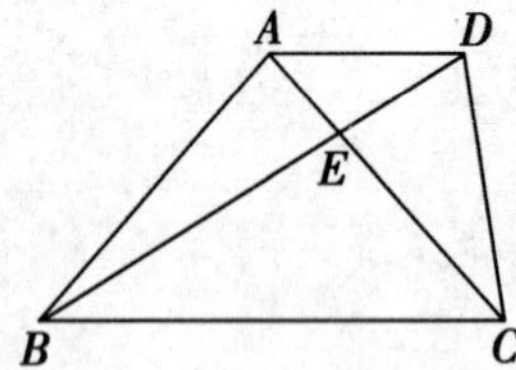

9. 三角形的三条高的交点一定在三角形内部。　(　　)

10. 一刀最多可以把平面切成 2 块,两刀最多可以把平面切成 4 块,则八刀最多可以把平面切成37 块。　(　　)

二、单项选择题(本大题共 10 小题,每小题 2 分,共 20 分)

11. 若一个等腰三角形的三边长均为整数,且周长为 10,则底边长为(　　)

A. 4 或 6　　B. 2 或 4 或 6 或 8　　C. 2 或 4 或 6　　D. 2 或 4

12. 小王和小李约定下午三点在图书馆门口见面,为此,两人在早上八点将自己的手表对准,小王于下午三点到达学校门口,可是小李还没到,原来小李的手表比实际时间每小时慢 4 分钟。如果小李按他自己的手表在三点到达,则小王还需要等(　　)分钟。

A. 26　　B. 28　　C. 30　　D. 32

13. 函数 $f(x)=\frac{|x-1|}{x}$在点 $x=1$ 处(　　)

A. 连续　　B. 间断　　C. 可导　　D. 无定义

14. 如图所示,$\triangle ABC$ 以直线 l 为轴旋转一周,形成的几何体体积是(　　)立方厘米。(π 取 3.14)

A. 28.26　　B. 37.68

C. 75.36　　D. 113.04

15. 已知向量 $\boldsymbol{a}=(1,2),\boldsymbol{b}=(2,-3)$ 。若向量$(\boldsymbol{c}+\boldsymbol{a})/\!/\boldsymbol{b}$,$\boldsymbol{c}\perp(\boldsymbol{a}+\boldsymbol{b})$,则 $\boldsymbol{c}=$(　　)

A. $\left(\frac{7}{9},\frac{7}{3}\right)$　　B. $\left(-\frac{7}{3},-\frac{7}{9}\right)$

C. $\left(\frac{7}{3},\frac{7}{9}\right)$　　D. $\left(-\frac{7}{9},-\frac{7}{3}\right)$

16. 已知圆 C 的方程为 $x^2+y^2-6x-8y=0$,过点 $A(3,5)$的直线被圆所截,则截得的最短弦的长度为(　　)

A. $2\sqrt{6}$　　B. $3\sqrt{6}$　　C. $4\sqrt{6}$　　D. $5\sqrt{6}$

17. 赵老师是一名健步走运动的爱好者,她用手机软件记录了某个月(30 天)每天健步走的步数(单位:万步),将记录结果绘制成了如图所示的统计图。在每天所走的步数这组数据中,众数和中位数分别是(　　)

A. 1.2,1.3

B. 1.4,1.3

C. 1.4,1.35

D. 1.3,1.3

18. 如下图所示,是一组按照某种规律摆放而成的图案,则图 5 中三角形的个数是(　　)

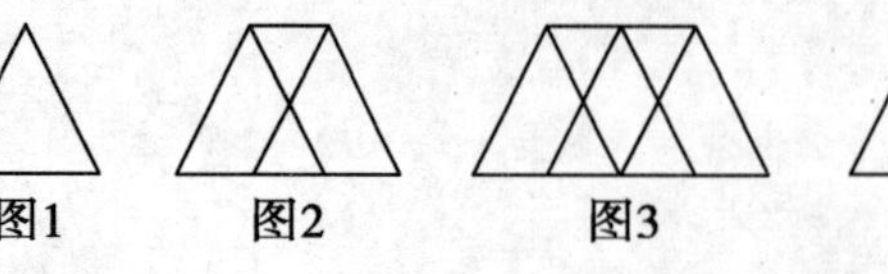
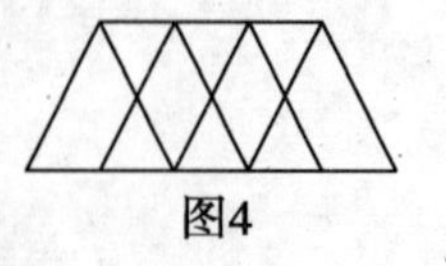

图1　图2　图3　图4　…　图5

A. 8　　B. 9　　C. 16　　D. 17

19. 一个长方形的长增加$\frac{1}{3}$，宽增加$\frac{1}{4}$，则面积增加了(　　)倍。

A. $\frac{1}{2}$　　B. $\frac{2}{3}$　　C. $\frac{7}{12}$　　D. $\frac{1}{12}$

20. 小学生数学学习中的主要矛盾是(　　)

A. 教师与学生之间的矛盾

B. 学生与教材之间的矛盾

C. 数学应用的广泛性与学生思维单一性的矛盾

D. 数学的抽象性与学生思维的具体形象性之间的矛盾

三、填空题(本大题共 5 小题，每小题 2 分，共 10 分)

21. 一批乒乓球装盒，先装了 120 盒，还剩下 40% 的乒乓球，又装了 65 盒，还剩下 1350 个球没有装。这批乒乓球一共有________个。

22. 观察下面的几个算式：

$1+2+1=4$，

$1+2+3+2+1=9$，

$1+2+3+4+3+2+1=16$，

$1+2+3+4+5+4+3+2+1=25$，

……

根据你所发现的规律，请你直接写出下面式子的结果：

$1+2+3+\cdots+99+100+99+\cdots+3+2+1=$________。

23. $a=\frac{1}{\sqrt{5}-3}$，$b=\frac{1}{\sqrt{5}+3}$，则$(a+b)^2$ 的值为________。

24. 若 $x>0$，$y>0$，且 $y=\frac{8x}{x-2}$，则 $x+y$ 的最小值为________。

25. 有 5 本不同的书，其中语文书 2 本，数学书 2 本，物理书 1 本。若将其随机地并排摆放到图书架的同一层上，则同一科目的书都不相邻的概率是________。

四、解答题(本大题共 5 小题，每小题 8 分，共 40 分)

26. 甲、乙两个工程队共同修筑一段长 4200 米的公路，乙工程队每天比甲工程队多修 100 米。现由甲工程队先修 3 天，余下的路段由甲、乙两队合修，正好花 6 天时间合修完。问：甲、乙两个工程队每天各修路多少米？

27. 如下图，四边形 $ABCD$ 是正方形，$\triangle DEF$ 的面积比$\triangle ABE$ 的面积大 6 平方厘米。已知 CD 长 4 厘米，则 DF 长多少厘米？

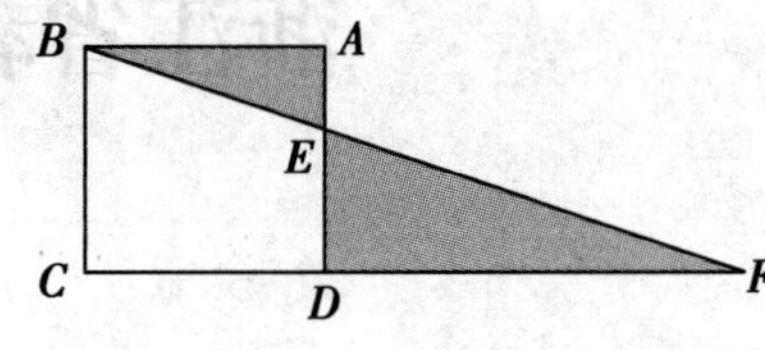

28. 等差数列$\{a_n\}$的前 n 项和为 S_n。已知 $a_1=10$，a_2为整数，且 $S_n\leqslant S_4$，$n\in\mathbf{N}_+$。

(1)求$\{a_n\}$的通项公式；(4 分)

(2)设 $b_n=\frac{1}{a_na_{n+1}}$，求数列$\{b_n\}$的前 n 项和 T_n。(4 分)

29. 已知函数$f(x)=\ln(1+x)-\frac{x(1+\lambda x)}{1+x}$,若$x\geqslant 0$时,$f(x)\leqslant 0$,求$\lambda$的最小值。

30. 已知在四棱锥$P-ABCD$中,底面$ABCD$为矩形,$AD=2$,$AB=1$,$PA\perp$平面$ABCD$,E,F分别是线段AB,BC的中点,G为PA上的点,且$PG=3GA$。

(1)证明:$PF\perp FD$。(2分)

(2)证明:EG//平面PDF。(3分)

(3)若$PA=1$,求二面角$A-PD-F$的余弦值。(3分)

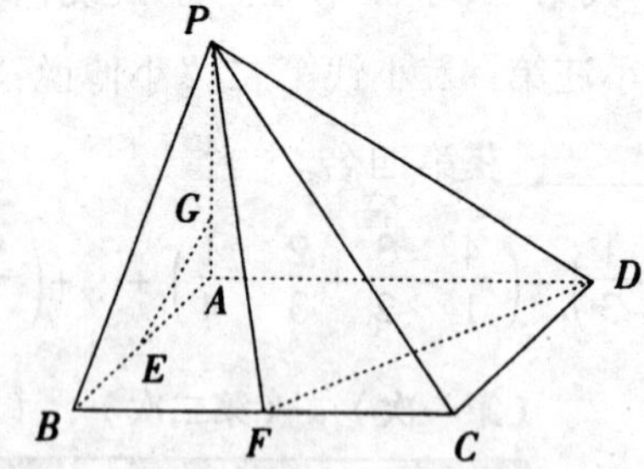

六、教学设计题(本大题共10分)

31. **案例:** 怎样计算圆的面积?能否把圆转换成下面的图形来计算其面积?

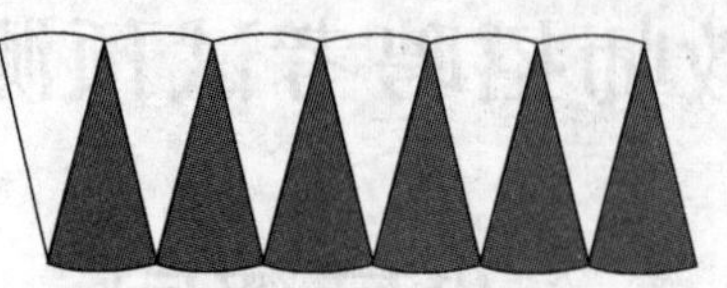

做实验。在硬纸上画个圆,分为若干(偶)等份,剪开,用这些类似等腰三角形的小纸片拼一拼,你发现了什么?若分的份数越多,每份越小,拼成的图形越近似长方形。

问题:

(1)拟定该内容的教学目标。(2分)

(2)该内容的教学重点是什么?针对重点设计相应的教学活动。(8分)

浙江省教师招聘考试预测试卷(六)

小学数学

(时间:120 分钟　总分:100 分)

本套试卷共 28 小题,包括单项选择题(10 小题),填空题(10 小题),解答题(4 小题),分析题(1 小题),论述题(1 小题),案例分析与案例设计题(2 小题)。

一、单项选择题(本大题共 10 小题,每小题 3 分,共 30 分)

1. 一个四边形,截去一刀后得到的新多边形的内角和将(　　)

A. 增加 180°　　B. 减少 180°　　C. 不变　　D. 均有可能

2. 把一个边长为 a 的正方体,任意截成两个长方体,这两个长方体的表面积之和是(　　)

A. a^3+2a^2　　B. $7a^2$　　C. $8a^2$　　D. 无法确定

3. 小红家住六楼,她和爸爸从四楼开始玩"剪刀、石头、布"的游戏上楼,规定每次获胜者可以上 3 级台阶,输的人需下 1 级台阶,当玩到第 20 次时,爸爸和小红都从四楼到了六楼,那么这两层之间有(　　)个台阶。

A. 17　　B. 18　　C. 19　　D. 20

4. 某班有学生 45 人,每人都参加体育训练队,其中参加足球队的有 25 人,参加排球队的有 22 人,参加游泳队的有 24 人,足球队、排球队都参加的有 12 人,足球队、游泳队都参加的有 9 人,排球队、游泳队都参加的有 8 人,则三项都参加的有(　　)人。

A. 3　　B. 4　　C. 5　　D. 6

5. 甲和乙跑 100 米,甲到终点时,乙跑了 90 米;乙和丙跑 100 米,乙到终点时,丙也只跑了 90 米。那甲和丙跑 100 米,甲到终点时,丙跑了(　　)米(甲、乙、丙三人均匀速跑步)。

A. 20　　B. 80　　C. 81　　D. 100

6. 某种农药是用药和水按照 1∶1200 的比例配制而成的药液,现有 6 kg 药,能配制这种农药(液态)(　　)kg。

A. 7200　　B. 7206　　C. 7212　　D. 7218

7. 函数 $y=\ln x, x\in(0,+\infty)$ 与函数 $y=e^x$ 的图象关系为(　　)

A. 关于直线 $y=x$ 对称　　B. 关于 x 轴对称

C. 关于 y 轴对称　　D. 同一图象

8. 在下列命题中,不是公理的是(　　)

A. 平行于同一个平面的两个平面相互平行

B. 过不在同一条直线上的三点,有且只有一个平面

C. 如果一条直线上的两点在一个平面内,那么这条直线上所有的点都在此平面内

D. 如果两个不重合的平面有一个公共点,那么它们有且只有一条过该点的公共直线

9. 从 2,4,6,…,30 这 15 个偶数中,任取 9 个数,其中一定有两个数的和是(　　)

A. 34　　B. 36　　C. 38　　D. 40

10. a,b 为实数,则 $a+b=0$ 是 $a^2+b^2=0$ 的(　　)

A. 充分必要条件　　B. 必要不充分条件

C. 充分不必要条件　　D. 既不充分又不必要条件

二、填空题(本大题共 10 小题,每小题 2 分,共 20 分)

11. 一个立方体积木,6 个面分别写着字母 A,B,C,D,E,F,根据下图,可推断出字母 A 对面的字母是________。

图1　图2　图3　图4

12. A,B 两个自然数(A,B 均不等于 0),如果 A 的 $\frac{5}{6}$ 恰好是 B 的 $\frac{1}{4}$,那么 A,B 之和的最小值是________。

13. 小蔡、小钱、小汪、小韩、小傅参加学校乒乓球比赛,而且都进入了前五名。发奖前,老师让他们猜一猜各自的名次。小蔡说:"小钱第三,小汪第五。"小钱说:" 小傅第四,小韩第五。"小汪说:"小蔡第一,小傅第四。"小韩说:"小汪第一, 小钱第二。"小傅说:"小蔡第三, 小韩第四。"老师说:"每个名次都有人猜对。"那么,________获第四名。

14. 计算:$\frac{1}{1}+\left(\frac{2}{1}-\frac{1}{2}\right)+\left(\frac{3}{1}-\frac{2}{2}+\frac{1}{3}\right)+\left(\frac{4}{1}-\frac{3}{2}+\frac{2}{3}-\frac{1}{4}\right)+\cdots+\left(\frac{9}{1}-\frac{8}{2}+\frac{7}{3}-\frac{6}{4}+\cdots+\frac{1}{9}\right)=$________。

15. 用分数表示如图阴影部分的面积,(第一次),(第二次),(第三次)…,若第一次均分后阴影部分的面积用分数表示为 $1-\frac{1}{4}$,则第 5 次均分后阴影部分面积是________。

16. 将二次函数 $y=x^2$ 的图象向右平移 1 个单位,再向上平移 2 个单位后,所得的图象的函数表达

式是________。

17. 如右图，已知矩形 $OABC$ 与矩形 $ODEF$ 是位似图形，P 是位似中心，若点 B 的坐标为 $(2,4)$，点 E 的坐标为 $(-1,2)$，则点 P 的坐标为________。

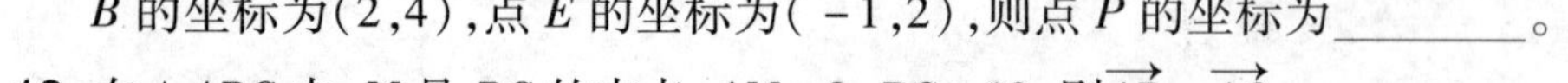

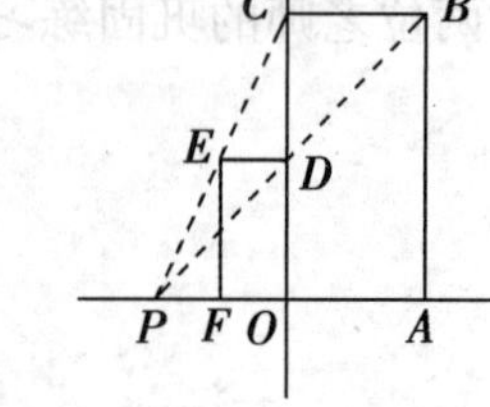

18. 在 $\triangle ABC$ 中，M 是 BC 的中点，$AM=3$，$BC=10$，则 $\overrightarrow{AB}\cdot\overrightarrow{AC}=$________。

19. 设函数 $f(x)$ 在 $(0,+\infty)$ 内可导，且 $f(e^x)=x+e^x$，则 $f'(1)=$________。

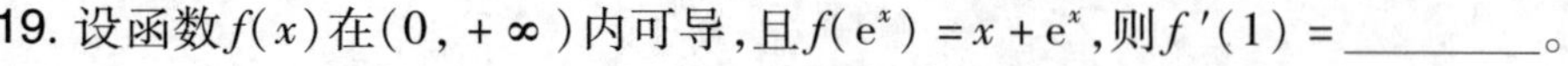

20. $\lim\limits_{x\to 0}\dfrac{\sin 4x}{\tan 2x}=$________。

三、解答题（本大题共 4 小题，每小题 5 分，共 20 分）

21. 一辆汽车从甲城开往乙城，如果把车速提高 20%，可比原定时间提早 1 小时到达，如果按原速行驶 120 千米后，再提速 25%，可提前 40 分钟到达，求甲、乙两地的距离。（用算术方法求解）

22. 求不定积分 $\int\dfrac{x\mathrm{d}x}{(4-5x)^2}$。

23. 设 S_n 为正项数列 $\{a_n\}$ 的前 n 项和，满足 $2S_n=a_n^2+a_n-2$，求 $\{a_n\}$ 的通项公式。

24. 甲、乙两人进行围棋比赛，约定先连胜两局者赢得比赛，若赛完 5 局仍未出现连胜，则判定获胜局数多者赢得比赛。假设每局甲获胜的概率为 $\dfrac{2}{3}$，乙获胜的概率为 $\dfrac{1}{3}$，各局比赛结果相互独立。

(1) 求甲在 4 局以内（含 4 局）赢得比赛的概率；（2 分）

(2) 记 X 为比赛决出胜负时的总局数，求 X 的分布列和数学期望。（3 分）

四、分析题（本大题共 5 分）

25. 仔细阅读下面人教版小学数学三年级“长方形的认识”的两个设计片段。

片段一：

引导学生认识长方形的特征之一——对边相等。

学具准备：每人一张长方形纸片（长 8 厘米，宽 5 厘米），三角尺一把。

活动要求：折一折，量一量，找一找长方形的边有什么特征。

反馈交流：

生 1：一个长方形可以折成两个小长方形。

生 2：对折、再对折。折成的是一个更小的长方形。

生 3：长方形的边是直直的。

生 4：长方形对折（斜着）后是两个三角形。

生 5：我量了长方形的边，发现它们的长度都是不一样的。有一条是 8 厘米，另一条是 8 厘米多一点点，还有一条是 5 厘米，另外的一条 5 厘米稍微不到一点。……

片段二：

引导学生认识长方形的特征之一——对边相等。

学具准备：同桌两人一份，每份 8 根小棒（2 根长 12cm，2 根长 10cm，2 根长 8cm，2 根长 6cm）。

活动要求：同桌合作，每人 4 根，搭成一个长方形。

反馈交流：

(1) 搭成长方形的学生谈经验

生 1：4 根小棒要 2 根一样长，另外 2 根也要一样长。

生 2：开始我们两个人把 8 根小棒平均分了一下，结果我手里的 4 根都是不同长度的小棒，搭来搭去总是搭不成。后来我们把小棒交换了一下，换成 2 根、2 根一样长的，就搭起来了。

生 3：2 根一样长的要面对面放，另外两根一样长的也要面对面放。

生 4：长的对长的，短的对短的。

(2) 搭不成长方形的学生谈问题

生 1：我只有 2 根小棒是一样长的，另外 2 根不是一样长的，所以没搭起来，另外 2 根也要一样长才行。

结合课程理念，对两个片段加以对比分析、评价。

五、论述题(本大题共5分)

26. 什么是数学概念形成？数学概念形成的学习过程分为哪几个阶段？

六、案例分析与案例设计题(本大题共2小题,每小题10分,共20分)

27. 以下是两位老师在进行“分数的意义”第一节课教学时为巩固练习这个环节设计的练习。

<table>
<tr><th>教师 A</th><th>教师 B</th></tr>
<tr><td>(1)如图,把什么看作单位“1”?阴影部分是单位“1”的几分之几? $\frac{3}{8}$表示什么意思?
▲▲△△
△△△△
(2)一条线段平均分成10份,请指出它的$\frac{3}{10}$,$\frac{7}{10}$,把什么看作单位“1”?
(3)请班级中第一组的前五名同学站起来,谁能说出他们占全班人数的几分之几?占第一组人数的几分之几?同样是5名同学为什么可用不同的分数来表示?</td><td>(1)谁能把搜集到的分数信息再展示给大家?如中国的人口占世界的$\frac{1}{5}$。从这些信息中,你能获得分数的哪些知识?(学生间相互补充分数的意义、分数的组成、分数单位的综合阐述)
(2)请你从$\frac{1}{2}$,$\frac{2}{3}$,$\frac{1}{4}$,$\frac{2}{6}$,$\frac{1}{12}$中任意选用一个分数,并在图上用阴影表示出来。
△△△△△△
△△△△△△
(3)根据下面提供的信息:
<table><tr><td>全组人数</td><td>全班人数</td><td>全校人数</td><td>全县小学生数</td><td>全县人数</td></tr><tr><td>14</td><td>56</td><td>1128</td><td>9653</td><td></td></tr></table>请说说:你分别占了各类人数的几分之几?
为什么都是指同一名学生,而表示的分数却不同?你想知道你占了全县人数的几分之几,怎么办?(课后调查)</td></tr>
</table>

(1)课堂巩固练习设计要注意哪些问题?(5分)

(2)对两位老师的巩固练习设计进行比较评析。(5分)

28. 设计“分数的意义”一课的结果目标与过程目标,并设计相应的教学过程。

浙江省教师招聘考试预测试卷(七)

中小学数学

(时间:120 分钟　总分:100 分)

本套试卷共 21 小题,包括学科专业知识和教材教法知识两部分。第一部分学科专业知识包括单项选择题(10 小题),填空题(6 小题),解答题(3 小题);第二部分教材教法知识包括简述题(2 小题)。

第一部分　学科专业知识

一、单项选择题(本大题共 10 小题,每小题 3 分,共 30 分)

1. 若集合 $A=\{x\mid 1+x>0\}$,$B=\left\{x\mid \frac{1}{x-1}<0\right\}$,则 $A\cap B=$(　　)

A. $\varnothing$　　B. $\{x\mid x<1\}$

C. $\{x\mid x>-1\}$　　D. $\{x\mid -1<x<1\}$

2. i 是虚数单位,复数 $\frac{-7-\mathrm{i}}{(1-2\mathrm{i})^2}=$(　　)

A. $1-\mathrm{i}$　　B. $-1+\mathrm{i}$　　C. $\frac{17}{25}+\frac{31}{25}\mathrm{i}$　　D. $-\frac{17}{7}+\frac{25}{7}\mathrm{i}$

3. 已知菱形 $ABCD$ 的边长为 2,$\angle B=\frac{\pi}{3}$,点 P 满足 $\overrightarrow{AP}=\lambda\overrightarrow{AB}$,$\lambda\in\mathbf{R}$,若 $\overrightarrow{BD}\cdot\overrightarrow{CP}=-3$,则 λ 的值为(　　)

A. $\frac{1}{2}$　　B. $-\frac{1}{2}$　　C. $\frac{1}{3}$　　D. $-\frac{1}{3}$

4. 由若干个完全相同的小正方体组成一个立体图形,它的左视图和俯视图如图所示,则小正方体的个数不可能是(　　)

左视图　　俯视图

A. 5　　B. 6

C. 7　　D. 8

5. 已知 $f(x)$,$g(x)$ 分别是定义在 $\mathbf{R}$ 上的偶函数和奇函数,且 $f(x)-g(x)=x^3+x^2+1$,则 $f(1)+g(1)=$(　　)

A. -3　　B. -1　　C. 1　　D. 3

6. 某路口人行横道的信号灯为红灯和绿灯交替出现,红灯持续时间为 40 秒,绿灯持续时间为 60 秒,若一名行人来到该路口遇到红灯,则至少需要等待 15 秒才出现绿灯的概率是(　　)

A. $\frac{7}{10}$　　B. $\frac{5}{8}$　　C. $\frac{3}{8}$　　D. $\frac{3}{10}$

7. 若向量 $\boldsymbol{a}=(2,0)$,$\boldsymbol{b}=(1,1)$,则下列结论正确的是(　　)

A. $\boldsymbol{a}\cdot\boldsymbol{b}=1$　　B. $|\boldsymbol{a}|=|\boldsymbol{b}|$　　C. $(\boldsymbol{a}-\boldsymbol{b})\perp\boldsymbol{b}$　　D. $\boldsymbol{a}/\!/\boldsymbol{b}$

8. 正方形 $ABCD$ 的边长为 3 厘米,线段 CM 和 CN 将正方形分割成三个面积相等的部分。线段 CM 的长度是(　　)厘米。

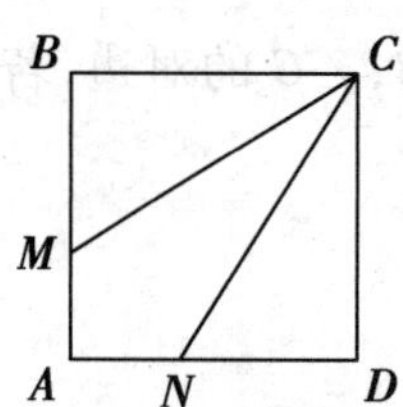

A. $\sqrt{10}$　　B. $\sqrt{12}$　　C. $\sqrt{13}$　　D. $\sqrt{14}$

9. 曲线 $y=x\ln x$ 在点 (e,e) 处的切线与直线 $x+ay=1$ 垂直,则实数 a 的值为(　　)

A. 2　　B. -2　　C. $\frac{1}{2}$　　D. $-\frac{1}{2}$

10. 函数 $f(x)$ 是周期为 4 的偶函数,当 $x\in[0,2]$ 时,$f(x)=x-1$,则不等式 $xf(x)>0$ 在 $(-1,3)$ 上的解集为(　　)

A. $(1,3)$　　B. $(-1,1)$

C. $(-1,0)\cup(1,3)$　　D. $(-1,0)\cup(0,1)$

二、填空题(本大题共 6 小题,每小题 3 分,共 18 分)

11. 已知等比数列 $\{a_n\}$ 的各项均为正数,数列 $\{b_n\}$ 满足 $b_n=\ln a_n$,$b_3=18$,$b_6=12$,则数列 $\{b_n\}$ 前 n 项和的最大值等于________。

12. E,F 分别是三棱锥 $P-ABC$ 的棱 AP,BC 的中点,$PC=10$,$AB=6$,$EF=7$,则异面直线 AB 与 PC 所成的角为________。

13. 已知点 A 为椭圆 $\frac{x^2}{25}+\frac{y^2}{9}=1$ 上任意一点,点 B 为圆 $(x-1)^2+y^2=1$ 上任意一点,则 $|AB|$ 的最大值为________。

14. 已知 $\sin\theta+\cos\theta=\frac{1}{5}$，且 $\frac{\pi}{2}\leqslant\theta\leqslant\frac{3\pi}{4}$，则 $\cos2\theta$ 的值是________。

15. 已知函数 $f(x)$ 是定义在 **R** 上的偶函数，定义在 **R** 上的奇函数 $g(x)$ 过点 $(-1,1)$，且 $g(x)=f(x-1)$，则 $f(2007)+f(2008)=$________。

16. 已知函数 $f(x)=\begin{cases}-x+1,x<0,\\x-1,x\geqslant0,\end{cases}$ 那么不等式 $x+(x+1)f(x+1)\leqslant1$ 的解集是________。

三、解答题（本大题共 3 小题，每小题 12 分，共 36 分）

17. 已知函数 $f(x)=2\sin x\sin^2\frac{\varphi}{2}+\cos x\sin\varphi-\sin x(0<\varphi<\pi)$ 在 $x=\pi$ 处取最小值。

(1)求 φ 的值；(5 分)

(2)在△ABC 中，a,b,c 分别是∠A，∠B，∠C 的对边，若 $f(B)=\frac{\sqrt{3}}{2}$，且 $a+c=4$，$b=2$，求△ABC 的面积。(7 分)

18. 已知椭圆 $\frac{x^2}{a^2}+\frac{y^2}{b^2}=1(a>b>0)$ 的顶点为 $B(0,3)$，椭圆的右焦点到右顶点的距离为 $\sqrt{3}$，直线 l 交椭圆于 M,N 两点。

(1)求椭圆的方程；(5 分)

(2)如果△BMN 的重心恰好为椭圆的左焦点 F，求直线 l 的方程。(7 分)

19. 设函数 $f(x)=[ax^2-(3a+1)x+3a+2]e^x$。

(1)若曲线 $y=f(x)$ 在点 $(2,f(2))$ 处的切线斜率为 0，求 a 的值；(5 分)

(2)若 $f(x)$ 在 $x=1$ 处取得极小值，求 a 的取值范围。(7 分)

第二部分　教材教法知识

四、简述题(本大题共 2 小题,每小题 8 分,共 16 分)

20. (1)简述“四基”与“四能”的具体含义。(4 分)

(2)人教 A 版教材在“直线方程”教学编排时,是从哪一直线方程开始的?请简述理由。(4 分)

21. 内容:以下题为例,撰写“用向量方法解决立体几何中的空间角的计算”的教学设计片段。

(学生知识基础:已经学习了空间向量的基本概念、数量积、平面法向量)

撰写要求:(1)写出本片段的教学过程,并说明其设计意图;(4 分)

(2)不要求写出例题的解答过程。

如图所示,已知点 P 在正方体 $ABCD-A'B'C'D'$ 的对角线 BD' 上,$\angle PDA=60°$。

(1)求异面直线 DP 与 CC' 所成角的大小;(2 分)

(2)求平面 DPA 与平面 $AA'D'D$ 所成角的大小。(2 分)

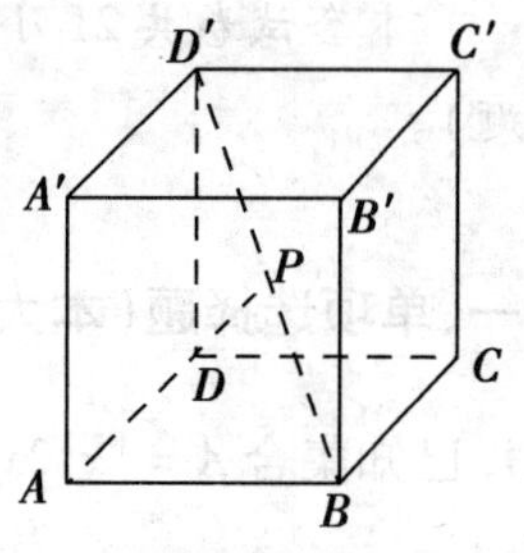

浙江省教师招聘考试预测试卷(八)

中小学数学

(时间:120 分钟　总分:100 分)

本套试卷共 21 小题,包括单项选择题(10 小题),填空题(6 小题),解答题(3 小题),简述题(2 小题)。

一、单项选择题(本大题共 10 小题,每小题 3 分,共 30 分)

1. 已知集合 $A=\{x|2x-x^2\leqslant 0\}$,$B=\left\{x\left|\frac{x-2}{x-1}\leqslant 0\right.\right\}$,$(\complement_{\mathbf{R}}B)\cap A=(\quad)$

A. $(-\infty,0]\cup[2,+\infty)$　　B. $[0,1]$

C. $(-\infty,0]\cup(2,+\infty)$　　D. $(-\infty,1]\cup[2,+\infty)$

2. 若复数满足 $(3+\mathrm{i})\cdot z=|1+3\mathrm{i}|$,则 z 的虚部为(　　)

A. $\frac{\sqrt{10}}{10}$　　B. $-\frac{\sqrt{10}}{10}$

C. $\frac{\sqrt{10}}{10}\mathrm{i}$　　D. $-\frac{\sqrt{10}}{10}\mathrm{i}$

3. 已知 m,n 是两条不同直线,α,β,γ 是三个不同平面,下列命题中正确的是(　　)

A. 若 $m/\!/\alpha,n/\!/\alpha$,则 $m/\!/n$　　B. 若 $\alpha\perp\gamma,\beta\perp\gamma$,则 $\alpha/\!/\beta$

C. 若 $m/\!/\beta,n/\!/\beta$,则 $\alpha/\!/\beta$　　D. 若 $m\perp\alpha,n\perp\alpha$,则 $m/\!/n$

4. 已知 $p:|2x-1|\leqslant 5$,$q:x^2-4x+4-9m^2\leqslant 0(m>0)$,若¬ p 是¬ q 的充分不必要条件,则实数 m 的取值范围是(　　)

A. $\left(0,\frac{1}{3}\right]$　　B. $\left(0,\frac{1}{3}\right)$

C. $\left(0,\frac{4}{3}\right]$　　D. $\left(0,\frac{4}{3}\right)$

5. 设向量 $\boldsymbol{a}=(1,2)$,$\boldsymbol{b}=(-3,5)$,$\boldsymbol{c}=(4,x)$,若 $\boldsymbol{a}+\boldsymbol{b}=\lambda\boldsymbol{c}(\lambda\in\mathbf{R})$,则 $\lambda+x$ 的值为(　　)

A. $-\frac{11}{2}$　　B. $\frac{11}{2}$　　C. $-\frac{29}{2}$　　D. $\frac{29}{2}$

6. 已知抛物线方程 $y^2=4x$,直线 l 的方程为 $x-y+4=0$,在抛物线上有一动点 P 到 y 轴的距离为 d_1,P 到直线 l 的距离为 d_2,则 d_1+d_2 的最小值为(　　)

A. $\frac{5\sqrt{2}}{2}+2$　　B. $\frac{5\sqrt{2}}{2}+1$

C. $\frac{5\sqrt{2}}{2}-2$　　D. $\frac{5\sqrt{2}}{2}-1$

7. 设随机变量 X,Y 不相关,且 $EX=2,EY=1,DX=3$,则 $E[X(X+Y-2)]=(\quad)$

A. -3　　B. 3　　C. -5　　D. 5

8. 已知函数 $f(x)=\sin x+\lambda\cos x(\lambda\in\mathbf{R})$ 的图象关于 $x=-\frac{\pi}{4}$ 对称,则把函数 $f(x)$ 的图象上每个点的横坐标扩大到原来的 2 倍,再向右平移 $\frac{\pi}{3}$ 个单位长度,得到函数 $g(x)$ 的图象,则函数 $g(x)$ 的一条对称轴方程为(　　)

A. $x=\frac{\pi}{6}$　　B. $x=\frac{\pi}{4}$

C. $x=\frac{\pi}{3}$　　D. $x=\frac{11\pi}{6}$

9. 已知数列 $\{a_n\}$,$\{b_n\}$ 均为等差数列,其前 n 项和分别为 S_n,T_n,若 $\frac{S_n}{T_n}=\frac{2n+2}{n+3}$,则 $\frac{a_{15}}{b_{15}}$ 的值为(　　)

A. $\frac{8}{15}$　　B. $\frac{15}{8}$　　C. $\frac{16}{9}$　　D. $\frac{9}{16}$

10. 已知函数 $f(x)=\begin{cases}\frac{1}{f(x+1)}-1, & -1<x<0,\\ \frac{x}{2}, & 0\leqslant x<1,\end{cases}$ 若方程 $f(x)-2ax=a-1$ 有唯一解,则实数 a 的取值范围是(　　)

A. $\{-8\}\cup(1,+\infty)$　　B. $\{-16\}\cup\left(\frac{1}{2},1\right]\cup(2,+\infty)$

C. $\{-8\}\cup\left[\frac{1}{2},1\right]\cup(2,+\infty)$　　D. $\{-32\}\cup[1,2]\cup(4,+\infty)$

二、填空题(本大题共 6 小题,每小题 3 分,共 18 分)

11. 已知函数 $f(x)$ 是定义在 $\mathbf{R}$ 上的偶函数,且对任意 $x\in\mathbf{R}$,都有 $f(x-1)=f(x+3)$。当 $x\in[4,6]$ 时,$f(x)=2^x+1$,设函数 $f(x)$ 在区间 $[-2,0]$ 上的反函数为 $f^{-1}(x)$,则 $f^{-1}(19)$ 的值为________。

12. 设 $m>1$,当实数 x,y 满足不等式组 $\begin{cases} y\geqslant x, \\ y\leqslant 2x, \\ x+y\leqslant 1 \end{cases}$ 时,目标函数 $z=x+my$ 的最大值等于 2,则 m 的值是________。

13. 若 $(1+x)(1-2x)^7=a_0+a_1x+a_2x^2+\cdots+a_8x^8$,则 $a_1+a_2+\cdots+a_7=$________。

14. 若 x,y 是正数,则 $\left(x+\frac{1}{2y}\right)^2+\left(y+\frac{1}{2x}\right)^2$ 的最小值是________。

15. 已知双曲线 $C_1:\frac{x^2}{a^2}-\frac{y^2}{b^2}=1(a>0,b>0)$ 的一个焦点 F 与抛物线 $C_2:y^2=2px(p>0)$ 的焦点相同,它们交于 A,B 两点,且直线 AB 过点 F,则双曲线 C_1 的离心率为________。

16. 若 a,b,c 是实数,则"$a>b$"是"$a\ln(c^2+1)>b\ln(c^2+1)$"的________条件。(填"充分不必要""必要不充分"或"充要")

三、解答题(本大题共 3 小题,第 17,18 小题每小题 10 分,第 19 小题 12 分,共 32 分)

17. 在△ABC 中,内角 A,B,C 所对的边长分别为 a,b,c,且满足 $\frac{2\tan B}{\tan A+\tan B}=\frac{b}{c}$。

(1)求角 A;(3 分)

(2)若 $a=\sqrt{13}$,$b=3$,求△ABC 的面积。(7 分)

18. 已知数列 $\{a_n\}$ 满足 $a_1=1$,$a_{n+1}=3a_n+1$。

(1)证明:数列 $\left\{a_n+\frac{1}{2}\right\}$ 是等比数列,并求数列 $\{a_n\}$ 的通项公式。(4 分)

(2)证明:$\frac{1}{a_1}+\frac{1}{a_2}+\cdots+\frac{1}{a_n}<\frac{3}{2}$。(6 分)

19. 已知函数 $f(x)=-x+a\ln x(a\in\mathbf{R})$。

(1)讨论 $f(x)$ 的单调性;(4 分)

(2)设 $g(x)=x^2-2x+2a$,若对任意 $x_1\in(0,+\infty)$,都存在 $x_2\in[0,1]$,使得 $f(x_1)<g(x_2)$ 成立,求实数 a 的取值范围。(8 分)

四、简述题(本大题共 2 小题,每小题 10 分,共 20 分)

20. 数学抽象是数学“六大核心素养”之一,简要谈谈你对“数学抽象”的认识。

21. 直线的一般方程是解析几何部分中重要的一节,请你针对高中教材人教 A 版必修 2 中“直线的一般式方程”这一教学内容,写出教学设计中的教学目标、重点、难点和引入部分(不需整堂课的设计)。